1ª edição - Julho de 2024

Coordenação editorial
Ronaldo A. Sperdutti

Capa
Juliana Mollinari

Imagem Capa
123RF

Projeto gráfico e diagramação
Juliana Mollinari

Preparação de Originais
Marcelo Cezar

Revisão
Alessandra Miranda de Sá
Ana Maria Rael Gambarini

Assistente editorial
Ana Maria Rael Gambarini

Impressão
Gráfica Santa Marta

Proibida a reprodução total ou parcial desta obra sem prévia autorização da editora.

© 2024 by Boa Nova Editora.

Av. Porto Ferreira, 1031 | Parque Iracema
CEP 15809-020 | Catanduva-SP
17 3531.4444

www.**lumeneditorial**.com.br
www.**boanova**.net

atendimento@lumeneditorial.com.br
boanova@boanova.net

Dados Internacionais de Catalogação na Publicação (CIP)
(Câmara Brasileira do Livro, SP, Brasil)

```
França, Eduardo
    Mais forte que o tempo / Eduardo França. --
1. ed. -- Catanduva, SP : Lúmen Editorial, 2024.

    ISBN 978-65-5792-098-5

    1. Espiritstismo 2. Romance espírita I. Título.
```

24-211502   CDD-133.9

Índices para catálogo sistemático:

1. Romance espírita : Espiritismo   133.9

Tábata Alves da Silva - Bibliotecária - CRB-8/9253

Impresso no Brasil – Printed in Brazil
01-07-24-5.000

Eduardo França

mais forte que o tempo

LÚMEN
EDITORIAL

Sumário

Capítulo 1 - Do destino ninguém foge 7
Capítulo 2 - A revelação 16
Capítulo 3 - Em nome do amor 26
Capítulo 4 - Ah, o aplicativo 39
Capítulo 5 - Cotidiano 53
Capítulo 6- Os lados da verdade 64
Capítulo 7 - Pedacinho do céu 75
Capítulo 8- Desvendado o mistério 88
Capítulo 9 - Sonhos da adolescência 101
Capítulo 10- Surpresas do tempo 113
Capítulo 11 - Orar e vigiar 124
Capítulo 12 - Isso não termina assim 136
Capítulo 13 - A chantagem 149
Capítulo 14 - Ela voltou, e agora? 161
Capítulo 15 - Presa? 175
Capítulo 16 - Não somos os mesmos de ontem 191
Capítulo 17 - Novamente juntos 202
Capítulo 18 - Lampejos do passado 212
Capítulo 19 - Plano reencarnatório 238
Capítulo 20 - Queira nos acompanhar 253
Capítulo 21 - A sedutora 264
Capítulo 22 - A presença de espíritos amigos 280
Capítulo 23 - E foi assim que tudo aconteceu 292
Capítulo 24 - Meu príncipe, minha vida 310
Capítulo 25 - Para onde o amor me levar 324
Capítulo 26 - As dores e os amores de uma mãe 336
Capítulo 27 - Coisas da vida 353
Capítulo 28 - Norteados pelo amor 368
Epílogo 380

Capítulo 1

Do destino ninguém foge

Existe algo melhor do que se sentir atraído por alguém? E se esse alguém cativar sua atenção apenas com o olhar? Foi assim que Adriana se sentiu logo nas primeiras semanas em que trabalhava no mercado, observada por um olhar diferente.

Nossa, nunca senti isso, é como se eu o tivesse reencontrado. Mas... estranho, eu nunca o vi antes, pensou Adriana ao ver o moço alegre atrás do balcão do açougue, brincando com a faca nas mãos e convencendo a cliente a levar a peça diferente da que pedira antes. Era alto, forte, tatuado e sorridente.

Aquele olhar tão familiar fez Adriana voltar no tempo, procurando aquele rosto na infância, entre os amigos da época da escola, os amigos de Evelyn, sua prima, com quem fora criada como sua irmã; pela sua mente, desfilaram os rostos conhecidos dos trabalhos anteriores ao atual, no mercado, mas em vão. Ela ficou tão presa àquela sensação que chegou a compartilhar com sua mãe o forte sentimento e obteve a seguinte resposta, de forma divertida, mas que Adriana entendeu ser a mais provável:

— Minha filha, é um reencontro de outra vida, só pode ser, para deixá-la tão surpresa assim. — Salete, sua mãe, riu, piscou o olho e mudou de assunto, deixando-a ainda mais pensativa.

Desempregada, com um filho pequeno e várias portas na cara, Adriana não ousou recusar a oferta de emprego no mercado. Assim, logo nos primeiros meses, ela ficou conhecida como a nova moça do guarda-volume do mercado.

Foi assim também, como funcionária, que despertou os olhares do moço do açougue. Ele, seis meses mais velho de casa, já com amigos feitos, não demorou a se aproximar de Adriana.

— Será que o Luciano está interessado em mim? — ela se perguntava diante do espelho com bordas corroídas pelo tempo, no banheiro minúsculo destinado aos funcionários. Fez a pergunta ali, sozinha, pois não tinha amigas o bastante no mercado para confidenciar sentimentos. Estava ainda na experiência e fazia planos em se manter como funcionária efetiva. — Ele é bonito, parece mais jovem que eu. Não sei, bobagem minha, só quer ser meu amigo. Depois, por que eu mereceria tanto? Deus já vem sendo tão generoso em me dar o emprego. Não teria a audácia de pedir mais.

Ainda naquela semana, no horário do almoço, quando passava a colher pela vasilha de plástico, Adriana foi surpreendida pelo jovem do açougue.

— Posso me sentar? — Ele observou o gesto tímido de Adriana, num sorriso igual, fazendo-o entender que estava livre para se sentar a seu lado. E assim o fez, só que se sentou na frente dela. — Luciano é o meu nome — disse com uma voz sedutora, envolvente, que bastou para Adriana se sentir ainda mais encantada por ele. Discretamente, ela observou o rosto quadrado e harmonioso, os cabelos, a tatuagem em um dos braços, e também o sorriso do rapaz, que percebeu ser estudado.

Dali por diante, não demorou para irem ao cinema, o qual Adriana acabou pagando com seu primeiro salário, já que Luciano alegou ter esquecido a carteira em casa. O lanche na semana seguinte também foi sob os custos dela.

— Desculpa, Adriana. Fico até sem jeito, mas, depois que perdi o meu pai, está uma barra lá em casa. Acredita que a família apareceu para o velório e sumiu de novo? E, com tudo isso, minha mãe depende de mim. Ela tem direito à pensão e está correndo atrás. Sabe como são essas coisas.

Adriana, completamente apaixonada por Luciano, já fascinada, numa dependência da sua alegria, dos seus beijos, não via importância nos problemas dele, por isso arcava com as contas, e cedia os ouvidos e seu tempo absorvendo os problemas e as dificuldades dele. Afinal, ela o amava incondicionalmente.

— Como assim, vai embora? Aconteceu alguma coisa com sua mãe? — Adriana perguntou, ao constatar no relógio de pulso que eram dez horas da manhã. Fez o questionamento quase no grito, e em seguida tentou controlar o tom de voz, atrás do balcão em que tinha o trabalho de acomodar bolsas e sacolas nos vãos de madeira em troca de papéis amassados com o número correspondente a cada vão.

— Não, Adriana, fui demitido — disse ele alterado, com as mãos espalmadas sobre o balcão.

— Poxa, não tem nem um ano...

A demissão de Luciano não impediu Adriana de prosseguir o relacionamento com ainda mais envolvimento, tanto que, quando Luciano conseguiu outro emprego como vendedor numa loja grande de móveis na Rua Nossa Senhora da Lapa, ele a convidou para viverem juntos.

— Você sabe que tenho um filho... — murmurou, insegura.

— Gosto de crianças. O Jeferson é só o complemento da nossa felicidade, meu amor. — Ele usava palavras que a seduziam. — Minha mãe já tem o seu filho como neto, inclusive. Não viu como eles se dão bem? Depois, tem uma casa para alugar na rua da minha mãe. Podemos morar lá, perto dela, porque não tenho coragem de deixá-la sozinha.

— Minha mãe também viverá sozinha se eu a deixar...

— Não dá para comparar a força da Salete com a da minha mãe — Luciano a interrompeu com um argumento curto o suficiente para convencê-la.

Adriana viu naquele pedido, ou convite, ou qualquer nome que pudesse dar àquele momento, uma oportunidade para viver ao lado do homem que amava. Salete, a mãe dela, foi contra, não de maneira severa, mas como protetora, tentando convencer a filha de que estava agindo de forma precipitada.

— Você o conhece há tão pouco tempo. Meses! Como pode dizer que o ama? Jeferson, seu filho, ainda tão novo... penso tanto no meu neto. Ao viver com Luciano, estará dando a ele a autoridade de pai do seu filho. Ele...

— Ele é um homem bom, de qualidades, que me ama, que me faz feliz, que me convidou para vivermos juntos, assumir meu filho... — Adriana parou de falar porque não queria se lembrar do pai de seu filho; prometera a si mesma que não mais traria aquele homem para sua vida, de jeito nenhum, sob nenhuma circunstância. Respirou fundo e resolveu não expor mais as qualidades, apenas quis saber: — Será que não vê qualidades em Luciano?

— E o Hiago, como será quando ele voltar? — indagou Salete. — Sim, uma hora ele virá atrás do Jeferson. Ele é o pai do menino.

— Esquece o Hiago, mãe. Quando ele fez o que fez, estava ciente de que eu não viveria as consequências das suas escolhas — ela comentou, quebrando a promessa de não mais referenciá-lo. — Ele sabia disso.

— Isso não vai isentá-lo de ser o pai do Jeferson. Depois...
— Depois — repetiu Adriana —, não vou viver minha vida pautada ou limitada pelos passos do Hiago. Não vou sufocar o que sinto pelo Luciano, que tem sido homem o bastante para assumir a mim e ao filho que nem é dele. Mãe, é uma oportunidade. E eu vou me permitir viver isso.
— Disse que voltaria a estudar quando arrumasse outro emprego. E, quando arrumou um, conheceu o Luciano. Agora vive pra cima e pra baixo com ele. Abandonou seus sonhos. — Salete fez uma pausa, reduziu o tom de voz e sugeriu: — Posso ficar com o Jeferson caso queira retomar seus estudos.
— Eu posso voltar a estudar. Ora, viver com o Luciano quer dizer que minha vida acabou, que não posso estudar? — indagou Adriana.
— As dificuldades da vida de casada são muitas, inesperadas.
— Parece que torce contra, mãe — resmungou ela. — Vê obstáculo em tudo. Prefere me ver aqui no sofá, triste, diante da televisão, reclamando a falta de sorte, a aceitar o amor que surgiu de forma inesperada na minha vida.
— Minha filha, não tem outra pessoa na vida que queira o seu bem mais do que eu. Você tem o livre-arbítrio, é dona da sua vida.
— Ótimo! É uma escolha minha. Além do mais, não estou pedindo sua permissão, apenas estou comunicando que vou viver com o Luciano.

Dois meses foram necessários para organizarem a mudança para a casa nova.
— É linda nossa casa! — exclamou Adriana, braços abertos, apaixonada pelo momento de mudanças que estava vivendo.
A casa não era linda. Eram três cômodos no quintal da proprietária, que morava na parte de cima. Não era uma casa arejada; o quarto era pequeno, a cozinha precisava de luz

mesmo de dia para clarear, pois a janela dava para a escada de acesso à casa de cima, da proprietária, mas, em meio aos problemas, era o paraíso para Adriana, que se sentia feliz por viver ali, ao lado de seu amado Luciano.

Salete, na primeira visita ao local, na companhia do genro, falante, revelando planos, mantinha-se em silêncio, estudando as acomodações; não era o que desejava para a filha, mas, ao ver a sua alegria, não quis mais opinar, só pediu a Deus, em silêncio, nas suas orações, que Adriana tivesse tomado a decisão certa e que fosse feliz.

Salete presenteou a filha com o armário da cozinha, todo de madeira, acompanhado de mesa e quatro cadeiras. Luciano, que não sentia a simpatia da sogra por ele, entendeu o presente como se Salete o estivesse aceitando como genro. E não é que ela o tratasse mal, mas com o presente ele se sentiu mais próximo dela. Tanto que, na primeira oportunidade, abraçou a sogra em agradecimento e ouviu dela, discretamente, ao pé do ouvido:

— Ao fazê-la feliz, me faz feliz também.

Izildinha, proprietária do imóvel, viúva, que vivia sozinha na casa de cima, apareceu naquele momento. Era simpática, magra, cabelos crespos, cheios, tingidos de loiro; de certa forma, pareciam desproporcionais ao rosto miúdo e às sobrancelhas grossas, dando a impressão de Izildinha ter saído de um desenho animado. Ela tinha um contorno preto nos olhos, que fazia uma combinação estranha com o rosto. E, além das suas características físicas, tinha um comportamento que demonstrava ser ela muito possessiva.

— Você deve ser a mãe da Adriana, acertei? — Izildinha perguntou ao estender a mão na direção de Salete. Ao ver a mulher assentir, concluiu: — Com esse sorriso, idêntico ao da sua filha, eu não me enganaria. Seja bem-vinda. Também irá morar na minha casa...

— Não! — cortou Salete, rápida, puxando a mão de Izildinha, sem tirar o sorriso do rosto. Discretamente, passou a mão pelo braço da mulher. Olhou num dos cantos da casa e, por uma fração de segundo, teve a sensação de ter visto algo, alguém, não soube ao certo, mas sentiu a energia e percebeu que não era boa. Salete tinha essa sensibilidade. Estava ali, observando, alheia aos comentários da dona da casa, que falava como uma metralhadora desenfreada.

— Depois da viuvez — tornou Izildinha —, achei o meu sobrado muito grande, por isso eu o dividi e passei a alugar os cômodos de baixo. — Ela fez silêncio acompanhado de tristeza ao dizer: — Em virtude do que aconteceu com o meu Igor, meu filho... — Fez uma pausa; não conseguia dizer em voz alta as suas perdas. Caso o fizesse, era o mesmo que sentir a vibração triste que se apossara de sua vida. Por isso, forçava um sorriso e mudava de assunto.

No entanto, desta vez, Luciano, sem sensibilidade para os sentimentos da dona da casa, disparou:

— O Igor, filho dela, era meu amigo.
— Mentira! — somente Salete pôde ouvir.

Discretamente, ela virou o rosto, procurando ver de onde vinha a voz, em vão. Na cozinha minúscula só estavam ela, o genro e a dona da casa. E a voz que gritara "mentira" era de um jovem; era nítido que se tratava de uma voz diferente da do genro: era grossa, como se fosse de um locutor, mas ainda assim era perceptível ser uma voz jovem.

— Meu Igor era amigo de todo mundo por aqui — revelou Izildinha. — Não era do tipo que colecionava inimigos porque era amigo de todo mundo, e eu até implicava com ele por isso. Eu o repreendia, incentivando-o a ser mais seletivo. Ele estudava inglês, tinha uma voz linda, forte.

Salete sentiu uma vibração ainda maior e chegou a pensar em ir embora sem esperar pela filha. Foi nesse momento que Adriana entrou, alegre, trazendo uma caixa numa das mãos.

— Minha filha, por que não avisou que estava chegando e com um volume desses? Luciano poderia buscá-la.

Adriana somente riu, beijou a mãe no rosto e saiu puxando-a pela mão, mostrando os detalhes da casa. Eufórica, guiava a mãe, apontando onde ficariam os móveis, o que havia planejado para colocar aqui e ali. Salete, então, tomada pela fascinação da filha, se empolgou pelo momento, riu, conversou, deu dicas, sem impor nada, e, quando já estava de saída, tornou a ter a mesma sensação de arrepio nos braços.

— Está com frio, sogra? — perguntou Luciano ao vê-la passar as mãos suavemente pelos braços.

Salete somente assentiu e riu ao sair, acompanhando Adriana, falante:

— Vamos lá para a casa do Luciano, mãe. A Marieta, minha sogra, está preparando um café e disse que não era para a senhora ir embora sem antes passar por lá. Se não for, ela ficará brava.

— Conheço minha mãe. E dona Marieta tem palavra, sogra! — brincou Luciano, se divertindo com a situação.

Izildinha, de onde estava, ao ver a mãe de Adriana tomar distância, depois dos acenos de despedida, murmurou:

— Tem cara de fresca essa aí. Toda metida, empinada. Bem reparei a forma de olhar os meus cômodos, as instalações. Ué, quero ver a filha dela e o marido pagarem por lugar melhor com o que cobro aqui. Quero ver. Minha casa é a melhor da região.

Por fim, resmungando sozinha, Izildinha subiu os degraus de acesso a sua casa.

෴

Duas semanas depois, Adriana se mudou com suas poucas bagagens e com Jeferson a tiracolo. Izildinha, a dona da casa, ao vê-la chegar, do alto da sua escada, franziu a testa e não poupou o comentário:

— Não gosto de alugar minha casa para casal que tem criança, mas, em nome da amizade com a Marieta, não tive como recusar. Depois, Luciano era amigo do meu Igor. Meu único filho.

— A senhora insiste nisso. Se soubesse... — comentou o espírito de Igor, encostado na parede, assistindo à movimentação e à alegria da mudança. Com sorriso nos lábios, o jovem prosseguiu, mesmo sem ser ouvido: — Então vou ficar por aqui. Luciano, Adriana... vou gostar de morarmos juntos novamente.

Nesse momento, Adriana sentiu um frio repentino, tanto que comentou a estranheza, já que estavam no verão.

— Anúncio de chuva, minha querida — confidenciou Izildinha. — Não conhece as chuvas de verão? São repentinas. Às vezes dão essa sensação de frescor. Depois que passam, na verdade, fica abafado mesmo — completou sorrindo.

Capítulo 2

A revelação

As semanas, os meses e os anos passaram num piscar de olhos. E Adriana agora estava ali, atrás do caixa, fazendo o fechamento do dia. Esse tinha sido o crescimento que conseguira pelos anos em que trabalhava no supermercado. Cinco, dez, doze anos. Já nem tinha precisão ao responder. Diferentemente do início, quando gostava do lugar, agora se via dependente dali, do salário, ainda que pouco, mas extremamente necessário para as contas triviais do dia a dia.

Lembrou-se de como tinha se tornado caixa...

— Queira me acompanhar, dona Adriana — solicitou Marlon, o supervisor que chegara quatro anos antes, quando ela já não era mais a moça do guarda-volumes, mas a repositora de mercadorias nas gôndolas.

Marlon usava uma camisa social branca impecável, sapatos brilhosos, sempre rodando o pescoço, supervisionando, ajustando a gravata num gesto de ansiedade. E Adriana, trêmula, seguiu trançando as pernas, em parte porque estavam dormentes de ficarem muito tempo na mesma posição, mas quem a visse à distância diria que estava bêbada.

Mil coisas passavam pela cabeça e entre elas era a possibilidade de ser demitida. Luciano estava desempregado, então ela fez, por mais de uma vez, cálculos de cabeça para ver se sobreviveria para pagar as contas sozinha; depois, tinha a escola do Jeferson, o empréstimo no banco...

— Aqui está — disse o homem ao entregar para ela um envelope tão branco e impecável como sua camisa. Observou a dificuldade e o silêncio de Adriana ao abrir o envelope. Gostava de vê-la assim, no suspense, tensa; isso lhe dava prazer, um gostinho de superioridade. — Vamos, menina, não temos todo o tempo do mundo. — Foi quando viu seus olhos emocionados, seus lábios balbuciarem algo. Então, Marlon, alheio a cenas dramáticas e carregadas de emoção, pois se recusava a chorar, ainda mais diante de empregados, resmungou: — Pela sua dedicação, seu compromisso com a loja, pela confiança que nos passa, ocupará, a partir de agora, a função de caixa do supermercado. — Vendo-a agradecer, emocionada, disparou: — Faça tudo para que eu não me arrependa disso. Agora corra para o seu posto. A Noélia vai orientá-la, já está instruída para isso. Venha, o que está esperando?

O tempo passou e Adriana, ao lado de Noélia, tornaram-se as mais antigas das operadoras de caixa, mais experientes e competentes. A afinidade era tanta, que Noélia preferiu não revelar, mas fora por sua indicação que saíra a promoção de Adriana, já que a partir dali seguiria como supervisora das caixas e nada mais justo ter a amiga por perto, sob sua proteção.

Adriana voltou ao presente. Daquela promoção aos dias atuais, alguns anos haviam se passado e ela estava ali, fechando o caixa, de olho no relógio, preocupada em achar a diferença e, finalmente, partir para casa e encarar as obrigações, como preparar o jantar, fazer as contas que vinha adiando havia alguns dias, mas era inadiável esperar. Nesse momento, um relâmpago iluminou o céu e refletiu no interior da loja.

— Amiga, não vou te esperar hoje, porque vai chover e tenho compromisso — anunciou Noélia com o sorriso que Adriana bem conhecia. — Não posso me atrasar. Depois, pego o transporte, e você sabe... Quando chove, o metrô, o ônibus, o trem, enfim, eles não são à prova d'água. — Já estava a dois passos em direção à porta quando voltou até Adriana para lhe fazer uma revelação. Ela o fez baixinho, quase num sussurro: — Conheci o homem da minha vida!

— Não vai me dizer que foi no aplicativo, de novo? — Ao ver a outra confirmando com a cabeça, Adriana disparou: — Ai, meu Deus, minha amiga... Ao menos combinou em local público? Me liga qualquer coisa, e toma cuidado, por favor. — Adriana fez todas as recomendações possíveis e conhecidas. — Se quiser, posso ir com você até o lugar, fico de longe por um tempo. Já estou finalizando meu serviço. Também não vou demorar.

— Não precisa, está tudo bem, Adriana. Ele é lindo! — Noélia tirou o celular da bolsa num gesto apressado; com os dedos ágeis, pegou a foto do rapaz e mostrou para Adriana, nitidamente apaixonada.

— É. — Foi o que Adriana disse ao ver o foco pouco distante e a imagem pouco nítida. Atribuiu essa impressão também pela rapidez com que Noélia exibiu a foto. — Já o conheceu?

— Não, vai ser hoje — disse animada. Ao ver o rosto de Adriana, que a conhecia o bastante para notar que estava desconfiada, tornou: — Já sei o que vai falar, e não, pode ficar tranquila, eu não vou levá-lo para casa.

— Não diga que mora sozinha, por favor — advertiu Adriana. — Pare de contar detalhes da sua vida para um homem que só viu em foto. Tem mais fotos dele?

— Não, coitado. O celular dele quebrou, essa foto é a que tinha no aparelho antigo, e a câmera nem funciona. Pobre moço lindo! Comprou outro aparelho pela internet, mas o pacote extraviou.
— Sem sorte ele, hein!
— Foi o que ele disse, Adriana, com essas mesmas palavras. Depois, disse que a única sorte dele foi ter me conhecido. Fofo ele, não acha?
— Demais.

Restou a Adriana desejar boa sorte. Ao ver Noélia se afastar, toda faceira em um vestido curto, justo e florido, cobrindo o corpo que se equilibrava sobre os saltos altos, Adriana lembrou-se de Salete e fez uma oração com a finalidade de proteger a amiga. Temia que algo acontecesse com Noélia, sempre envolvida com encontros por meio de aplicativos. Da última vez que tivera um encontro desse tipo, Adriana tivera de apoiá-la por três dias, chorosa, porque o também "homem da sua vida" a deixara logo depois de ter faturado, à custa de Noélia, um jantar caro e uma noite no motel. Nunca mais ela soubera dele, que a bloqueou no aplicativo e nas redes sociais para que ela nunca mais pudesse localizá-lo.

Adriana, ao vê-la a alguns passos de passar pela porta de acesso à rua, gritou:
— Noélia, me liga qualquer coisa.

Por fim, ela riu ao ver a amiga acenando com a mão no ar, de qualquer jeito, apressada.

Com os cabelos presos no alto da cabeça, e com o auxílio de uma caneta, Adriana somou mais umas fitas, uns relatórios que estavam armazenados na gaveta provisória, anotações feitas à mão. Finalmente, viu tudo bater, o que a fez sorrir de alegria. Gostava do que fazia, mas sofria com o encerramento do caixa como se fosse a primeira vez, e nunca saía sem antes ter a certeza de que estava tudo certo. Claro que, vez ou outra, acontecia uma diferença de centavos, mas era só isso, nada de mais.

Ao sair do caixa e, em poucos minutos, mudar seu visual no vestiário, Adriana se despediu dos funcionários, pois era muito querida, assim como do segurança, com quem trocou algumas palavras.

Ao ultrapassar o portão principal do supermercado e colocar os pés na calçada, a chuva despencou forte do céu, intensa, como se estivesse esperando por Adriana. Ela foi rápida ao pegar o guarda-chuva, enquanto andava até o ponto de ônibus. Eram quatro pontos do trabalho até sua casa. Em época de horário de verão, fazia o trajeto a pé, mas, como já estava escuro e tarde, com o acréscimo da chuva, recorria ao transporte público para chegar mais rápido em casa.

No interior do ônibus cheio, conseguiu, por um milagre, um lugar para se sentar. Logo que se acomodou, apanhou uma toalha pequena da bolsa e passou pelos braços e pelo rosto; em seguida, apanhou um papel e passou no vidro, apreciando o movimento das pessoas, já que o ônibus começou a enfrentar o trânsito carregado, mesmo no curto percurso.

Adriana ficou olhando as pessoas à sua volta, presas ao celular; era raro ver um ou outro com um livro nas mãos, pois o celular predominava. Foi curto o tempo de distração, momento que gostava de observar e imaginar o que se passava na vida delas. Ela tinha o hábito de fazer isso no supermercado, quando estava sem cliente para atender. Olhava um e outro e imaginava como seriam suas vidas. Chegava a comentar com Noélia, que entrava na brincadeira, e as duas se divertiam.

Em meio à distração, se lembrou das contas, do aluguel, do curso de inglês do filho, aproveitou ainda para agradecer a Deus por Luciano estar trabalhando, pois seu salário ajudava a saldar os compromissos do mês, aliviando o lado dela.

Adriana levantou-se rapidamente ao notar que estava em cima do seu ponto. Acionou a parada e disparou, com dificuldade, passando por um e outro, até chegar à porta.

— Vai descer! Só um minuto — gritou, enquanto ouvia os mais variados comentários.

— Fica sentada, a dondoca, e esquece o ponto — disse uma.
— Verdade, se levanta bem na hora de descer. O ônibus que espere. Se fosse eu o motorista, obrigava ela a saltar no ponto seguinte. Desaforo! — reclamava outro.
— Dá licença, moça, vou descer! — pediu Adriana, por fim descendo do ônibus, aliviada por ter saído de um ônibus tão lotado.

Depois de atravessar a rua, caminhou em direção à estação do trem. Por sorte, chegou no momento em que ele parava na plataforma, e, algo raro, ela conseguiu se sentar. Adriana chegou em casa, depois da maratona, muito cansada, mas ainda passou na padaria, onde comprou os pães para o dia seguinte, tanto para ela quanto para Marieta, sua sogra. Era um hábito que já completava quase dois anos, desde que a sogra se machucara ao bater o joelho na estante da sala, o que a impedia de dobrá-lo. Na verdade, seis meses depois do acidente, Marieta já estava ótima, dançando com as amigas, porém sem deixar de cobrar o favor da nora em lhe trazer os pães da padaria. E Adriana não reclamava, porque Jeferson, seu filho, morava na casa de Marieta, ocupando o quarto que fora de Luciano, e lá ficava. Então, o que custava levar os pães? Eram para seu filho, também.

Estava molhada quando deixou os pães na casa da sogra.
— Entra, Adriana, vou passar um cafezinho.
— Não, obrigada. Estou atrasada. Tenho que fazer o jantar ainda. Fala para o Jeferson ir lá em casa. Preciso falar com ele — ela disse no portão, e se apressou para chegar a sua casa. Ao passar pelo quintal, ouviu a voz de Luciano. Achou estranho, consultou o relógio, pois era costume, desde que começara o novo emprego, chegar depois das dez da noite.

Adriana passou a chave na fechadura e abriu a porta. Percebeu que Izildinha, dona da casa, com seus cabelos fartos e loiros, que mesmo com o passar dos anos mantinha o estilo, como da primeira vez em que a vira, estava de espreita. A dona do imóvel espiava da sua janela, mas Adriana preferiu

Mais forte que o tempo

fingir não tê-la visto para não render alguma conversa longa, ou uma reclamação, algo típico dela.

Quando jogou a bolsa sobre a mesa, percebeu que estava molhada por causa da chuva, e no seu bairro parecia não ter caído uma gota.

Ela lavou as mãos e já colocou a chaleira no fogo. Na sequência, tirando a roupa sem cerimônia, se dirigiu para o quarto. Vestiu uma camiseta e um shorts para aliviar o calor e ficar mais disposta para preparar a refeição.

— Já em casa, Luciano? — perguntou ao vê-lo de shorts, sem camisa, rodeado de latas de cerveja e uma bacia com alguns milhos no fundo.

— Saí de lá — disse ele com naturalidade, e continuou com os olhos vidrados na televisão, concentrado no jogo, com os dedos ágeis sobre o controle. — Vai, não, idiota! Isso, assim que o papai gosta. — Luciano soltou uma risada, sem tirar os olhos do jogo, contrastando com o rosto sério de Adriana ao pé da cama, esperando por mais esclarecimentos.

— Como assim, saiu do emprego?

— Saí saindo, ué! Como se sai de um lugar?

Um momento de silêncio se formou. Adriana, tomada por uma ira que não era comum se ver nela, puxou o fio da tomada, desligando a televisão.

— O que é, está maluca, é isso? Adriana, eu estava passando de fase!

— E eu também estou passando de fase. O que aconteceu para você sair do emprego, Luciano? Estava dentro dos noventa dias, na experiência.

— Não deu certo, paciência. Acontece — ele respondeu, colocando as latas vazias dentro da bacia antes cheia de pipoca, não querendo encarar Adriana, que acompanhava seus gestos.

— Poxa, estava tão confiante que daria certo. Que você ficaria nessa empresa. Benefícios tão bons, vale-transporte, alimentação...

Luciano levantou-se da cama e caminhou, descalço, até a cozinha. Adriana o seguiu.

— Vale-coxinha, isso sim. Viu o valor? — ele questionou, com voz de pouco-caso, enquanto abria a geladeira e se servia de água, transbordando o copo e deixando cair água no chão, sem se preocupar com o olhar furioso de Adriana.

— Na cama, jogando videogame, não tem esse valor — ela rebateu, pegando o pano e passando com raiva no chão molhado.

— Conversei com uns caras lá, me adiantaram que era furada. Melhor assim.

— Pode me contar o que aconteceu? Porque o meu amigo...

— Um puxa-saco esse seu amigo. Me chamaram, gostaram de mim, mas a crise, sabe como é... então dispensaram, paciência.

— Dessa vez não tem seguro-desemprego, Luciano. É bom se coçar... não terá cinco meses em casa.

Ele não deu ouvidos, voltou para o quarto, conectou o fio na tomada e subiu na cama como um gato. Acomodando-se entre os travesseiros, tomou posse do controle do videogame e reiniciou o jogo. Minutos depois, da cozinha, onde Adriana começava a fazer o jantar, era possível ouvir a voz empolgada de Luciano interagindo com o videogame.

Preparado o jantar, Adriana colocou a mesa e chamou o marido, que veio correndo e sorrindo, reclamando que estava "varado de fome" — palavras que usou.

— Não vai comer, Adriana? — quis saber, se servindo apressado, enchendo o prato, já livre de qualquer preocupação ou culpa que pudesse ter em relação à conversa séria que haviam tido pouco antes.

— Estou sem fome — ela disse séria, mexendo no celular.

— Não fica assim, meu amor. Logo tudo se ajeita. Eles me dispensaram, mas logo vão surgir oportunidades.

— Sei. — Olhou para ele e comentou: — Estou sem crédito, vou ali na rua ver se o orelhão ainda funciona. Tenho um cartão aqui.

— Vai ligar para sua mãe? Acertei?

— Não consegui falar com ela hoje. Ela teve médico e quero saber se correu tudo bem — ela disse e foi saindo. Antes de bater a porta, comentou com o marido: — O Jeferson está vindo, preciso conversar com ele. Segura ele aqui, por favor.

Adriana não esperou resposta, bateu a porta e saiu em direção à rua. A chuva começou a cair, mas ela estava tão tensa que não se preocupou. Já na rua, buscou abrigo na marquise de uma loja fechada, e de lá fez a ligação.

Na verdade não ligou para a mãe, mas para o seu amigo, que arrumara o emprego para Luciano.

— Só fiz porque era por você, que é minha amiga, mas não me peça mais para indicá-lo em lugar nenhum. Eu, não! Tem ideia de como ficou para mim lá na empresa? — ele disparou depois dos cumprimentos.

— Desculpa, por isso que liguei — falou Adriana sem jeito, temerosa de que suas desconfianças estivessem certas.

— Luciano arrumou briga. O encarregado pediu para ele apanhar um saco de lixo no refeitório. Ele retrucou, disse que não era pago para isso, não era faxineiro. Adriana, era um teste, o cara até pensava em efetivá-lo, ainda que o Luciano não fosse dos melhores, mas ele não só se recusou a fazer o trabalho como iniciou uma briga com o homem, que é grande lá na firma. Imagina o que aconteceu: a contratação foi suspensa e o mandaram embora. Isso sem contar que ele fazia hora no banheiro, chegou alguns dias atrasado, e você sabe, na experiência, tudo isso conta.

— Ele não me contou assim, disse que gostavam dele, mas a crise... por isso o dispensaram.

— Não foi isso. Aconteceu como contei. Agora, sou só seu amigo. Cabe a você acreditar em mim ou no seu marido. Desculpe-me em lhe contar a verdade, nem deveria, mas estou nervoso também com os acontecimentos. Acredita que fui chamado na sala do homem? Afinal, a indicação foi minha.

— Desculpa, nem sei o que dizer.

A ligação foi finalizada. Adriana voltou para casa sob uma chuva intensa e com a verdade: seu marido havia aprontado na empresa, não tinha sido simplesmente dispensado por conta da crise. Era típico de Luciano, não parava em emprego nenhum. Dos anos em que estavam casados, ele ficava seis meses em um, no máximo um ano, depois pegava o seguro-desemprego, vivendo à custa da esposa, cujo salário como operadora de caixa era bem apertado.

Estava cansada daquela vida, com dívidas, mentiras, tanto que as lágrimas escorreram pelo rosto, misturando-se à água da chuva que começou fina e logo se tornou encorpada. As tiras do seu chinelo de dedo gasto se romperam quando tentava firmar os dedos escorregadios sobre o plástico.

Então, cansada, totalmente molhada, Adriana se sentou na calçada e baixou a cabeça. Permitiu-se ficar ali, sentindo a chuva cair sobre o corpo, na esperança de aliviar a dor que sentia.

Capítulo 3

Em nome do amor

No dia seguinte, quando se levantou e após sair do banho, Adriana notou a mesa posta e Luciano com um belo sorriso à sua espera. Ela, sem o costumeiro sorriso, fez o cumprimento matutino enquanto secava os cabelos. Olhou o relógio da parede e viu que estava em cima da hora.

— Você demorou, Adriana, ontem à noite. Acabei dormindo. Estava tão cansado que não a vi chegar. — Luciano falava sorrindo, ignorando os últimos acontecimentos, forçando o clima amistoso, cuja inexistência era notória. Diante do silêncio da esposa, prosseguiu: — O Jeferson esteve aqui, como você pediu, mas estava com pressa e logo foi embora. Ia encontrar uns *manos*. — Ele parou e se corrigiu, já que sabia que Adriana não gostava de gíria e, ao falar, percebeu nos olhos dela a reprovação. — Ia encontrar uns amigos. O que precisava falar com ele?

— Cortar o curso de inglês, infelizmente — comentou ela, sem olhar para Luciano, pegando a marmita na geladeira e acomodando o pacotinho na bolsa.

— Poxa, parece que ele estava gostando das aulas.

— Temos outras prioridades, ele vai entender. Sozinha, não estou dando conta. Já estava pensando nisso e agora, com você em casa, bom, você sabe...

O silêncio se prolongou até Luciano mais uma vez mudar o rumo da conversa.

— Interessante como ele obedece minha mãe. É só dona Marieta falar e ele cumpre. Se fosse avô dele de sangue, nem sei se teria todo esse respeito. Minha mãe não fazia comigo o que faz com ele. Tá certo, parece ciúme, mas não é, que fique claro — disse, sorrindo sozinho. Noutra circunstância, Adriana riria com ele, se divertiria com a insinuação. Não aconteceu dessa vez. Luciano, sem jeito, insistiu: — Eles até se parecem fisicamente, têm o mesmo jeito de andar; deve ser o convívio, não acha?

— Por que você mentiu para mim, Luciano? — desconversou Adriana com a pergunta certeira, com a qual o rapaz temia ser questionado.

— Menti?! Do que está falando?

— Não se faça de desentendido. Estou falando da forma como saiu da empresa em que estava trabalhando.

— Fui demitido, como contei, a crise...

— Sem mentiras, por favor. — A voz dela saiu em um tom elevado, desesperado pela verdade. — Sei que não foi por conta da crise, que você arrumou briga, se desentendeu com o chefe, e por isso perdeu a oportunidade.

— Oportunidade? Chama ser humilhado de oportunidade, Adriana? Ele queria que eu recolhesse o lixo, depois pediria o quê? Que cavasse um buraco no jardim, que fosse buscar café para ele, que eu...

— Então é verdade! Que fosse ao banco, que fosse varrer a loja, tirar o pó dos móveis. Qual o problema nisso, me diz? Não é vergonha trabalhar, ganhar dinheiro, pagar as contas em dia. Não é, Luciano. Não é! — Adriana explodiu, sentindo se dissolver um nó na garganta.

— Não vou me sujeitar a isso. Também não gostei do lugar, do ambiente. Aquele seu amigo arrogante, todo metido, do escritório.

— Que te tratou muito bem, até onde sei. Inclusive, ele ofereceu pagar o seu almoço na primeira semana.

Luciano resmungou mais alguns comentários sem fundamento, utilizados por ele como argumentos para justificar a sua dispensa da empresa.

Adriana, já atrasada e cansada do assunto, finalizou ao encaixar a bolsa no ombro e girar o corpo em direção à porta, com o intuito de deixá-lo falando; contudo, em vez disso, confessou:

— Sabe o que me dói mais? Não é o fato de você ter perdido o emprego, não, mas ter mentido para mim. — Os olhos dela estavam rasos de lágrimas, e Luciano percebeu, calando-se. Fez gesto para ir na sua direção, mas Adriana recusou com a mão espalmada no ar. Assim, fechou a porta e saiu com passos apressados.

Luciano ficou ali, estático, com as mãos sobre a mesa, envolvido pelo silêncio da cozinha minúscula. O espírito do jovem Igor, ali presente, assistindo a tudo e encolhido no canto da cozinha, levantou-se, aproximou-se sorridente de Luciano e divertiu-se:

— Acabou o showzinho. Ela é boa nisso, hein? Gostei. Se tivesse se casado comigo, tenho certeza de que lhe diria poucas e boas. Ela se acha a dona da verdade. Sempre foi assim.

Luciano não escutava nada do que o espírito lhe dizia, contudo, captava o teor de suas ideias. Enquanto continuava sentado, em silêncio, Igor, esboçando um sorriso que sempre estivera presente em seu rosto quando encarnado, o provocou:

— Bora se levantar daí, rapaz, vamos ao jogo. Sei que gosta. Vamos passar de fase. Ontem à noite, depois que mentiu para a Adriana sobre a sua saída da empresa, não conseguiu mais se concentrar no jogo. Tontão! Vai ser dominado por mulher agora? Cadê o velho Luciano, o bom de jogo?

— Quer saber, vou jogar! — reagiu Luciano sozinho, completamente influenciado pelo espírito.

Ele se levantou e correu para o quarto; se jogou na cama, deixou o corpo afundar nas almofadas esparramadas, ligou a televisão e, na sequência, o jogo.

— Isso aí, é assim que se faz — alegrou-se Igor.

— Isso aí, é assim que se faz — repetiu Luciano, em sintonia com o espírito.

༄

A urgência de Adriana em conversar, querer desabafar, a fez ligar para Salete, sua mãe. Ligou a cobrar, pois os créditos de seu telefone haviam terminado. Caiu na caixa postal. Olhou para o aparelho e, depois de desligá-lo, sentiu um nó na garganta.

Marlon, o supervisor, não disfarçou quando olhou para o relógio na parede, já com o intuito de alertar Adriana de que estava atrasada. Ela passou por ele com um bom-dia tão rápido quanto seus passos e correu até o vestiário, onde encontrou-se com Noélia, que comentou:

— Cinco minutos, Adriana! Ele é implicante mesmo. Além do mais, você nunca ligou para isso. Como disse, ele não falou nada, só olhou. Sei não, acho que você está sensível demais para dar importância ao Marlon. Relaxa, que eu respondo por você, esqueceu? — Noélia parou de falar e observou a amiga de cara fechada enquanto vestia o uniforme. — Vem cá, o que aconteceu? Brigou com o Luciano de novo?

Adriana ficou em silêncio. Em questão de segundos, quando virou o rosto para a amiga, as lágrimas transbordavam dos olhos. Noélia nada disse, apenas a abraçou com carinho, com o olhar perdido no horizonte. Aquela não era a primeira vez que isso acontecia. Luciano sempre aprontava e o resultado era o mesmo: Adriana o perdoava em nome do amor.

Desfeito o abraço, Adriana lhe contou, nos detalhes, os últimos acontecimentos.

— Imagina você que tive que ligar para o meu amigo para confirmar o que já desconfiava. Como posso viver com uma pessoa que não me passa confiança? Que me engana? Isso foi o que eu descobri, mas quantas outras mentiras ele já deve ter colecionado e escondido de mim?

— Bom, embora eu não concorde com a frase, minha mãe costumava dizer que em briga de marido e mulher não se deve meter a colher; depois vocês se reconciliam e a amiga fica como vilã. — Noélia encarou Adriana com seus olhos verdes e expressivos, e, vendo a amiga triste e chorosa, não resistiu: — Chega de sofrer! Separe-se dele. Pronto, não aguento ficar quieta. Depois, não é a primeira vez que ele apronta com você. Sabemos disso, e você vai dando chance, relevando, perdoando as falhas dele porque o ama. Então, só você é capaz de avaliar o que de fato sente e perceber se tem estrutura para suportar tudo isso.

— Noélia, minha amiga, ele é um homem carinhoso, prestativo, mas com falhas, muitas falhas.

— Então é isso! — exclamou Noélia, incrédula ao ouvir os elogios que Adriana atribuía a Luciano. — Quem sou eu para dizer algo? Enfim... vamos, que estamos atrasadas para abrir o caixa. E ainda temos um tempinho, pois quero tomar um cafezinho. Trate de animar esse rostinho, moça. É muito bonita para manter um rosto sombreado de tristeza. Como diz o Marlon, problemas todos temos, mas os clientes nada têm com isso. Vamos sorrir. Agora, engraçado que o Marlon nunca ri, está sempre carrancudo.

As duas acabaram rindo.

— Ah! Trouxe o seu xampu, aquele de que gostou. Depois quero te contar do meu encontro — Noélia disse numa cara pouco animada. — Só para adiantar, aquela foto que ele me mandou e te mostrei, hum, deve ser de uns vinte anos atrás. Nada contra os gordinhos, até gosto, mas ele estava com uns vinte quilos a mais em comparação à foto, e calvo. Na foto ele estava bem magro e com uma cabeleira farta. Também notei que ele estava um pouco gasto. Nem hesitei, sabe? Dispensei ali mesmo. Mentiroso! Desinstalei o aplicativo, claro! Nunca mais vou instalar aquele programa de encontros!

Adriana riu, já ouvira aquela promessa antes e também a via ser quebrada horas depois, quando a carência abraçava Noélia.

Já no caixa, primeira cliente, Adriana, forçando o sorriso, falou quase de forma mecânica, como fazia todos os dias:

— Bom dia! Tem o cartão da loja? CPF? Sacola? — E, por fim, a última pergunta, imposta por Marlon, isso depois de o mercado concorrente ter aberto recentemente uma filial na região: — Procurou algum produto que não encontrou na loja?

A cliente era reservada, de poucas palavras; passou o cartão de débito na maquininha e logo saiu do caixa. Era o tipo de cliente de que Adriana mais gostava, principalmente quando não estava a fim de conversar.

Foi nessa hora que chegou mensagem no celular. Adriana passou os olhos ao redor, certificando-se de que Marlon, impecável em seu traje social, gravata alinhada, camisa branca e muito bem passada, conversava com um dos funcionários. Aproveitou o momento e olhou rapidamente para o aparelho.

"Filha, bom dia! Espero que esteja bem. Estou trabalhando na zona sul hoje. Conversamos mais tarde, ok? Beijos da mamãe."

Só de ler aquela mensagem, Adriana já se sentiu bem, e percebeu-se rindo. Guardou rapidamente o aparelho no bolso da calça quando notou que Marlon vinha na sua direção. Adriana transpirou, pensou que ele chamaria a sua atenção por ter pego o celular durante o expediente, mas não, Marlon passou direto. E ao vê-lo todo empinado, indo para o outro lado do supermercado, respirou aliviada. Logo outro cliente chegou.

— Bom dia! Tem o cartão da loja? CPF? Sacola?

E assim se arrastou o dia, moroso, com movimento mais intenso na hora do almoço e mais tarde, das dezoito horas até o fechamento do estabelecimento. Mais uma vez, Adriana seguiu seu trajeto sem a companhia de Noélia, que saíra apressada, por certo para algum encontro, mas sem coragem de admitir a verdade.

Como de costume, Adriana deixou o pão na casa de Marieta, e desta vez aceitou o café oferecido pela sogra. Tomou-o em pé, como se assim pudesse controlar melhor o tempo.

— Cadê o Jeferson?

— Está na rua. Disse que iria na casa de um amigo, mas daqui a pouco está de volta. Acho que iria jogar uma peladinha com os meninos. Ele adora bola.

— Eu não! E já conversei com ele sobre isso. Não o quero perdendo tempo com futebol, se iludindo. — Marieta tentou convencê-la de que era fase da idade, algo normal para o jovem, mas Adriana foi firme, tanto que deixou o café pela metade na xícara e, antes de a pousar sobre a mesa, concluiu: — Espero que não esteja incentivando ele a jogar futebol. Isso não é sonho, é ilusão. Quero ele estudando, se formando, trabalhando, recebendo salário certo todo mês.

Adriana era muito grata à sogra por cuidar do seu filho. Isso aconteceu naturalmente, logo que veio morar com Luciano. Sua casa era pequena demais para três pessoas. Aos poucos, Marieta foi se afeiçoando ao menino como se fosse de fato seu neto, e Jeferson a adorava. Além do mais, a casa da sogra era ali do lado. Não demorou para Marieta redecorar o quarto que fora do filho para Jeferson, que ficou fascinado com o espaço que poderia ter só para ele. Assim aconteceu, e o menino ficou com dois lares.

Tal acontecimento não soou natural para Salete, que disse para a filha:

— Sei que assim, aos cuidados da sua sogra, você poderá economizar com alguém para cuidar dele. No momento, isso é bom, só que mais tarde não poderá reclamar da educação que ele vai receber, já que passará mais tempo com ela.

— Está com ciúme, dona Salete? Está, sim — divertia-se Adriana. Agora, anos depois, vendo o filho sob o domínio da sogra, que conhecia a vida de Jeferson melhor que ela, começava a compreender aquilo sobre o que Salete tentara alertá-la lá no início.

Adriana agradeceu o café e apressou-se a sair, com o discurso de que precisava fazer o jantar. Ainda pensou em comentar com a sogra sobre Luciano, mas preferiu não se indispor, quando, já no portão, ouviu dela:

— Coitado do Luciano, você viu? Dispensado do trabalho por conta da crise. Mais uma vítima! Meu filho fazendo parte de estatística!

Adriana meneou a cabeça. Aprendera, ouvindo os conselhos de Salete, que não deveria despejar sobre Marieta os problemas do casamento, muito menos realçar os defeitos de Luciano, fruto da sua educação. Essa análise a deixava temerosa em relação à educação que a sogra dava a Jeferson.

Ao sair da casa da sogra, Adriana caminhou até sua casa menos aborrecida em comparação à maneira como saíra naquela manhã. Tinha que relevar. Começou a pensar que Luciano, na verdade, poderia estar poupando-a de aborrecimentos e então preferiu acreditar que ele apenas omitira o que de fato tinha acontecido justamente para não aborrecê-la. Pensar assim a fez se sentir melhor, sorrir.

Logo, Adriana adentrou o quintal. Antes de entrar em casa, pôde ouvir Luciano conversando com Jeferson, seu filho, e pelo tom das vozes, um tanto abafadas, decidiu parar próximo da janela e ouvir o trecho da conversa entre os dois.

— Preciso contar com você, brother, posso? — Era a voz de Luciano.

— Sim, *pow*[1].

— Depois, sua mãe não pode saber.

— *Tô ligado, mano*.

— Consegue fazer essa correria pra mim?

Adriana não aguentou mais, pois a urgência em saber aquele segredo a fez abrir a porta com tudo e surpreendê-los com a pergunta:

— O que está acontecendo que eu não posso saber? O que estão aprontando? Melhor: Luciano, o que você está aprontando e incluindo meu filho?

— Ih, sujou! — Jeferson disse, os olhos arregalados para o padrasto, que se mantinha pálido, mudo, sem saber o que dizer para Adriana, brava como uma leoa.

Salete não teve uma vida fácil como a sua única irmã, um ano mais moça, que se casara com um homem financeiramente bem estabilizado; no entanto, quis o destino que a irmã e o cunhado partissem num acidente aéreo. Tal fatalidade levou Salete a cuidar de Evelyn, sua sobrinha e afilhada, da mesma idade de Adriana.

O cunhado, como se tivesse premonição de que a sua vida pudesse ser curta, foi precavido em contratar um advogado pouco antes do acidente. Ele deixou instruções para que, no

---

1 *Pow* é uma interjeição que pode ser usada para expressar diferentes emoções, como surpresa, indignação, admiração, entre outras. É uma forma informal de se comunicar, por meio de aplicativos de mensagens, com amigos e familiares.

caso de sua morte, uma boa quantia em dinheiro fosse destinada para a educação da filha, e que seus bens ficassem indisponíveis até Evelyn atingir a maioridade. Assim foi feito, e Salete, tutora da menina, usou o dinheiro somente para a educação da moça, nem cogitando utilizar uma parte, mesmo quando seu marido caíra doente. Ao contrário, Salete recorreu ao serviço público de saúde, e a demora no atendimento apressou a morte dele.

Adriana, logo após a morte do pai, comentou isso com a mãe.

— Tinha dinheiro o bastante para salvar o papai.

— Não é nosso esse dinheiro. Você sabe bem disso. Não poderia sacar um centavo por interesse próprio.

— Podia, sim! Depois, seria uma espécie de gratificação por ter cuidado da Evelyn, não acha? A senhora não tinha obrigação de acolher a órfã na nossa casa.

— Adriana, muito me estranha o seu comportamento. Uma coisa não tem nada a ver com a outra. Evelyn é minha sobrinha e afilhada. Como madrinha, me considero sua segunda mãe, por isso não a deixaria ao relento, nas mãos de desconhecidos.

— Tinha as tias dela, não tinha, lá do sul, parentas do pai dela? Que fosse para lá, ué!

— Não faria isso com a menina que sempre conviveu com a gente desde que nasceu. Ela sentiria a nossa falta. Além do mais, Evelyn é filha da minha querida irmã. Achei até que você fosse gostar de tê-la por perto. Sua prima e você, sempre juntas. — Salete fez uma pausa, realmente emocionada, e a repreendeu: — Sei que está sentida pela falta do seu pai, mas me culpar pela doença dele, resultado de anos de bebida, não vou aceitar, minha filha. De mais a mais, o dinheiro é da Evelyn, e não do meu marido. Ele bem sabia do resultado das bebedeiras diárias. Pense bem nisso.

— Desculpe-me, mãe. Tem razão. Estou com a cabeça quente. É isso.

— Conversei com o médico na semana do falecimento do seu pai. Ele foi claro e afirmou que não teria recurso capaz de salvá-lo; que, se eu tivesse fé, pedisse a intervenção dos meus santos.

Adriana abraçou a mãe e chorou. Sentiu por tê-la magoado com a sua revolta.

Agora, depois de anos, Adriana, já mãe, vivendo seu segundo relacionamento, fez Salete se lembrar dessa conversa com a filha. Isso tudo passou pela cabeça como um flash enquanto ouvia, pelo telefone, as reclamações da filha.

— Foi isso, mãe, o que o Luciano me disse, mas sabe quando a gente fica com a sensação de que está sendo enganada? Uma angústia, não sei explicar.

— Você é feliz? — perguntou ao se lembrar da moça sonhadora que era a filha.

— Sim, eu o amo.

— Se é, minha filha, siga sua vida — aconselhou Salete. — Infelizmente é assim mesmo, nem sempre as coisas acontecem da forma que sonhamos, planejamos. Lembra da minha vida com seu pai? Ele tinha, nos últimos anos, uma amizade e um amor maior com as bebidas do que comigo. E me recordo que você me questionou sobre não usar o dinheiro da Evelyn.

— Nem me lembre disso, mãe. Eu não deveria ter falado daquela maneira com a senhora.

— Só para você fazer o comparativo. Eu não mudei o seu pai com o meu amor, porque era o que eu sentia por ele, mas não sei se ele sentia o mesmo por mim, ou por ele próprio. Se assim fosse, ele poderia ter mudado, lutado, se esforçado para largar a bebida; muitos foram os lugares indicados para o tratamento, mas ele escolheu os bares. Digo isso porque você ama o Luciano, mas e ele? O que tem feito para manter esse casamento?

O silêncio se formou por instantes e Salete voltou a dizer:

— Daqui a dois meses já sabe o que vai acontecer, não é?

— Como se eu pudesse esquecer... a senhora me lembrando a todo momento.

— Desculpa, filha, mas acho que o assunto é importante, é sério. Já falou com o Jeferson?

— Não e nem vou falar, se é o que quer saber.

— Acho bom você pensar melhor nisso, ou quer que tudo venha à tona da pior forma? O Hiago...

— Mãe, vou desligar. — O nome do verdadeiro pai do seu filho fez Adriana acelerar o encerramento da ligação. — Depois conversamos, tá?

Salete, ao descansar o telefone sobre o braço do sofá, uniu as mãos como se assim fizesse um oração, e, no seu pensamento, realmente fez uma sentida prece, pela filha, pelo neto, e para que os acontecimentos que estavam por vir fossem recebidos da melhor forma possível.

Adriana desligou o telefone e ficou ali, sentada na cadeira em que estivera durante a conversa. Fechou os olhos e se lembrou daquela conversa entre o marido e o filho.

Luciano, ágil, com o seu jeito sedutor, falando e gesticulando, se colocou na frente do enteado, que, pálido, se denunciava com o olhar que Adriana conhecia, pois revelava que Jeferson estava fazendo algo errado.

— Estávamos fazendo uma festa-surpresa para você — disparou Luciano.

— Meu aniversário está longe.

— Sem dinheiro, temos que planejar — respondeu ele, fazendo um gesto para Jeferson sair, e o menino assim fez.

Luciano prosseguiu na fala sedutora o bastante para Adriana acreditar e aceitar seus abraços e beijos... e, então, a reconciliação. Naquele momento, tudo lhe parecera até especial. No entanto, agora, depois da ligação em que Salete a

Mais forte que o tempo 37

fizera se recordar de lembranças nada bem-vindas, Adriana voltou a refletir sobre as desculpas do marido, e percebeu que estava cada vez mais difícil acreditar nele.

— Luciano está mentindo para mim, eu sinto — murmurou baixinho para ela mesma, com o olhar distante e perdido.

Capítulo 4

Ah, o aplicativo

Noélia era uma mulher bonita. Tinha o hábito de usar os cabelos ruivos presos no alto da cabeça. Era uma profissional exemplar, que poderia, pelo conhecimento, ganhar muito mais em outro lugar, mas tinha um padrão de vida confortável; morava num apartamento que havia quitado recentemente, o que lhe oferecia boa estabilidade. Por tudo isso, se sentia bem com a vida que levava. No entanto, o coração era mais vazio que o vão do MASP, como ela mesma dizia quando o assunto era relacionamento afetivo. O aplicativo, então, fora o seu meio de enxergar uma luz no fim do túnel.

Primeiro fora a busca excessiva em páginas de bate-papo, em que Noélia passava horas conectada, trocando mensagens, confidências. O vício, no entanto, resultara não só em horas, mas em muitas noites em claro, principalmente nos finais de semana, conhecendo pessoas que na verdade não via, apenas trocando mensagens que de certa maneira confortavam o vazio do coração. Houvera um período em que o vício tinha se tornado tão intenso que Noélia chegara ao ponto de acessar as salas de bate-papo virtual durante o expediente, dentro do banheiro.

Com o advento da modernidade, ao adquirir um celular multiúso, Noélia descobriu os aplicativos. Foi como redescobrir a TV colorida, visto que o dispositivo realçava a imagem dos moços como o colorido forte e cativante dos artistas na TV. Seduzida e ingênua, trocava, sinceramente, confidências, dizia onde trabalhava, o quanto ganhava, enfim, não omitia nada. Quando confidenciou para Adriana as suas aventuras, ouviu a advertência:

— Noélia, não pode ir falando assim sobre sua vida. Será que do outro lado tem o mesmo bom coração e cheio de sinceridade igual ao seu?

— É, acho que extrapolei um pouco.

— Precisa ser mais seletiva, ter reservas, não ir contando sua vida assim para o primeiro que conhece. Tem muitos caras oportunistas, mal-intencionados.

— Eu convidei um rapaz para ir em casa — Noélia disse tímida, como uma criança confidenciando uma travessura. — Quando eu o vi da janela do meu apartamento, não tive coragem de o convidar para entrar.

— Ainda bem! Que loucura é essa, Noélia? Como assim, deixar um desconhecido entrar no seu apartamento?! Ainda bem que teve o bom senso de...

— Na verdade — ela cortou Adriana com uma revelação —, eu não deixei ele subir porque lembrei que não havia feito a depilação. — Noélia abriu um sorriso. — Combinamos de tomar um vinho, mas você sabe, somos adultos, de carne, osso e desejos.

— Não faça nada por impulso, minha amiga, poderá se machucar.

Noélia, como uma criança ingênua, não dava importância aos conselhos de Adriana. Na hora até admitia o risco, mas o desejo, diante do aplicativo, a fazia se esquecer de todo e qualquer risco que corria, por isso expunha sua vida, contava onde trabalhava e tudo mais, sem se preocupar em se preservar.

A cada decepção, prometia a si mesma desistir do aplicativo, mas lá estava de volta com a solidão que a abraçava. Seus olhos brilhavam acompanhados de um sorriso largo ao ver a tela iluminada diante de um novo rosto. Não demorava e fazia seus contatos. Como era muito simpática e extrovertida, Noélia falava bem mais da sua vida e não fazia questão de ouvir o outro lado; além do mais, ela facilmente se encantava com uma foto, com as palavras sedutoras dos pretendentes, às quais tinha necessidade de ouvir para se sentir viva.

Já perdera as contas dos casos mal resolvidos, mas insistia. Certa vez, conheceu um rapaz mais jovem — como era a sua preferência —, e não custou para ela aceitar encontrá-lo e pagar o jantar, pois, na hora de receberem a conta das mãos do garçom, o moço dissera-lhe que esquecera a carteira; no entanto, ela estava tão envolvida com a vitalidade juvenil, com o olhar penetrante e cativante, que não hesitou em tranquilizá-lo ao dizer que o jantar seria por conta dela. E não só isso: depois de passarem algumas horas numa danceteria escolhida pelo jovem, terminaram a noite num motel badalado e caro — tudo, claro, pago por Noélia.

O jovem foi gentil e a acompanhou até chegarem à portaria do prédio onde ela morava. Noélia, apaixonada, fazia planos, já pensando em convidá-lo para morar na sua casa, visto que era universitário e morava longe, na companhia da mãe e da avó, como ele dissera.

Foi com esses pensamentos que adormeceu e, ao acordar, abriu um largo sorriso só de pensar no encontro que tivera. Correu para pegar o celular e contatar o jovem. Estava, inclusive, disposta a fazer a proposta de almoçarem juntos, com a intenção de apresentá-lo para Adriana e também de convidá-lo para se mudar para o seu apartamento. Em seus devaneios, já o incluíra nas festas de Natal, nas férias no Nordeste.

Quando pegou o celular para conversarem, Noélia percebeu que a foto dele já não estava mais vinculada aos seus contatos. Procurou no aplicativo e notou que o contato não estava mais na sua lista. Noélia havia sido excluída, não tinha outra coisa a pensar. E, quando ligou — ela havia até memorizado o número de telefone dele —, teve a confirmação: a mensagem avisava que o número chamado estava fora de área ou não existia. Constatou que havia sido bloqueada.

— Estou acabada, amiga.

— Noélia, como você se entrega desse jeito, mulher? — comentou Adriana, num tom em que se mostrava brava, mas ainda assim abraçada à amiga aos prantos.

— Se você tivesse visto o menino, também se jogava. Lindo, maravilhoso, o homem da minha vida. Será que aconteceu alguma coisa com ele? Essa cidade anda tão perigosa. Depois da noite maravilhosa que vivemos, não poderia deixar tudo para trás assim, nossa história.

— Que história, Noélia? Acorda! — Adriana respirou fundo ao ver os olhos verdes brilhando em lágrimas. Então perguntou: — Usou camisinha?

— Claro, era só o que me faltava, grávida de um moleque. — Noélia arregalou os olhos, com uma expressão de arrependimento no rosto. — Já pensou?

— Não só isso... — Adriana parou com o discurso, pois já havia dito tudo o que pensava, mas falar com Noélia era como se estivesse conversando com Jeferson: ela só ouvia o que queria ouvir, o que fosse do interesse dela.

— Juro que não quero mais saber desse aplicativo, de homem, de nada disso. Chega! — Noélia falou, enquanto desinstalava o aplicativo na frente de Adriana, os dedos trêmulos, mas decidida a se livrar daquele vício. — Se as freiras conseguem, eu também consigo.

Agora, poucos meses depois, na solidão da sua sala, acompanhada de uma taça de vinho, arriscou reinstalar o aplicativo, com a intenção de somente ver algumas fotos, nada de mais, até ler:

> "Solitário apaixonado, pouco ciumento também, carinhoso, dominador, amável..."

Noélia nem leu o resto, já mandou mensagem para ele:

> "Sou Noélia, trinta e oito anos, moro sozinha em Santana, trabalho num supermercado".

Ela disparou a mensagem e, ansiosa, sem esperar, já mandou duas fotos, uma de vestido acima dos joelhos, os braços para cima, na altura dos cabelos, sensualizando. Na segunda foto, ela usava um biquíni branco ao lado de Salete; estava mais magra, sentada na beira da piscina, pernas cruzadas, taça de vinho ao lado. Essa foto fora tirada por Adriana dois anos antes, numa viagem rápida que haviam feito para uma colônia de férias em Santos.

A resposta veio rápido:

> "Claro que sim, meu amor. Estava esperando por você para me tirar desse aplicativo. Você vai ser só minha, entendeu?"

Noélia se derreteu com a mensagem, riu, depois murmurou enquanto pensava no que responder para o pretendente:
— O homem da minha vida chegou. Eu sinto...

Adriana estava sozinha em casa, pois Luciano e Jeferson estavam na casa de Marieta saboreando uma sobremesa. A sogra era boa em fazer doces, e eles eram fãs dos pratos dela.

Adriana aproveitou a falta deles para arrumar a casa, adiantar os afazeres do fim de semana. Depois de organizar a cozinha, a pia, limpar o fogão, foi para o quarto fazer a troca das roupas de cama, enquanto o pensamento ficara parado na última conversa que tivera com Salete, sobre Hiago.

Pedia para a mãe não falar do pai do seu filho, mas ver Jeferson crescendo à semelhança do pai a perturbava. O menino havia herdado do pai a beleza, o olhar, o jeito de arquear as sobrancelhas, tudo como Hiago fazia.

Ao deparar com esse fato, mesmo que não o aceitasse, era notório: o menino vinha se tornando uma cópia do pai, até demonstrar vocação por futebol, o que Adriana não admitia.

Essas lembranças fizeram com que ela buscasse a caixa de recordações. Uma das poucas que trouxera da casa da mãe e ainda preservava. Adriana, num momento de fúria, havia jogado fora todas as fotos, cartões, presentes, e só o que fora preservado, isso porque Salete tivera o cuidado de tirar das vistas da filha, resumia-se a recortes de jornais que Adriana colecionava de Hiago, assim como a fita VHS, que mais tarde passou para DVD. Quando fez isso, justificou para a mãe:

— Estou fazendo isso para que Jeferson veja o pai se um dia vier me questionar. E, claro, se eu tiver coragem de mostrar.

A história que Adriana criou e sustentava era que o pai partira para o Nordeste e logo depois fora informada de que ele havia falecido. Jeferson perguntava, exigia saber, mas não tinha outra resposta, pois Adriana preferia poupá-lo. Só que o menino tinha crescido e vez ou outra vinha a cobrança.

Certa vez, Adriana sentiu-se extremamente constrangida quando Jeferson se deu conta de que em seus documentos não constava o nome do pai, e brigara na escola por conta disso. A briga tinha sido feia e a diretora precisara chamar Adriana para uma conversa.

— O seu pai foi uma pessoa sem importância, meu querido, e já é falecido. Melhor esquecê-lo. Você tem o Luciano, que tem sido um pai maravilhoso para você. — Aos olhos de Adriana isso era verdade, pois Luciano, desde que a conhecera, tinha tratado o menino como se fosse seu filho, acolhendo, aconselhando e educando-o do seu jeito, nem sempre como ela queria, mas ele se esforçava para ser uma boa figura paterna.

— É o meu pai, mãe!

— Aprendi que não devemos sofrer pela falta de alguém que é feliz sem a gente — Adriana disse quando voltavam para casa. Jeferson, na ocasião, ainda era pequeno o bastante para ficar sem entender o que ela dissera. — Queira bem a quem o procura, meu amor. Esses, sim, são importantes e merecem um lugar especial no seu coração.

Adriana parou e notou o menino emocionado, então o abraçou.

— Tem todo o meu amor, não se esqueça disso, viu?

Jeferson nada disse, apenas apertou-a forte no abraço.

Adriana se recordou da cena emocionada. Não tinha certeza de se fizera bem em esconder do filho a verdade sobre o pai. Agora, adolescente, reservado, não conseguia sentir se o vazio que via nos olhos do filho era a falta que sentia do pai. Chegou a comentar isso com Noélia, que descontraída, com os olhos vidrados no celular, dera o seu parecer:

— Adolescente, minha amiga, é uma caixa de surpresas... mudança, transformação, aceitação. Já fomos assim um dia.

Adriana riu ao se lembrar de Noélia, então consultou o relógio, foi até a porta, de onde espiou o corredor, e depois voltou apressada para o quarto. Subiu na cadeira para acessar o guarda-roupa na parte do maleiro, de onde tirou uma caixa e, de dentro dela, apanhou um envelope com recortes de jornais e um DVD.

Ela ligou o aparelho e inseriu o DVD; segundos depois, com o chiado típico das antigas fitas de vídeo, Adriana ouviu a voz de Hiago; logo a imagem dele surgiu na tela.

"Estamos aqui no Clube com o Hiago Cezar, promissor atacante do Palmeiras. Ele vem apresentando um bom trabalho e já é um dos nomes cotados para fazer parte do time titular..." — nesse trecho, por conta de defeito da fita original, houve uma falha, o som sumiu, e era possível ouvir Adriana emocionada, limpando as lágrimas que insistiam em descer do rosto.

Em seguida, o repórter perguntou para o jovem bonito, cabelos cheios, pretos como os olhos, lábios carnudos, ombros largos, estilo que fazia muito sucesso entre as meninas na época:

"Hiago Cezar, como se sente fazendo parte do time, escalado com grandeza pelo técnico, sob elogios?"

Então a voz de Hiago tomou conta do quarto, fazendo Adriana abraçar o próprio corpo, como se assim pudesse conter a dor que apertava o seu coração. Na televisão, sorridente, exibindo um sorriso perfeito, rosto bonito propício para ser modelo, ele respondeu com a desenvoltura de um atleta profissional, confiante:

"Estou muito agradecido pela oportunidade de mostrar meu trabalho, de fazer parte desse elenco. Vou dar o meu melhor. Agradeço a Deus por tudo". — A câmera se aproximou do rosto do jovem, que parecia atraída pelo seu sorriso, e ele disparou: — *"Agradeço a você também pela força, você me fez acreditar que isso poderia acontecer. Minha maior incentivadora".*

O repórter entrou no clima e desejou saber a quem ele se referia, mas Hiago se esquivou, saiu acenando e conduzindo a bola entre os pés com maestria, e o repórter finalizou a entrevista tecendo mais alguns comentários.

Nesse instante, Adriana ouviu a voz de Luciano conversando com Jeferson, e se apressou em tirar o DVD do aparelho e o acomodar no envelope; em seguida, colocou tudo dentro da caixa e a guardou no maleiro. Estava descendo da cadeira quando Luciano entrou no quarto.

— Meu amor, limpando o guarda-roupa a essa hora? Minha mãe perguntou de você. Mandou um pedaço de doce, guardei na geladeira. Está tão bom que, se eu fosse você, comeria agora. Não me responsabilizo caso desapareça daqui a pouco. O Jeferson também falou que vem aqui antes de dormir, então...

Adriana abraçou Luciano e começou a chorar.

— Meu amor, o que houve? — Ele aconchegou a mulher nos seus braços e perguntou: — Está sentindo alguma coisa? Dor? Já sei, aquele cretino do Marlon deve ter feito alguma coisa para você ficar assim.

Foi quando o espírito de Igor se manifestou.

— Camarada, estou surpreso! Então o Jeferson é filho do Hiago Cezar, o jogador de futebol? Já tinha visto ela com aquela caixa de recordações, mas não fazia ideia da novidade. Claro que Adriana está chorando por causa dele, do pai do Jeferson.

— Está assim por causa do pai do Jeferson? — perguntou Luciano, influenciado pelo espírito.

— Apenas me abrace — ela pediu, fechando os olhos na esperança de se livrar logo das lembranças que o DVD lhe trouxera. Nem questionou o fato de Luciano ter acertado o palpite. Naquele momento, Adriana só precisava sentir o calor e o abraço do seu marido.

༄

— Filha, você está bem? — perguntou Salete logo pela manhã, ao telefone, pegando Adriana ainda em casa, na correria do café da manhã, de se arrumar, de escolher roupa, enfim, em meio à sua rotina matinal. Adriana ficou feliz em ouvi-la, ainda que estivesse atrasada, como anunciava o relógio de parede da cozinha, preso acima do fogão. A conversa foi curta, mas para ambas foi reconfortante. — Sonhei com você, parecia aflita. Tem feito suas orações?

— Sim, mãe.

— Quando dormimos, ocorre o desdobramento. Nosso espírito fica livre enquanto o corpo físico repousa para reparação. Com essa liberdade, nosso espírito tem a oportunidade de encontros, de rever entes queridos, aproximar-se de espíritos afins. Nessas horas, é preciso estar em comunhão com Deus para que o passeio, digamos assim, seja agradável. Por isso, nunca deixe de rezar antes de dormir. Peça proteção, minha filha, e cuide dos seus pensamentos.

Adriana achava graça no que a mãe lhe dizia. Salete a ensinara a orar antes de dormir. No começo, como era pequena, achava ruim, mas o tempo foi passando e, depois de anos morando com Luciano, ela começou a perceber o quanto faziam bem os ensinamentos e cuidados da mãe. Adriana não tinha o hábito de orar constantemente, mas reconhecia que a crença da mãe sobre espiritualidade dava o suporte que fazia de Salete uma mulher forte.

— Quero ver você, minha filha. Hoje chegarei mais cedo do trabalho, o que acha de passar aqui? Faço aquele bolo de cenoura de que tanto gosta.

— Golpe baixo, dona Salete. Claro que vou, não só pelo bolo, mas pela saudade da senhora. — Adriana sentiu a voz emocionada ao falar aquelas palavras. Ver Hiago a deixara emotiva, pensativa. Talvez não tivesse sido boa a ideia de remexer o passado. Tarde demais. Depois daquela breve visita à caixa de lembranças, ela começara a reviver o passado com o pai do seu filho.

— Vou chegar mais tarde, Luciano. Vou visitar minha mãe — ela avisou logo depois que desligou o aparelho celular e o jogou dentro da bolsa. — Compra o pão para a sua mãe. O dinheiro está na caixinha. Preciso acertar com o Jeferson sobre o curso. Falou com ele...

— Não disse nada. Deixei para você — disse ele, rapidamente. — Salete está bem? Não é dia de visitá-la.

— Só quero matar saudade. Ela também disse que sonhou comigo e sei como ela fica sensível com isso, enquanto a gente não se encontrar — Adriana explicou, acomodando a bolsa no ombro e saindo apressada, porém, antes, intimou: — Não se esqueça de apanhar os endereços que anotei no caderninho; deixei no quarto. São vagas que encontrei vindo para casa, do ônibus anotei algumas que parecem ser interessantes.

— E devem ficar longe, pelo que falou. Quero algo mais perto, porque é estressante pegar ônibus, trem, metrô.

— É o que conseguir, Luciano, e agradecendo a Deus pelo que aparecer. Temos contas para pagar, aluguel, despesas. Sabe o custo como está alto, e não tenho... — Adriana parou de falar e viu o olhar desinteressado de Luciano, então resolveu se calar. Encostou os lábios nos do marido e partiu.

— Dominadora! — exclamou o espírito de Igor ao ver Luciano sozinho.

— Dominadora! — repetiu Luciano, batendo a porta da cozinha com força. Antes disso, tomou o cuidado de ouvir o portão de entrada bater e ter certeza de que Adriana estava longe. Foi até o quarto e se jogou na cama. Pegou o controle da televisão e, antes de ligar, esticou o braço e pegou o caderninho com as anotações feitas por Adriana, com todo carinho, na esperança de ter ali a possibilidade de emprego para o marido. Ele leu, fazendo careta.

— E você vai se humilhar na zona sul para trabalhar de garçom? Você? — divertia-se Igor, lendo com Luciano as anotações. Fazia isso rindo, duvidando da capacidade do rapaz.

— Não vou mesmo, justo eu, me humilhar naquele lugar. Nem pensar — Luciano murmurava ao ler os anúncios. — E esse aqui! Vendedor de sapatos. Adriana pirou! — disse inconformado. Puxou com força e amassou a folha do caderno espiral, atirando-a no chão, sem se preocupar em recolhê-la.

Em seguida, incentivado pelo espírito, pegou o controle, ligou a televisão, passou por vários canais e não encontrou nada que pudesse agradá-lo.

— Fraquinha essa sua televisão por assinatura. Não tem nada!

— Não tem nada! — Luciano concordou com o espírito. Pegou o celular e ligou para a operadora, e depois de quinze minutos concluiu, animado: — Daqui a uma hora os canais estarão disponíveis? Muito bom; os de esporte, inclusive? Ótimo. Vou aguardar. — Ele desligou o telefone com uma satisfação incrível, sem se preocupar com valores, sem se importar com o fato de o acréscimo na conta de canais por assinatura implicar um aumento considerável na fatura.

— Quero ver você explicar para a Adriana esse aumento.

— Depois me entendo com a Adriana. Já a conheço o bastante para saber que beijos, abraços e carinhos fazem aquela mulher se derreter por mim. Eu me garanto — tornou Luciano em voz baixa, e Igor tratou de responder num tom de desafio:

— Quero só ver.

Assim Luciano passou mais algum tempo mexendo no celular, ansioso para ter acesso aos canais.

— Liga agora, quem sabe já não está funcionando — sugeriu Igor.

— Quem sabe já está — emendou Luciano ao ligar o aparelho, muito conectado com os pensamentos de Igor.

Foi nesse momento que Izildinha começou a ouvir música, e num volume alto, que fazia a casa de baixo estremecer. Luciano, irritado, fechou as janelas, tentou ainda vedar o som colocando toalhas no pé das portas, em vão. O barulho era ensurdecedor.

— Fala para ela desligar, por favor! — pediu Igor, chorando, com as mãos cobrindo as orelhas, sofrendo com as músicas.

— Vou fazer isso agora. Falta de respeito! — Luciano seguiu para a porta da cozinha, a única da casa com acesso ao quintal. — Izildinha, está dando uma festa em casa a essa hora? Só para avisá-la, são nove horas da manhã, não é hora de festinha com música alta.

— Realmente, nove horas é o horário exato de trabalhador estar no trabalho, não em casa, esperando a mulher chegar com dinheiro — rebateu ela, mexendo com seus dedos finos os cabelos ainda mais armados e loiros. — Além do mais, estou na minha casa.

— Olha quem fala! Nunca trabalhou.

— Sou viúva e pensionista, se quer saber — esclareceu Izildinha. — Depois, não devo satisfação a você. E mais: não vou abaixar nada. Amanheci com saudade do meu Igor. Estou ouvindo suas músicas. Ele adorava, e ouvi-las faz com que eu o sinta perto de mim.

— Pede para ela desligar, por favor... — implorava Igor, chorando.

— Desliga ou abaixa isso agora, ou eu...

— O que vai fazer? — desafiou Izildinha, rindo.

Luciano, impaciente, não pensou duas vezes. Seguiu na direção da escada, que saltou de dois em dois degraus, até a casa de Izildinha. Ela ameaçou chamar a polícia, se sentindo mal ao ver Luciano entrando na sua casa.

Ele pouco aparecia na casa de Izildinha, só quando ela o chamava para arrumar o chuveiro, trocar o gás, e pouco ficava, porque a casa parecia um museu recheado de fotos e pertences do marido e do filho já falecidos.

Já dentro da sala, Luciano localizou o aparelho de som e arrancou o fio da tomada.

— Fazendo assim você queima o aparelho. E, se queimar, vou cobrar acréscimo no aluguel. — Izildinha não teve outra reação quando se viu sozinha, no silêncio, a não ser chorar enquanto abraçava o aparelho de som, sentida. Passada a forte emoção, ela conectou o fio na tomada e, desta vez, colocou a música num volume baixinho; depois, ficou ali, abraçada ao próprio corpo, como se estivesse abraçada ao filho, sentindo imensa falta dele.

O espírito de Igor, emocionado, aproximou-se e abraçou a mãe. Izildinha, como se sentisse a presença do filho, abriu um sorriso, contrastando com as lágrimas que não paravam de escorrer.

Depois o jovem, que se comportava como se ainda estivesse vivo, deixou Izildinha com sua saudade e desceu gritando pelo nome de Luciano.

— Liga essa televisão! Vamos ver se os canais de esporte já foram liberados.

Capítulo 5

Cotidiano

Quando Adriana entrou no mercado, Noélia, que costumava chegar sempre primeiro, não estava. No caminho do vestiário, Adriana encontrou Marlon, todo alinhado, examinando os sapatos pretos e brilhosos. Sua roupa estava impecável, como se tivesse acabado de sair da tábua de passar roupas, esticada, com vincos, perfumada; ainda assim, estar bem-vestido não o tornava amistoso. Para se ter uma ideia, ele respondia aos cumprimentos dos funcionários sem exibir os dentes, e, para aqueles com quem não simpatizava, passava reto. Ele cumprimentou Adriana e fez o comentário:

— Noélia, a sua chefe, está atrasada.

Adriana notou o contentamento dele ao dizer aquela frase, como se lendo nas entrelinhas pudesse notar sua demonstração de que ele, sim, era o modelo de perfeição, inclusive na pontualidade. Naquele momento, em defesa da amiga, disparou, enquanto consultava o relógio:

— Ainda faltam cinco minutos. Está no horário. — Ela parou de falar quando viu Noélia entrando no vestiário apressada, olhando para os lados. Adriana sentiu duplo alívio: um, por calar a boca de Marlon, que ao vê-la entrando no vestiário fez cara de poucos amigos e saiu; o outro, por ver a amiga. Adriana tinha medo de que os encontros de Noélia pudessem terminar em tragédia.

— Estava começando a ficar preocupada com você, Noélia. Não chegava, e sempre...

— Perdi a hora, menina. Na verdade, consegui chegar no horário. Só deu tempo de tomar um banho rápido com os cabelos presos no alto da cabeça, fazer a maquiagem no ônibus... tudo para ganhar tempo — Noélia disse rindo, mas olhando para trás, por cima dos ombros, momento em que aproximou-se de Adriana e confessou: — Tenho a sensação de que estou sendo seguida. Não sei explicar direito. Já sentiu isso?

— Eu, não! — divertiu-se Adriana, esticando a roupa no corpo com as mãos espalmadas. — Agora me conta: quem é o novo "homem da sua vida", que está até fazendo você perder a hora?

— Um deus grego! — Noélia se derreteu ao dizer.

Já prontas, Noélia seguiu Adriana até o caixa, enquanto passava instruções para um e outro operador de caixa, sob seu comando, quando a questionavam por algum assunto. Depois de dar instruções a uma funcionária, comentou num tom baixo, quase ao pé do ouvido, como se fosse segredo:

— Lindo, maravilhoso. Fui dormir às duas horas da manhã, acredita? Depois te mostro as fotos.

— Foi discreta desta vez? Porque olha... pedir para você sair desse aplicativo, falar o mínimo de sua vida, é perda de tempo.

— Não consigo, Adriana. Quando o vi, já contei tudo! — Noélia arregalou os olhos, parou de falar e olhou à sua volta, viu os clientes se movimentando pela loja e novamente comentou com Adriana: — De novo, tenho certeza de que alguém está me observando.

Após dizer isso, Noélia saiu para falar com um atendente que queria o cancelamento de um produto; em seguida, ajudou outro que precisava do código de barras da caixa de leite, e assim começou o dia, na correria de sempre.

— Bom dia! CPF... — falou Adriana, ainda se lembrando da conversa com a divertida Noélia e suas aventuras.

No horário do almoço, com mais tempo, Noélia comentou mais detalhes do seu pretendente.

— Ciumento! Precisava ver. Disse que sou só dele e de mais ninguém. Que não vai querer eu trabalhando no mercado, à vista de todo mundo. Fez questão de ressaltar que me quer só para ele. — Ela comentava rindo, suspirando, sentindo-se a mulher mais desejada e querida do mundo.

— Espera só, você falou onde trabalha?

— Que moro sozinha, minha idade, o bairro, ele é lindo e maravilhoso, como esconder esses detalhes sem importância?

— Noélia! Você não aprende. Como faz isso? Precisa ser mais precavida, mulher. A gente ouve tantas histórias. Fala com tanta intimidade, vocês já se conhecem?

— Não! Pessoalmente, não. Acho que de outras vidas, como diria dona Salete.

— Minha nossa! — exclamou Adriana, preocupada.

— Ele é tímido, acredita, Adriana?! Chamei ele para ir lá em casa ontem à noite para tomar um vinho comigo. Disse que o carro estava na oficina e que o cartão estava com problema na tarja, por isso não conseguia nem sacar dinheiro, coitado!

— Desisto! Não vá me dizer que você acreditou nele.

— Sim, até sugeri a ele pegar um táxi, que eu pagaria quando ele chegasse. Ele não aceitou. Viu a prova de que é honesto? Que procura o mesmo que eu? — Noélia devolveu eufórica, crente no bom caráter do homem que conhecera somente por duas fotos, e uma voz rouca e sedutora ao telefone. Ela sacou da bolsa o celular e exibiu para Adriana a preciosidade.

Adriana tomou o aparelho da mão da amiga e examinou a foto com detalhe, e teve que concordar com quanto era bonito, sensual. Duas imagens que revelavam um homem belo, esbelto, sempre sem camisa, uma de bermuda, braços cruzados, noutra de sunga, sentado numa espreguiçadeira, com uma cerveja nas mãos.

Terminado o almoço, Adriana voltou para o caixa ainda pensativa, querendo descobrir um jeito de alertar a amiga, e pedindo a Deus que a avisasse de que estava errada quanto àquela sensação esquisita. Ao fim do expediente, Adriana saiu primeiro que todos, passou pelos operadores de caixa acenando e despediu-se de Noélia.

— Estou com pressa, vou visitar minha mãe. Ela sonhou comigo, e, se bem a conheço, enquanto a gente não se ver...

— Manda um beijo para ela. Se não tivesse compromisso com o meu gato, iria com você.

Adriana até insistiu para que fossem juntas à casa de Salete, mas Noélia estava muito envolvida com o novo caso do aplicativo. Por fim, se despediu mais uma vez e partiu. Noélia ficou ali, perto do balcão, vendo Adriana se distanciar e depois, com sorriso nos lábios, debruçou-se sobre os papéis que começou a organizar, quando sentiu a presença de alguém que a assustou.

— Já soube da promoção, Noélia? Vou precisar de reforço para que nada saia errado. Quero que desta vez a nossa loja se sobressaia — comentou Marlon.

— Sim, já li o meu e-mail e tomei algumas providências. Fica tranquilo — ela falou praticamente sozinha, porque Marlon já estava longe. Então voltou para os seus afazeres.

Consultou o relógio e viu que estava atrasada, naquele horário era para estar dentro do ônibus.

Passando pela loja, já com o movimento fraco, Noélia sentiu novamente a sensação de estar sendo observada. Ela voltou para trás alguns passos e analisou o corredor de bebidas. Viu uma criança fazendo graça para a mãe, que parecia não se importar que pegasse as garrafas, uma senhora escolhendo o vinho, um homem olhando o rótulo de uma bebida com uma das mãos, enquanto a outra, com o auxílio de um lenço, secava a testa. Por fim, parou de analisar e concluiu que não havia nada de mais.

Depois de se despedir de alguns funcionários, Noélia cruzou o estacionamento, já esquecida da sensação de estar sendo observada. De repente, um homem com a roupa molhada por conta da transpiração surgiu de trás do carro e, com cuidado para não ser visto, tirou o celular do bolso e registrou uma foto de Noélia. Uma só, não; várias. Em seguida, ficou vendo-a se distanciar, momento em que se sentou no chão e, sem pressa, passou o dedo oleoso na tela, revelando as fotos que registrara de Noélia no decorrer do dia. Depois, sorrindo, levantou-se e saiu andando todo desajeitado, com a calça caindo, mostrando parte do bumbum. Ele estava feliz demais para se preocupar com isso.

A casa de Salete era simples, iluminada, aconchegante. Depois que se viu morando sozinha, Salete a considerou grande demais para uma só pessoa; chegou até a oferecer para a filha ocupar o espaço com Luciano e o neto, no entanto, Adriana recusou o convite e restou compreender que o casal precisava de um espaço só deles. Também jamais gostaria de ser apontada como intrusa, inconveniente no relacionamento da filha. Por conta disso, mesmo diante das dificuldades de Adriana, nunca mais voltou a tocar no assunto.

Adriana gostava de visitar a mãe, ainda que não o fizesse com a frequência desejada por conta dos seus afazeres, porém, elas não ficavam sem se falar por telefone, e, quando Salete podia, ia até o mercado onde Adriana trabalhava. Agora, visitar a filha em sua casa era raro; ela fazia isso em datas especiais, e nem era por conta da pouca afinidade com Luciano, cujos laços até tinham se estreitado com o decorrer dos anos, mas pela energia do lugar. Chegara a comentar com a filha sobre o local, sugerindo que mudassem da casa, mas não obtivera êxito com os seus conselhos, e sim o deboche da filha.

— Como é mística essa minha mãe. Agora se importando com a energia da casa onde moro! Gosto de lá, mãe, ao lado de Luciano, do Jeferson. Está de implicância porque não gosta do Luciano. Eu entendo, ele me roubou de você — Adriana brincava rindo, abraçando Salete, que ficava séria, e depois se desmanchava de rir das provocações da filha. Salete até jurava que não ia mais dar conselhos, mas era muito forte o que sentia na casa, como o ar carregado, a sensação de frio, a voz... Sempre interpretava tais indicativos como um sinal de pedido de socorro.

Mesmo morando sozinha, Salete não deixou de fazer pequenas reformas e outras melhorias, como trocar móveis de lugar, renovar as paredes com uma nova pintura. Até trocou alguns móveis por outros mais modernos, doou os que não fazia mais sentido manter. Isso tudo deixou a casa ainda mais ampla, arejada, com uma energia boa, leve, acolhedora. Quando visitava a mãe, Adriana sentia isso tudo e muita paz. Chegou a comentar sobre a boa sensação no ambiente depois de percorrer a casa, parando na porta do quarto que tinha sido seu. Salete apenas riu. Aliás, o quarto era o cômodo preservado, com duas camas de solteiro, em que Adriana e Evelyn tinham passado a infância, a adolescência, até tudo acontecer...

Agora, ali na varanda com cadeiras floridas, macias, com cheiro de amaciante, Adriana relaxava, apreciando as plantas bem cuidadas, na sua maioria compostas de folhagens, e saboreava um suco de uva natural ao contar para a mãe as aventuras de Noélia nos aplicativos.

— Você não acredita — Salete começou a falar depois de um longo silêncio, como se estivesse absorvendo os relatos da filha. — Os espíritos que temos em nossa volta são muitos e nós nos conectamos com eles por meio dos nossos pensamentos. A influência deles sobre nós é grande. Essa fragilidade de Noélia, por certo, se deve ao fato de ela estar se ligando a espíritos que viveram no planeta e não aceitaram o desencarne. Por esse motivo, eles vivem aqui, se alimentando do teor energético de pensamentos semelhantes, ainda carentes e presos aos prazeres terrenos. Numa linguagem mais espírita, eu diria que Noélia está sendo vampirizada, e vem, com esse comportamento, atraindo e fortalecendo a conexão com esses espíritos. Isso acontece com quem se vicia em drogas, álcool, sexo...

— Então a senhora quer dizer que estamos sob a influência de espíritos que em vida eram viciados em bebidas ou em sexo? — Adriana questionou ao beber mais um gole do suco.

— Veja bem. Beber, divertir-se, relacionar-se sexualmente com alguém, além de outros prazeres, tudo isso faz parte da vida no nosso mundo. No entanto, quando esses desejos extrapolam a nossa vontade, quando a prática torna-se algo que foge do nosso controle, ou seja, quando se torna um vício, significa que estamos cada vez mais distantes do nosso equilíbrio emocional e, por consequência, espiritual. — Salete fez uma pausa e estudou o rosto de Adriana. Ela estava séria, diferente de minutos antes, parecia atenta, pronta para absorver e compreender o que ouvia. A mãe prosseguiu: — É preciso que tenhamos o controle dos nossos desejos para que não nos tornemos escravos deles, para que não atrapalhem a vida da gente. Além do mais, ter uma mente alimentada por bons pensamentos, manter comportamentos saudáveis e atitudes positivas para si e para os outros, orar com o intuito de se ligar aos bons espíritos, enfim, tudo isso nos mantém afastados desses espíritos perturbados. O mau pensamento cria uma ponte invisível que nos conecta a eles, atrapalhando a nossa vida.

— Nossa, mãe! Nunca tinha parado para refletir sobre um assunto tão sério. Por tudo o que disse, me parece que é preciso ter uma boa dose de bom senso para a gente não se machucar.

— Exatamente. Não recrimino Noélia pelo desejo de se relacionar, aliás, acho normal, porque ela é jovem, tem toda uma vida pela frente, merece ter um bom relacionamento afetivo. O que me preocupa é o desespero e o risco que corre para ter alguém ao seu lado, sem consultar o coração, deixando-se levar pelas ilusões que a afastam de sua essência, fazendo-a perder sua conexão com Deus e permitindo que espíritos nada simpáticos a influenciem negativamente, causando dor e sofrimento na vida dela.

— A senhora é feliz sozinha? — Adriana analisou o rosto surpreso de Salete, repetiu a pergunta, e ouviu:

— Sim, muito. Outro dia falei a você do seu pai, que preferiu as bebidas ao meu amor. Isso não me fez deixar de gostar dele. Também não lamento sua falta porque me fez sofrer muito. — Salete abriu um sorriso enquanto passava o dedo indicador na borda do copo. Finalizou o curto silêncio ao comentar: — As pessoas têm dificuldade de viver sozinhas, com elas mesmas, apreciando o que gostam e o que têm. Muitas encontram-se tão carentes que só se alegram em ver um filme de que gostam quando estiverem com alguém do lado. Quem garante que esse alguém também gosta do filme?

— Isso é verdade. Eu mesma já deixei de assistir a um filme de que tanto gosto só para ver um do gosto de Luciano, que nem me agradava muito. Eu poderia ter visto sozinha, em outra ocasião. Noélia, por exemplo, pensa assim, já reclamou da falta de companhia para ver um filme.

— Pessoas como ela acham que é obrigatório ter alguém a seu lado, mesmo que esse alguém seja prejudicial, tóxico, mas essa é outra questão. Gosto da Noélia, está nas minhas orações. Ainda assim — fez uma pausa, com o olhar perdido no horizonte —, o caminho que ela está trilhando poderá lhe trazer graves consequências. Não a vejo feliz.

— O que está vendo, mãe? É meio bruxa, diz algumas coisas certeiras.

— Não precisa muito esforço para ver isso, minha filha. Quero estar enganada, que ela não tenha tantos dissabores como os que vejo — Salete disse, agora com a voz leve, diferente da que lançara a "profecia". Adriana percebeu isso e ficou tensa em imaginar a amiga em perigo, pois também temia que a maneira como Noélia se expunha pudesse lhe trazer algum tipo de sofrimento.

Conversaram por mais uns vinte minutos, e os olhos de Adriana observaram o relógio. Ela acabou se assustando com o avanço dos ponteiros, por isso anunciou que iria embora, mesmo com os protestos de Salete para que ficasse um pouco mais, até convidando-a para dormir no seu antigo quarto.

— Preciso ir mesmo. É sempre bom ficar com a senhora. — Comoveu-se ao abraçá-la. — Depois, amanhã acordo cedinho para ir ao trabalho. Ainda bem que não vou me preocupar com o jantar. Marieta já preparou tudo.

— O Jeferson esteve aqui em casa ontem.

— Mesmo? Ele não comentou nada.

— Ficou tão pouco, pareceu tão assustado, apressado. Queria dinheiro. Peço que não toque nesse assunto com ele. Sei que não gosta que dê dinheiro para ele fora de aniversário, Natal. — Salete olhou o rosto assustado da filha e prosseguiu: — Tem conversado com o seu filho?

— Sim, tenho — Adriana mentiu, e Salete percebeu ao ver seus olhos virados para o chão. Em seguida, Adriana comentou: — Na verdade, tenho falado pouco. Ele fica mais com a Marieta. Eu saio tão cedo para trabalhar, ele está dormindo.

À noite ele está na escola, com os amigos. Noélia até comentou que adolescente é assim mesmo, que vive seu mundo, suas descobertas. Marieta também acha que tenho que dar espaço para ele. Depois, já o vejo tão pouco tempo... e nesse tempo que ficamos juntos, bem, eu me conheço, vou brigar com ele, corrigir o jeito de falar, que não gosto, vou implicar com a postura, com a comida. Porque é isso que tenho feito. Até percebo ele fugindo de mim, por isso parei de pegar no pé. É fase, não é? Ele vai mudar.

— Prefiro que acompanhe de perto, sem tanta cobrança, correção, mas, como mãe, é bom conversar. Tudo se resume à maneira de falar, não precisa ser opressora, apenas precisa colocar limite, disciplina, pois essa idade pede isso. Ele pode não entender agora, mas vai agradecer em algum momento da vida a educação que você lhe deu.

Adriana agradeceu a mãe, e sabia da necessidade de mudar o jeito de lidar com o filho. Quando percebeu que Salete iria tocar novamente no nome de Hiago, resolveu apressar a despedida.

— Espere um pouco, minha filha — Salete pediu, saindo apressada pelos cômodos da casa. Voltou pouco depois com um envelope e o entregou para a filha. — É do Hiago. Acho que deve abrir e ler. — Ela viu a cara de rejeição de Adriana e insistiu: — Filha, melhor enfrentar os fantasmas antes que eles criem forma e força que não têm, mas que damos com nossos pensamentos.

Adriana acabou dobrando o envelope e guardando-o na bolsa. No caminho do portão, seguida por Salete, foi surpreendida com a novidade:

— Evelyn ligou. Perguntou de você.

— Preciso ir mesmo, mãe — falou séria, apertando a alça da bolsa.

— Não vai perdoá-la? Eram tão amigas, não vejo...

— Ela está bem? — Adriana perguntou sem interesse, mais para fugir do assunto.

— Sim, ela me disse...

— Mãe, agora vou mesmo. Não posso perder o ônibus. Sei do horário, se não pegar esse, não chego em casa tão cedo.

— Adriana interrompeu a conversa, abraçando e beijando a mãe. Saiu apressada, acenando com alguns passos de distância, de onde pôde ver Salete serena, possivelmente fazendo alguma oração.

Salete ficou ali, nas suas orações, sorrindo para a filha, observando-a até desaparecer.

Adriana nem me deixou contar as novidades de Evelyn. Que minha sobrinha está voltando. Que os bons espíritos estejam ao lado da minha filha, aconselhando, auxiliando-a a livrar-se do ódio que sente da prima. A história delas, diferentemente de como Adriana pensa, ainda não acabou. Ainda não, e acredito que vem de outras vidas.

Capítulo 6

Os lados da verdade

— Adriana acabou de passar, nem olhou para cá — comentou Marieta, no seu tom dramático, apoiada na mureta da janela da sala que dava para a rua. Ela se afastou da cortina amarelada, combinando com o sofá e o tapete, e consultou o relógio quando continuou: — Minha nora chegou tarde. Pelo horário, o papo foi bom. Jeferson, você não comentou com ela que o dinheiro que pediu para Salete era para mim, né?

— Relaxa, *brother*, nem falei que fui na vó Salete — comentou o rapaz, deitado no sofá, com os olhos grudados no celular.

— Estava tão aflita que a Salete pudesse comentar e ela viesse pronta aqui, tirar satisfação, e você, desligado como é...

— Já falei que não tem nada a ver. Relaxa.

— Foi por uma boa causa — repetiu Marieta, com uma das mãos espalmada entre os peitos parcialmente cobertos pela blusa verde justa e curta. — Além do mais, você tem suas coisas e não saiu falando por aí, né?

— *Tô ligado* — falou Jeferson, sem tirar os olhos do celular.

Na verdade, ele não estava preocupado de ter pegado o dinheiro com a vó para dar a Marieta.

Ela pediu:

— Falando nisso, melhor dar uma organizada no seu quarto. Se sua mãe entrar lá, vai pegar no seu pé. Ela não vai gostar nada de saber o que anda fazendo por lá, ou melhor, escondendo.

— Ela não tem tempo nem de olhar na minha cara, vai fazer o que no meu quarto? A menos que você seja X9[1]. *Tô ligado* que fala pelos cotovelos.

— Imagina! É segredo nosso — Marieta falou, firme. Depois passou a mão na cabeça do jovem e repetiu: — Segredo nosso.

Ela saiu da sala e voltou minutos depois trazendo um copo de leite para Jeferson, com a recomendação:

— Toma e vai dormir. Se sua mãe souber que ainda está acordado...

Marieta e Jorge foram casados por mais de duas décadas. No início do casamento, Jorge bebia uma ou outra vez, chegando em casa um tanto trôpego. Depois que Luciano nasceu, Jorge passou a beber mais e mais. Durante todo esse período, Marieta comportara-se de maneira submissa, vivendo à sombra de um marido alcoólatra e violento. Mesmo assim, Marieta dedicava-se de corpo e alma à família. Cozinhava muito bem, preparava ótimas refeições, evitava repetir o cardápio, mas raramente agradava ao marido. Contudo, tinha o filho... por ele, Marieta era capaz de tudo; sufocava seus sentimentos, permanecendo naquele

---

[1] X9 é uma gíria que significa dedo-duro, fofoqueiro, delator, linguarudo, entre outros.

casamento que só a fazia se sentir mal, triste, oprimida. O menino tinha um gênio forte, era explosivo e não gostava da forma como o pai tratava a mãe.

Certa vez, já crescido o bastante para compreender a triste situação, Luciano se colocou entre os pais numa briga corporal. Jorge, estúpido, bêbado e muito agressivo, empurrou o filho e em seguida lhe deu um tapa na cara. Só não aconteceu uma tragédia naquela noite porque Marieta se colocou entre os dois, agarrada ao filho, e pela primeira vez gritou com o marido:

— Some daqui, Jorge! Você não encosta um dedo no meu filho. Não sabe do que sou capaz se fizer isso...

— Só temo que ele fique como você. Se já não for igual — rosnou Jorge.

Assim que falou, Jorge, desnorteado, saiu calado, cambaleando pela casa, derrubando as cadeiras, tropeçando nos móveis, até chegar perto da cama, onde caiu de qualquer jeito e minutos depois estava roncando.

Luciano não suportava aquele cenário, a inércia da mãe em aceitar tudo como se fosse um saco de pancadas e ainda, após uma briga, sempre saía em defesa do marido. Marieta agia assim como meio de apaziguar a situação, queria uma família unida, o que não acontecia, mas ela tinha esperança.

— É um bom homem, a bebida que o deixa assim. Muitos são aqueles que se rendem à bebida como desculpa para fugirem dos problemas.

— Mas fazer de você um saco de pancadas também é aceitável? Estou indo... vou sair para não fazer uma besteira. Vem comigo.

— Não posso, meu amor — disse ela emocionada, com lágrimas nos olhos. — E, depois, o seu pai não deixa faltar comida, nos deu um teto, temos que ser gratos.

— Deveria denunciar ele pelas agressões. O que nos oferece como comida e casa não lhe dá o direito de agredir, despejar na gente a sua frustração. Não pode permitir que ele faça isso, mãe, que nos machuque para se sentir superior dentro de casa. Não é assim que um chefe de família deve agir. Usar de violência só para mostrar que é o provedor da casa? Não tem cabimento.

— O que será da minha vida se eu largar seu pai e for embora? Sou totalmente dependente dele. Ele paga as contas, põe comida na mesa, nos deu um teto que nos mantém protegidos do frio e da chuva... — Marieta repetiu a frase a que tinha se fiado como espécie de consolo para suportar o sofrimento. — Se faço isso, sair de casa, o que vai ser das nossas vidas? Para onde vamos eu e você? Não sei fazer nada.

— Não sabe mas pode aprender! É uma mulher sadia, capaz, cozinha bem, sabe arrumar uma casa. Tem várias opções. O que não pode é escolher ficar com ele por medo.

Marieta sorriu.

— Fico orgulhosa de tê-lo como filho. Tão determinado. A juventude traz isso para a gente: coragem, ousadia. Mas eu lhe peço: não se vá, Luciano, é uma fase, vamos passar juntos por isso. Você sempre me dá tanta força. Passo tudo isso por você.

— Não venha me usar como escudo! Assuma que sente medo de recomeçar a vida sozinha — disparou Luciano. Contudo, diante do silêncio da mãe, olhos rasos de lágrimas, se arrependeu e correu abraçá-la. Depois, desfeito o abraço, ainda com as mãos firmes segurando os braços de Marieta, revelou: — O dinheiro que juntei trabalhando na locadora não é o bastante para nós dois, mas vou me esforçar e voltarei para te buscar, mãe. Não quero que sofra. Pense que logo estarei forte o bastante para levar você comigo.

Isso não aconteceu. O jovem, por certo, se encantou com a vida, com a possibilidade de ser feliz longe do hálito de álcool do pai, da paciência da mãe em aceitar tudo calada, dependente e insegura. Definitivamente, isso não era o que Luciano queria para sua vida.

Tempos depois, Marieta voltou a ver o filho no centro da cidade, em um encontro marcado por ele. Conversaram bastante, mas Luciano se recusava a voltar para casa. E o pai também havia dito para Marieta que não tinha mais filho, e passara a beber mais, tornando-se mais agressivo. Ela jamais revelou a Luciano a fúria que tivera de enfrentar dentro de casa. Jorge a culpava pelo fato de Luciano ter ido embora. Antes de sair para encontrar o filho, mais uma vez Jorge surgiu, bêbado, e quis saber aonde estava indo. O resultado desse pequeno confronto fez Marieta escolher uma camisa de manga comprida para cobrir o braço roxo.

O encontro, em uma tarde de sábado, foi alegre, os melhores momentos em anos na vida de Marieta. Luciano a levou para almoçar, depois foram ao cinema, comprou doces do seu agrado, e a acompanhou até o ônibus que a levaria de volta para casa. Ele ficou ali, do lado de fora, olhando a mãe sorridente, sentada no lado da janela, apreciando como o filho havia ficado mais forte no último ano, e bonito também. Se Marieta escondia do filho a situação, dizendo que em casa estava "tudo bem", ele, por sua vez, evitara comentar sobre suas dificuldades para não deixar a mãe preocupada. Não tivera sorte em arrumar um bom emprego, pois era indisciplinado, e raras eram as vezes que passava pelo período de experiência. Morava de favor na casa de conhecidos. Para esse encontro com a mãe, Luciano pegara dinheiro emprestado para passar a Marieta a imagem de que estava bem.

Marieta chegou tão radiante, e o marido não deixou por menos.

— Você tem um amante? — A pergunta de Jorge já veio acompanhada de agressão, sem dar tempo de Marieta se defender. — Se eu descobrir que você está me traindo, mulher, e com o meu dinheiro, como já fez, juro que você morre. — Depois da ameaça, enquanto Marieta tentava se recompor, ele correu para o bar para se deleitar com o seu alimento favorito nos últimos anos: o álcool.

A morte do marido, ainda que adoentado por meses, pegou todos de surpresa. Não tinham a noção da gravidade. Marieta, ao receber a notícia de que Jorge havia passado mal na porta do bar, caído e morrido, experimentou um misto de surpresa e alívio.

Um ano antes de Jorge morrer, Luciano voltara para casa, passando por cima do orgulho, afinal, não conseguira cumprir o que prometera para a mãe: ganhar mais dinheiro, ter um bom emprego e tirá-la de casa. Aos poucos, ele foi se acomodando à vida fácil, com comida à mão, roupa lavada, sem ter de se preocupar com contas para pagar. Quando vieram contar que o pai havia morrido na calçada do bar, Luciano ficou arrasado. É que, uma semana antes, seu pai, num raro momento de lucidez, tivera uma conversa franca com ele.

— Acho que errei, não fui o marido que prometi ser quando tirei sua mãe da casa dos seus avós. Não fui bom pai... — começou Jorge.

— Pai, isso não tem importância agora... — Luciano tentou interromper, preocupado com a fragilidade do pai, mas sem êxito.

— O que vou te falar aqui é uma conversa de homem para homem, e quero que guarde isso com você. Eu me culpo pelo que sua mãe fez, acho que eu a induzi a isso. — A respiração começou a ficar ofegante, o filho tentou interromper, mas ele prosseguiu: — Ela me traiu. Eu descobri que estava faltando dinheiro na caixinha em que guardava as economias, aquelas que deixava para emergência. Não questionei a falta, comecei a observar que ela estava diferente, mais alegre. Um dia eu fui atrás dela. Eu a segui porque achei que estivesse metida com jogo, ela tinha queda por carteado. — Riu alto. — Na verdade, as evidências estavam ali, na minha frente, eu custei a acreditar, até...

Luciano o cortou, revoltado:

— Não pode ser! Está me dizendo essa barbaridade da minha mãe para justificar o que fez com ela durante esse casamento infeliz.

— Não! — Jorge defendeu-se. — Eu a surpreendi entrando no motel com um vizinho nosso, mais novo — confidenciou o pai. E começou a chorar, coisa que nunca fizera na frente do filho, o que demonstrou a Luciano que Jorge falava a verdade.

Luciano tentou abraçá-lo, mas ele recusou, respirou fundo e prosseguiu:

— Eu a arrastei para casa pelos cabelos, como um homem das cavernas. Possessivo, eu não consegui me separar, desfazer o casamento. Acho que teria sido melhor. Quando a vi de malas prontas e segurando você por um braço, chorei e implorei para ela ficar. Sua mãe estava decidida. Ela foi, levando você a tiracolo, mas voltou em poucas horas. O rapaz que tanto a encantou não a queria sem meu dinheiro, ainda mais com um filho pequeno. Você era uma criancinha, não deve ter essa lembrança, ainda bem. Ela voltou, mas depois disso não tive mais confiança nela. Toda e qualquer saída, eu ficava à espreita. Esperava ela sair e, em seguida, a seguia. O destino era o mesmo: ela acompanhada de um homem qualquer, entrando num motel.

Luciano estava em estado apoplético. Silenciou para tentar digerir aquelas informações. Meio perdido nas emoções, quis saber:

— Por isso a agredia?

— Era mais forte que eu. Como lhe disse, eu era possessivo, achava que Marieta era minha e pronto. E não foi só isso. Antes de eu a flagrar entrando em motéis, notava, quando sóbrio, que algumas coisas sumiam de casa, como miudezas, pequenos objetos de decoração. No dia que dei falta do meu relógio, que pagava em prestações, descobri o que estava acontecendo. Marieta estava levando tudo para a família dela, mas não era doação, estava vendendo, alegando que estávamos passando necessidade, o que era mentira.

— Não posso acreditar...

— Não estou dizendo isso para você odiar sua mãe, mas para que entenda a fragilidade dela por dinheiro, a fuga por caminhos duvidosos. — O pai parou de falar; pensou em contar mais acontecimentos envolvendo Marieta, empréstimos que fizera em nome de membros da família e cujo pagamento não cumpria. — Sei que não vou longe, por isso seja presente na vida da sua mãe. Ela tem queda para o caminho errado, pelo dinheiro fácil, algo prazeroso para ela. Fico pensando se tudo isso não foi culpa minha, por não ter sido um bom marido...

Luciano abraçou o pai, que dessa vez não recusou o gesto afetuoso.

— Agora começo a entender muita coisa. Mas nada, nem mesmo a traição de minha mãe, justifica a violência pela qual ela passou esses anos todos. Você se casou porque gostava dela, deveria protegê-la. Não foi o que fez. Sabe quantas vezes eu pedi para ela ir à Delegacia da Mulher? Ou mesmo ligar para denunciar o senhor? Inúmeras.

Jorge abaixou a cabeça, envergonhado. Luciano prosseguiu:

— Jamais um homem deve levantar a mão para bater numa mulher. Aliás, a agressão física ou moral só resulta em dor e sofrimento. Não estou aqui julgando, mas o senhor foi muito cruel. Se fosse homem de verdade, ao descobrir a traição, deveria se separar da minha mãe, fazer as malas e ir embora, encontrar uma outra pessoa, recomeçar a vida. Mas não. Preferiu se afogar na bebida e nos tratar feito lixo.

— Por favor, meu filho. Eu sei o quanto sou fraco. Sou um homem que não sabe se relacionar, que sofreu muito na vida. Eu me casei achando que seria feliz, porque meus pais não se suportavam. Acabei reproduzindo o que vivi dentro do meu lar, se é que aquele lugar horrível onde fui criado pode receber esse nome. Agora, ficando velho, adoentado, começo a me arrepender. Não tenho como mudar o passado. O que foi feito, feito está. Estou me abrindo contigo porque quero e preciso do seu perdão.

Foi nessa ocasião, da morte do pai, que Luciano soube da vaga de emprego como açougueiro no mercado.

No enterro de Jorge, Marieta percebeu Luciano muito emocionado. Ela, por sua vez, não derrubou uma lágrima. Mais tarde, ouviu dele:

— Ele já havia morrido para a senhora em algum momento da vida. Por isso não chorou.

Mais forte que o tempo

Logo nos primeiros dias do luto, diante do espelho, Marieta começou a observar o rosto envelhecido, corpo acima do peso, roupas largas, abaixo dos joelhos, cabelos longos e presos, do jeito que o marido exigia e bem diferente da moça alegre, "*miss* simpatia", título conquistado no bairro, de quando se conheceram.

Os meses que sucederam o falecimento do marido deixaram Marieta calada, se alimentando mal, o que a fez emagrecer. Luciano chegou a ficar preocupado com a mãe, pensou que pudesse estar sentindo falta do pai, entrando em depressão. Ele chegou a comentar com Izildinha, que era muito amiga de Marieta. Ela começou a rir de se dobrar, quando disse:

— Falta, do seu pai? Me desculpa, só se ela for masoquista. Sua mãe está desesperada porque Jorge, bom ou não, era quem cuidava de tudo na sua casa, era um bom provedor, apesar dos inúmeros defeitos. Agora, que ela esteja sentindo falta dele, não! Apenas dê o tempo de que ela precisa, Luciano.

Um dia, para surpresa de todos, Marieta saiu do quarto, lugar que elegeu para passar o seu luto, com duas sacolas de roupas. Izildinha a viu passar, calada, cabelos longos presos, roupas largas no corpo que afinara em poucos meses, arrastando as sacolas. Sem tempo de acompanhá-la para saber o que planejava, Izildinha ligou para o trabalho de Luciano, já trabalhando no mercado como açougueiro.

— Sua mãe pirou! Eu a vi saindo de casa arrastando duas sacolas de roupas.

Ele ficou preocupado, pois temia que ela pudesse fazer alguma loucura.

— Ao contrário do que umas e outras dizem por aí, minha mãe gostava do meu pai, e prova disso é que pode fazer alguma loucura — Luciano disparou raivoso, ainda ressentido com os comentários de Izildinha pela vizinhança. Saiu apressado, depois de pedir permissão para Marlon, que para surpresa de todos o deixou sair sem fazer comentários, talvez porque o assunto fosse relacionado à mãe. Marlon morava com a mãe e a santificava, colocando-a ao lado de todos os santos.

Izildinha saiu correndo para alcançar Luciano. Juntos, foram até a casa de Marieta e ela não estava. A falta de notícias se prolongou por mais de horas. Luciano pensou em ligar para a polícia, mas não poderia prestar queixa de desaparecimento pelo curto tempo de ausência dela. Impaciente, ele foi batendo de porta em porta, mas nenhum vizinho sabia de nada.

Izildinha, mais curiosa que solidária, ficou ao lado de Luciano em sua casa, ambos ansiosos por notícias. Três vizinhas mais chegadas também ocuparam a sala em oração. No início da noite, quando Luciano já se encorajava em procurar a mãe nos hospitais, ouviu o barulho do portão. Saiu apavorado, assim como Izildinha, que largou o café que estava fazendo para saber se era notícia de Marieta. As três vizinhas largaram os terços, os cantos, levantaram-se e se dirigiram ao portão.

— O que é isso, gente?! Festa-surpresa na minha casa e nem me avisaram? Não é meu aniversário — disse Marieta, de maneira divertida, com um sorriso que não esboçava havia meses.

— Mãe?! — exclamou Luciano.

— Marieta?! — Foi a vez de Izildinha e as três vizinhas ficarem surpresas.

— Eu mesma! Gostaram? — Ela divertiu-se, toda orgulhosa, girando em torno do corpo. Observou o rosto das vizinhas admiradas, de Luciano, que estava sério, e foi logo dizendo: — É assim que vão me ver daqui pra frente. Se não gostaram, o problema não é meu. Eu estou me adorando!

— Meu Deus, mãe. O que aconteceu?

— Estou ótima! Deveria ficar feliz com a minha felicidade.

— Como sai assim, deixando todo mundo preocupado? Fazia tempo que não saía de casa sem avisar e...

— Sou livre — ela interrompeu, agora séria ao completar: — Ninguém mais vai me impedir, controlar ou seja lá o que for.

Mais forte que o tempo

Os passos são meus e eu decido. — Marieta riu com um ar de vitoriosa, ignorando os olhares admirados a sua volta, tomados por um misto de espanto, alegria e surpresa, pois ela não estava só diferente no visual, mas na postura também.

Assim que falou, Marieta pediu passagem e entrou em casa. Viu que o café estava pronto e convidou as vizinhas para saboreá-lo. Era uma nova mulher, os cabelos antes pretos agora estavam cortados e na tonalidade castanho-clara, puxada para o loiro, curtos na altura do pescoço. Vestia roupas curtas e justas.

— Eu vi você saindo com duas sacolas...
— Fui na casa da Salete, mãe da Adriana, meu filho. Ela é uma costureira de mão-cheia. Bem que a sua namorada me disse. Ela reformou minhas roupas.

Aquela mudança remoçou Marieta, tornando-a mais leve e um pouco feliz.

E era assim que Marieta estava se sentindo naquela noite, anos depois, quando levou o copo de leite para Jeferson. Ela confiava em Jeferson e tinha certeza de que ele não contaria a Adriana sobre o dinheiro emprestado.

Feliz da vida, deu boa-noite para Jeferson e seguiu para o seu quarto. Abriu o guarda-roupa, e um sorriso se formou naturalmente. Era possível ver o brilho dos seus olhos ao admirar o que havia lá dentro.

— Valeu a pena. Perfeito! — ela gabou-se, apreciando como se estivesse diante de uma peça de museu, em que é possível admirar, mas sem tocar. Depois fechou as portas, virou de costas e encostou-se no guarda-roupa, radiante, abraçando o próprio corpo.

Naquela casa, não era só Jeferson que tinha segredos; Marieta também guardava muito bem os seus.

Capítulo 7

Pedacinho do céu

— Ele me deu dicas de sofás, Adriana! — comentou Noélia eufórica. — Tão prestativo. Eu disse que estava planejando trocar e ele deu a sugestão. Disse que consegue desconto com um amigo dele.
— Vocês vão até uma loja?
— Ele me mandou tudo pela internet. Santa tecnologia! Já vi metragem, cor, tecido e... como combinamos! Vou fazer a transação toda pela internet.
— Você confia nele?
— Adriana! Claro! Depois, o Roberto, meu amor, está cuidando de tudo pra mim. Acho que amanhã já poderei fazer a transação. Ele até comentou que o sofá é perfeito e resistente para uma família grande. Disse que quer ter filhos. Já

sei o que vai dizer, que preciso acelerar se quero ter filhos, mas...

— Não! Precisa desacelerar! Vai depositar dinheiro na conta dele sem nunca tê-lo visto? Vocês já se conheceram pessoalmente? Não! É Roberto o nome dele?

— Não, ainda não conheci o Roberto. Já o convidei várias vezes para sair, mas ele está adiando. Sabe o que disse? Que nosso relacionamento é como vinho, quanto mais tempo a gente curtir, sem se ver, mais saboroso será quando a gente se encontrar. Tão romântico! — Noélia parou de falar e olhou para o lado. Fez silêncio e comentou: — Não passou ainda aquela sensação de estar sendo observada. Não é a primeira vez, já comentei isso com você.

— Estou é preocupada...

— Outro dia, chegando em casa — continuou, sem dar importância para a preocupação de Adriana —, tive a certeza de que estava sendo seguida. Quando olhei para trás, vi uns rapazes falando alto e rindo, então segui sem dar importância. Chegando em casa também senti, olhei para a rua e era um cachorro revirando o lixo. Estou é precisando de férias, minha amiga — finalizou Noélia, rindo.

— Já comentou sobre esse incômodo com o seu atual namorado? Acho que não...

— Sim, e ele ficou preocupado. Disse que vai me proteger, para eu não me preocupar. Ficaria muito bravo se mexessem no seu pedaço do céu, pois é assim que me chama.

— Ele mandou mais fotos? — perguntou Adriana, revirando os olhos, já tensa por perceber o quanto Noélia estava envolvida.

— Só aquelas duas que te mostrei. Eu até pedi outras, mas ele, danado, mandou umas ousadas.

— Nem me mostre, por favor! Agora, de rosto, não mandou mais nenhuma?

— Agora me lembrei, mandou uma que achei estranha, parecia mais jovem, bem mais jovem. Ele respondeu, quando questionei, que foi tirada anos atrás. Está ainda mais lindo. Fiquei pensando se tivesse conhecido ele antes.

— E eu pensando onde está entrando, minha amiga.

Noélia foi chamada e saiu toda sorridente, indiferente às desconfianças de Adriana. Muito competente, tão logo foi chamada, preencheu dois relatórios e atendeu dois operadores de caixa. Em seguida, encarregou-se de ver o preço de um produto que estava sem código. Foi nesse momento, ao passar por um dos corredores, que Noélia teve a sensação de estar sendo observada. Parou, olhou para trás, viu clientes pegando produtos nas prateleiras e pensou: *Estou ficando maluca, meu Deus?*

Ela foi até a seção de frios, colheu o código e voltou apressada para o caixa para registrar o produto; no caminho, não só a sensação persistiu, como pôde ouvir:

— Está linda hoje.

Quando virou as costas rapidamente, não viu quem dissera baixinho aquela frase, quase num murmúrio, e, como estava correndo para atender o operador de caixa, seguiu pensativa. Noélia voltou para sua mesa, que ficava perto dos caixas, e, enquanto analisava alguns relatórios, chegou mensagem de Roberto, seu mais novo contato.

"Oi. Você está linda de azul, meu pedaço de céu. Esse jeans justo..."

Noélia leu a mensagem e baixou os olhos para a roupa que estava usando, quando constatou que realmente estava de azul, inclusive o jeans.

Adriana chegou minutos depois para pegar a validação de uma promoção, quando Noélia mostrou a mensagem com a frase.

— Não é fofo?

— Como ele sabe que você está de azul? Vocês nem se conhecem... Suponho que muito menos tenham se visto hoje.

— Foi o que perguntei. Ele me disse que, durante nossa conversa ontem à noite, falei para ele qual a roupa que usaria hoje. Até mandei uma foto para ele agora com a legenda: "Acertou, meu amor". Ele devolveu com corações.

— Você realmente falou isso? — Adriana perguntou cismada. — Por que você o questionou...

— Sei lá, acho que sim, a gente conversou sobre tantos assuntos até altas horas, e eu tomando um bom vinho. Comentei até que era justo — disparou Noélia, em defesa do namorado virtual, antecipando-se à pergunta de Adriana. — Não me olhe assim, cada um na sua casa. Quer saber? Devo ter dito mesmo. Sabe como sou indecisa para escolher roupas. Viu como ele é prestativo? Como se preocupa comigo, me quer bem e...

Adriana parou de ouvi-la, de embarcar nos seus devaneios; desta vez foi ela quem percorreu o mercado com os olhos, com uma certeza: estavam sendo observadas.

— Não, Jeferson! Já disse que não quero você envolvido com futebol. Não dá futuro — sentenciou Adriana.

— Você diz não para tudo que quero. Pra tudo! Saco!

— Veja bem como fala comigo. — Ela respirou fundo, como se pudesse ouvir Salete por perto, aconselhando-a. Mudou o tom: — Meu filho, só acho que pode estudar, fazer algo que realmente garanta o seu futuro...

— Ser jogador é meu futuro, *não tá ligada*, pow.

Essa conversa acontecia por celular, no mercado, durante o expediente de Adriana, com Marlon observando-a à distância e vindo, inclusive, na sua direção.

— Meu filho, tenho que fazer escolhas, porque as coisas apertaram lá em casa. O Luciano desempregado. Acho até que seria boa ideia você permanecer no curso de inglês. Pensei em tirá-lo, até suspendi a mensalidade deste mês. Essa minha falta de tempo... não consegui ir lá para ver se consigo desconto. Pedi para o Luciano.

— Pensei que estivesse acostumada com isso. Sempre foi assim! — gritou ele, firme.

Adriana parou de falar; na verdade não gostava nem achava necessário expor para o filho a penúria financeira, pois o considerava jovem e imaturo para confrontar algumas realidades da vida.

Ela voltou a falar:

— Hoje mesmo vou passar no curso para conversar com o responsável. Ver se consigo algum desconto, se pode ter bolsa, parcelamento, sei lá, algo que o mantenha estudando. Luciano sempre pagou direitinho as mensalidades, é certo que darão um desconto bom. É seu futuro, não posso privá-lo dessa oportunidade.

— Não gosto muito de inglês. É uma língua difícil, tá sabendo? Melhor nem brotar lá. — Jeferson estava tenso, mas se policiava para não falar muitas gírias, pois Adriana o advertia a todo momento de que ele precisava ler mais, escrever e falar melhor o português. — Quero mesmo é ser jogador de futebol, *tá ligada, parça?*

Adriana ignorou o final da frase ao responder:

— Sei que os garotos da sua idade têm esse sonho, mas não é o que almejo para você. Estudando línguas, por exemplo, poderá...

— Algum problema, Adriana? — perguntou Marlon, quase ao pé do ouvido da funcionária, que parou de falar, assustada.

— Filho, conversamos mais tarde. Tenho que desligar.

Antes de finalizar, sob o olhar severo de Marlon, ainda ouviu de Luciano:

— Quero ser jogador de futebol. Esquece o curso de inglês. Não quero mais. E nem perde tempo indo atrás, não vou mais.

— Beijos, filho.

Adriana desligou o telefone se desculpando com Marlon, que veio com o sermão costumeiro, e sem ouvir as justificativas dela, visto que Adriana estava no horário do café. Depois de chamar sua atenção, Marlon saiu todo empinado, nariz para cima, os cabelos impecáveis e girando o pescoço, com pose semelhante à de um pavão, que era como se sentia.

— O que o fulano queria com você, Adriana? — perguntou Noélia, chegando segundos depois, pois viu de longe Marlon dando o sermão de sempre em Adriana.

— O de sempre, não se preocupa. Por favor, vou ao banheiro agora, dá para segurar mais um pouco? Já volto para o caixa.

— Claro, vai lá. E pode deixar que vou falar com o Marlon. Já havíamos acertado que, qualquer problema que surgisse com a minha equipe, ele teria que conversar comigo. Desaforado!

— Ele está certo, ainda que eu esteja no horário do café. Marlon já havia me orientado. É que o Jeferson ligou, eu pouco o vejo...

Adriana parou de falar, porque Noélia, como grande amiga, sabia de tudo, então somente riu, passou a mão no braço da outra em agradecimento ao apoio e saiu. Noélia ficou procurando Marlon com o olhar, quando viu alguém a encarando. Parecia conhecido, mas não soube precisar. Foi rápido, pois o homem não só desviou o olhar, como também sumiu misteriosamente, deixando Noélia receosa.

O celular de Noélia deu sinal de mensagem, ela aproveitou que Marlon estava longe e leu, era Roberto.

"Pensando em você, pedacinho do céu. Tudo bem?"
"Tudo ótimo! Você sempre aparece na hora certa, me trazendo alívio. Obrigada, meu amor"
— respondeu romântica, com sorriso nos lábios.
"Estou sempre por perto, pedacinho."

Agora foi a vez de Noélia distribuir corações e beijos.

Eduardo França

Luciano viu Jeferson desligar o celular nervoso e o atirar sobre o sofá. Quis saber:

— O que foi? Está nervoso? Vamos jogar uma partida de videogame para relaxar — sugeriu Luciano, indicando o controle para o jovem.

— Jeferson está nervoso porque a mãe vive pegando no pé dele. Adriana agora é toda certinha, caretona — Igor contrapôs, ao ver a conversa entre o padrasto e o enteado. — Quem a conhece bem sabe do que já foi capaz de fazer. Deve estar cortando o barato do moleque.

— Sua mãe está cortando o seu lance, não é? — falou Luciano, já fortemente ligado a Igor, em franca sintonia com os pensamentos do espírito.

— Ela me obriga a fazer o curso que não gosto, tá ligado, parça? Quero ser jogador de futebol e ela vem com essas paradas. Já até vi um lugar, ela poderia me dar o dinheiro para o futebol! Mano, ela não entende. Falou até de ir na escola de inglês para pedir desconto.

— Não! — gritou Luciano, tenso. — Adriana não pode ir lá. — Depois disfarçou o tom de voz, ao perceber o enteado olhando para ele de forma curiosa.

— Está com medinho de que a Adriana descubra o que fez, amigo? — perguntou Igor ao pé do ouvido de Luciano, com ar de deboche, forçando a voz na última palavra.

Luciano passou as mãos pelos cabelos, procurando esquecer o curso. Foi quando ficou mudo, com o olhar perdido, como se estivesse ouvindo atentamente Igor.

— É sua chance de ajudar o moleque, ter ele como aliado, e vocês dois se ajudarem — sugeriu o espírito. — Aquele lance do seu amigo, pois bem, está na hora de oferecer. Fica relutando, mas você está sem dinheiro. Pode ganhar uma grana e ainda ajudar o Jeferson.

— Posso te ajudar e você me ajudar — começou Luciano a dizer. — Tenho um negócio que eu recusei, mas você pode fazer de boa — ele falou de súbito. Encheu-se de coragem e prosseguiu: — Já comentei contigo. Lembra que um dia a sua mãe quase pegou a gente falando do assunto. É só entregar uma encomenda.

— *Tô ligado*. O esquema do seu amigo.

— No mais absoluto sigilo. Sua mãe não pode nem sonhar com isso, que coloquei você nessa parada. O serviço é simples e rápido, e dou as coordenadas para você. É um favor para um amigo meu que repasso para você... e vai levar uma grana.

— *Demorou...*

— Duas ligações e o esquema está na sua mão. — Luciano estava eufórico, já pensando em exibir para Adriana o dinheiro que ganharia com a transação.

Luciano fez duas ligações e depois deu o endereço na mão do enteado.

— Está tudo certo para agora à tarde. Consegue mesmo?

— Consigo.

— Estou confiando em você, moleque — disse Luciano, dando o papel na mão de Jeferson e mais um soquinho de leve no seu ombro.

Jeferson pegou o papel, guardou no bolso da calça de moletom e saiu todo feliz, já pensando nas aulas de futebol com o dinheiro que levaria pelo tal serviço.

Luciano fechou a porta todo sorridente, depois se jogou na cama com o controle do videogame entre as mãos. Disse para si:

— Eles preferem de *menor* para o esquema.

— Menor de idade — corrigiu Igor.

— De menor ou menor de... sei lá essas paradas. Tanto faz. — Se Luciano pudesse ver o espírito de Igor, o veria rindo.

Igor, por sua vez, passou a observar Luciano iniciar a partida no videogame, rindo e demonstrando felicidade.

— Agora eu passo de fase — Luciano se animou. — Hoje é o meu dia de sorte. Se der certo o esquema, vou ganhar uma grana boa em cima desse moleque. Na verdade, ele teria que me dar também a parte dele, como pagamento por tudo o que já aturei desse pirralho.

— A brincadeira está só começando — comentou Igor, encostado na parede, mãos para trás, deixando o sorriso tomar conta do seu rosto ao completar: — Estou adorando. Adriana merece.

Por um instante, coligado aos pensamentos de Igor, Luciano ficou sério, tomado por uma preocupação antes desconhecida.

Na hora do almoço, Noélia mostrou para Adriana as mensagens. Estava eufórica, derretida por Roberto, seu novo namorado conquistado pelo aplicativo, ainda que mantivessem um relacionamento virtual.

— Está se precipitando um pouco, minha amiga.

— Preciso te contar! — Ela fez suspense, viu o rosto de Adriana receoso, então falou: — Fiz a transferência para o Roberto. Para comprar o sofá. Ele me indicou um amigo, me mandou as fotos. Lindo!

— Não acredito que fez isso! Nem o conhece e já transferiu dinheiro para ele.

— Deveria ter ficado quieta. Na verdade, eu planejava fazer surpresa, para você ver quando chegasse em casa, no dia em que fosse conhecer o Roberto.

— Você nunca o viu, o que a leva a acreditar que...

— Amor! — O sorriso com alegria sumiu do rosto de Noélia. — Poxa, Adriana, parece que torce contra. Estou feliz, contando a novidade e, como somos bem amigas, esperava outra reação de você.

Adriana tentou convencê-la de que Noélia estava sendo precipitada, que temia que estivesse sendo vítima de um oportunista. De nada adiantou, pois Noélia, apaixonada, não via o perigo, o risco que estava correndo.

— Bom, melhor a gente voltar para o trabalho.

— Desculpa, Noélia, tudo o que falo é para o seu bem. Promete que vai se cuidar?

Noélia abraçou Adriana e beijou o seu rosto.

— Com uma amiga assim, preocupada, como não vou me sentir querida? Só lhe peço, por favor, não fica de implicância com o Roberto. Ele é tão fofo, precisa dar a oportunidade de conhecê-lo primeiro antes de fazer qualquer julgamento. E mesmo assim, se não gostar dele, vou achar que é inveja.

De repente, Noélia parou de falar e olhou para trás.

— Parece que vi alguém me olhando, falando algo.

Adriana ouviu atenta, e desta vez não expressou o que pensava, apenas riu e disse num tom conciliador, mais para convencer a amiga de que estava tudo bem:

— Impressão sua. Aliás, precisa descansar. Depois que começou esse namoro, sua vida tornou-se intensa. Dormindo tarde, bebendo vinho...

— Você tem razão — concordou Noélia, toda sorridente. — O amor tem dessas coisas — concluiu, e saiu correndo para atender outro caixa.

Adriana, tomando o seu lugar no caixa, ficou pensativa. Aproveitou que não tinha cliente para atender, que ainda estava abrindo o caixa, e olhou Noélia agitada, percorrendo o mercado com sua habilidade, cumprimentando um, brincando com outro. Em seguida, passou a observar o movimento dos clientes e algo surgiu na sua mente. Foi quando disse baixinho o que pensava:

— E se Noélia estiver certa? Será que alguém a está seguindo?

Adriana ficou a tarde toda com aquilo na cabeça, tanto que, na hora do café, conversou com Marlon sobre suas suspeitas. Sabia que ele vivia no seu pedestal, mas zelava pelos funcionários, e, pelo tempo que o conhecia, sabia também que podia contar com ele para ajudá-la.

— Quer ver as imagens do circuito de segurança? Está se sentindo ameaçada? — ele perguntou, todo preocupado, ajustando a gravata no pescoço. — Viu algo estranho? Alguém furtando na loja? É isso?

— Não! É que, bom, na verdade é isso, vi algo estranho e gostaria de ter a confirmação.

Marlon não pensou duas vezes. Chamou outra operadora de caixa e colocou-a na função. Em seguida, pediu para Adriana segui-lo. Ela o acompanhou rezando para que Noélia não os percebesse juntos.

A sala do circuito de câmeras ficava no mezanino. Não foi difícil Adriana encontrar o que suspeitava. Salete, sua mãe, diria que os bons espíritos a tinham orientado a chegar até ali no momento certo. Ao perceber que suas suspeitas faziam sentido, que sua intuição estava certa, ela apontou, empolgada:

— Aqui! Está vendo, Marlon?

Ele aproximou-se do monitor e ficou tão perto de Adriana, que ela pôde sentir o perfume suave que ele usava.

Adriana, ágil, movimentava com o mouse a imagem de Noélia andando pela loja, depois de alguns minutos, aparecia Noélia percorrendo o corredor de alimentos. E não estava sozinha.

Diante do silêncio de Marlon, Adriana revelou:

— Aqui! Em todas as imagens de Noélia aparece esse homem. Dá para perceber que ele a está seguindo. Ela me disse que estava com essa sensação e, pelo visto, não estava enganada.

— Meu Deus! Quem é esse homem, você o conhece? — Marlon fez uma pausa. — Espera, eu já o vi antes, faz alguns dias. Claro! Eu não poderia me esquecer dele. — Desta vez, Marlon chegou tão próximo do monitor, que parecia querer beijar a imagem. — É ele mesmo, a imagem não está muito boa, mas ele me perguntou da Noélia, se trabalhava aqui. Disse que era uma indicação. Não quis me envolver porque não é mais da minha alçada essas coisas. Eu o vi entrando e saindo sem nada, exceto uma vez, que saiu carregando uma sacola, o que me fez acreditar ser um cliente que mora aqui perto, desses que não têm o que fazer, enfim...

— E agora? Precisamos fazer alguma coisa. Ela está em risco. Sabe lá Deus quem é esse homem, o que pretende.

— Corremos perigo! — exclamou Marlon, com a mão espalmada sobre o peito; em outra ocasião, Adriana se desmancharia de rir. — Por que não revelou a Noélia as suas suspeitas?

— Ela não acreditaria em mim. Agora precisamos ficar de olho nesse cara. Avisar os seguranças, abordar e ver o que ele quer. Só acho que não podemos assustá-lo e deixá-lo fugir.

— Não precisa me ensinar o que fazer, Adriana. Agora volte já para o seu posto. Pode deixar tudo comigo.

Adriana nada disse, saiu sem olhar para trás. Sentiu um pouquinho de alívio por ter descoberto que, de fato, Noélia estava sendo seguida, mas continuava preocupada com a possibilidade de ela estar sendo alvo de um louco, um psicopata, sem saber as suas reais intenções.

Uma hora depois, e ainda com esses pensamentos, Adriana foi abordada por Noélia, que se aproximou do caixa.

— Amiga, já sei quem está me seguindo com o olhar. É o Marlon! Acredita? Achei que ele nem gostasse, ou que jamais se permitiria envolver-se afetivamente com um dos funcionários. Ainda há pouco eu estava perto do açougue e senti de novo estar sendo observada. Espera um pouco — ela ficou pensativa por um instante —, mas desta vez ele não estava perto.

Enquanto falava, Adriana sentia o medo tomando conta dela. Então o cara estava por ali, escondido em algum corredor; poderia estar ali perto, ela supôs.

— Bom, lá vem cliente. Depois conversamos.

Foi nesse momento que ocorreu um barulho vindo da direção da saída. Os seguranças estavam correndo atrás de um homem e Marlon seguia logo atrás, passos firmes, ditando ordens.

O homem, todo suado, com os óculos quebrados numa das mãos, escoltado por dois seguranças, passou pelo caixa de Adriana. Marlon, seguindo os três, falou, alterado:

— Vamos trabalhar, gente, nada de mais! Voltem para o trabalho. Senhores clientes, peço desculpas pelo incômodo. Está tudo bem. — Já no caixa, quase sussurrando, ordenou: — Noélia, coloca alguém no caixa da Adriana e venham as duas na minha sala.

Noélia fez como o orientado. Adriana, ao sair do caixa, viu o seu celular tocando. Era Luciano. Ela passou os dedos ágeis na tela e encerrou a chamada. Achou estranha a ligação, porque Luciano sabia que ela não podia atender o telefone. Ela estava seguindo Noélia, quando o aparelho tocou mais uma vez. Adriana olhou para Noélia e a percebeu tensa; previu que precisaria estar inteira naquele momento, então, desligou o aparelho.

Capítulo 8

Desvendado o mistério

Marieta estava em casa quando recebeu a ligação de Jeferson. Naquele momento, ela lavava os cabelos, retirando o excesso de tinta. Enquanto secava os fios já na cor desejada, olhou o aparelho e viu uma ligação perdida dele, minutos antes.

Sorrindo, pegou o aparelho e ligou de volta, e deu caixa postal. Consultou o relógio. Era o horário em que ele já deveria estar em casa. Ligou mais uma vez e nada. Deduziu que ele estivesse sem sinal. Mesmo deixando o aparelho de lado, o pensamento estava no menino, tanto que, preocupada, ligou novamente e não obteve resposta.

Apanhou o aparelho e resolveu ir até a casa do filho. Pensava em encontrar Jeferson por lá, com Luciano, visto que Adriana ainda estava no trabalho.

— Oi, mãe — cumprimentou Luciano com o aparelho celular na orelha, quando abriu a porta da casa.

— O Jeferson está aqui? Ele me ligou.

— Ligou?! — interrompeu assustado, afastando o aparelho do rosto. — Falou com a senhora? O que ele disse?

— Ele ligou, mas não atendi. Estava no banheiro, lavando os cabelos. Quando liguei de volta, ele não atendeu.

— E a Adriana não atende. Meu Deus! Atende, meu amor, por favor — apelou Luciano, visivelmente cansado e desanimado com o relato da mãe.

Marieta achou o comportamento do filho estranho, então perguntou:

— Está tudo bem, filho? Parece preocupado. Adriana... aconteceu algo?

— Conta logo para ela, meu amigo — falou o espírito de Igor, mencionando as últimas palavras com deboche, demonstrando que ele não era aquele amigo que Luciano gostava de enaltecer quando se recordava dos dois juntos. — Diz para ela, anda.

Luciano balbuciou algo, mas estava nervoso e não conseguiu falar.

— Meu filho, pode dizer, aconteceu algo com o Jeferson?

— Mãe, nada de mais — mentiu, sentindo o peso na consciência, pois não gostava de agir assim com sua mãe; contudo, agiu dessa maneira para poupá-la. — Só preciso falar com a Adriana sobre uma vaga de emprego que ela me indicou. Tem prazo de inscrição.

— Tudo bem. Vou embora. Se o Jeferson aparecer, me avisa. Estou com uma sensação ruim. — Antes de fechar a porta, Marieta beijou o filho no rosto e falou: — Vou para casa, preparar o jantar. O Jeferson deve estar chegando. Se ligou, é para pedir o prato favorito. Vou providenciar.

Luciano não disse nada. Sentia o rosto queimando quando fechou a porta. Por questão de segundos, sentiu uma lágrima quente alcançar os lábios.

— Acho que não adianta chorar, meu velho. Está feito! Não imaginava que seria tão fácil me vingar de vocês, da Adriana. Não imaginava mesmo — divertiu-se Igor, rindo alto. Depois, sério, completou: — Esse é só o começo, e é pouco.

Luciano ficou ainda mais tenso, sentindo toda a vibração do espírito; resolveu ligar novamente para Adriana, mas deu caixa postal. Jogou o aparelho sobre a cama e cruzou os braços, sem saber o que fazer.

— Uma partida de videogame. O que acha? — sugeriu o espírito.

— Sem cabeça para isso. Depois dessa notícia, sinceramente, não tenho vontade de nada. Nada — respondeu Luciano, visivelmente aflito.

Noélia entrou na sala dos seguranças seguida de Adriana. O lugar era pequeno e tornou-se ainda menor com Marlon, os seguranças mais o homem suado, com as mãos presas para trás.

— O que é isso? — perguntou Noélia assustada, a ponto de segurar o braço de Adriana, buscando apoio.

— Tivemos que prendê-lo para não fugir nem agredir ninguém, como já tentou. Você o conhece, Noélia?

— Não, nunca o vi antes. Algum cliente que tentou furtar mercadorias? Não me lembro de tê-lo visto antes.

— Meu pedacinho de céu, me perdoa.

Noélia deu um passo para trás, sentiu o corpo trêmulo ao reconhecer a voz, mas não conseguia ligar a voz ao rosto do homem suado à sua frente. Experimentou o pavor quando o homem começou a falar intimidades entre os dois, assuntos, inclusive, que Noélia não teria dito nem para Adriana.

— Por favor, manda eles me soltarem, meu pedacinho. Vai logo, está me machucando. Não é assim que quer me ver, não é? Explica que é um mal-entendido.

— Então não o conhece, Noélia? — perguntou Marlon, num tom desafiador. Os seguranças trocaram olhares e permaneceram duros ao lado do homem. — Ele vinha seguindo você, não percebeu? Nas imagens das câmeras, consegui capturar o momento em que ele tirava fotos suas.

Foi a vez de Adriana segurar a mão da amiga em sinal de apoio.

— Adriana, o que é isso? Esse homem não pode ser... Roberto é diferente. Ele deve ser um desses caras que entram no computador das pessoas, só pode. Não é o meu Roberto. Está se passando por ele, claro! — finalizou Noélia, chorando. Pegou o celular e exibiu as fotos que tinha. — Não é ele, vejam só.

O homem, todo suado, com as roupas soltas e amassadas, deixou as lágrimas rolarem pelo rosto.

— Me desculpa, meu pedacinho de céu. Eu te amo.

— Gente, preciso sair daqui. Nunca o vi na vida. — Noélia estava tensa, mãos trêmulas quando foi abrir a porta. Marlon tentou detê-la, mas a porta se abriu e um homem apareceu acompanhado de outro funcionário do mercado.

— Roberto?! O que aconteceu? — disparou o homem, ignorando os demais.

Noélia, hipnotizada ao ver o homem entrar na sala, disse, confusa:

— Roberto? O que faz aqui?

O homem olhou para ela, também confuso com a situação, e correu para o outro sentado, amarrado.

— Por que está preso? Soltem ele, por favor.

— Você conhece esse homem que acabou de entrar na sala, Noélia? — perguntou Adriana.

— Muita coisa para explicar, hein, dona Noélia! Quem são seus amiguinhos? — Marlon quis saber, também confuso.

— Vamos, soltem ele, logo! — disse nervoso o homem, ao ver o outro chorando entre os seguranças.

Noélia correu em direção ao homem recém-chegado, apoiou as mãos em suas costas e disse:

— Meu amor, pode explicar o que está acontecendo? Roberto, quem é esse homem? Por que disse nossas intimidades para esse estranho?

— Não me chamo Roberto, sou Raul. Quem é essa maluca? — ele perguntou olhando para Roberto, que estava com o rosto coberto de lágrimas, sem condições de falar.

— É o meu pedacinho de céu — disse Roberto com dificuldade.

— Moço, por favor, não estamos entendendo nada — comentou Adriana. — Você conhece esse rapaz, Roberto é o nome dele, não é? Estava há alguns dias andando pelo mercado, seguindo minha amiga.

— Não pode ser... — começou a falar Raul.

Adriana então pediu para Noélia ligar no número de Roberto. Logo o celular do homem sentado começou a vibrar.

— Já sei o que foi que aconteceu — falou Raul, desta vez mais calmo, encabulado, sem saber como agir. Depois do falatório em volta, rompeu o silêncio e esclareceu: — Você fez isso de novo. Não posso acreditar, Roberto. — Ele abaixou e apoiou as mãos sobre a perna do homem. Procurou os olhos do outro, mas ele estava muito envergonhado, cabeça baixa.

— Vocês são amigos? — perguntou Noélia, confusa.

— Irmãos. Sou Raul. Roberto é meu irmão mais novo. Ele tem problemas, já foi internado. — Raul parou de falar enquanto viu o outro se alterar, negar, mas, por ainda estar amarrado, não teve êxito em agredi-lo, como era sua vontade. Raul continuou: — Já fez isso; usa minhas fotos para conquistar mulheres na internet, ele... também dá golpes, consegue dinheiro por meio da sedução, mas, por favor, não o denunciem. Caso ele tenha feito isso, devolvo o dinheiro.

— Ele precisa de tratamento, acompanhamento, medicação adequada... — sugeriu Adriana, quando Marlon ameaçou ligar para a polícia. Noélia, confusa e estática, só chorava, envergonhada. Os seguranças, firmes, se mantinham ao lado de Roberto.

— Sim, Roberto precisa de tudo isso — concordou Raul. — Sabe, depois que minha mãe faleceu, meu irmão ficou sozinho. Eu sou casado, tenho família, minha esposa tem medo dele e não o aceita em casa. Somos só nós dois, também não o deixo, mas não tenho como monitorar os passos dele. Agora, depois desse acontecimento...

— Ligo para a polícia? — questionou Marlon.

— Sob qual alegação? Não vou denunciá-lo — Noélia falou, triste com os relatos de Raul.

— Obrigado. — Raul pegou o celular e fez uma ligação, depois voltou-se para o irmão: — Sinto muito, mas liguei para a clínica. Não tenho como levá-lo para casa e não tem como você ficar sozinho. Sabe o que me deixa mais bravo? Você me prometeu que tomaria os remédios e não voltaria a fazer isso. Eu acreditei.

— Desculpa, por favor! — Roberto pediu, chorando como uma criança. — Não deixa eu voltar para lá. Prometo que não vou fazer mais isso.

Foi a vez de Raul se sensibilizar, mas não cedeu.

Vendo o seu estado, Adriana o levou para fora, e foram acompanhados por Marlon e Noélia, que saiu por último e ouviu de Roberto:

— Desculpa, meu pedacinho de céu. De todas as mentiras, posso lhe afirmar que o meu amor foi verdadeiro.

Noélia nada disse, apenas olhou com pena para o homem cujo rosto revelava uma mistura de lágrimas e suor. Em seguida, acompanhado pelos seguranças, Roberto saiu sem olhar para trás.

— Muito obrigado por ter ligado para mim, senhor Marlon — agradeceu Raul. — Roberto sempre faz isso, quando está em apuros, dá o meu telefone. Da última vez ele foi agredido, ficou no hospital por dias antes de voltar para a clínica.

— Não tem como ele morar com o senhor? — perguntou Marlon, envolvido com o caso, algo que era difícil acontecer.

— Minha esposa tem medo dele. Temos filhos pequenos também. Temo pela segurança deles quando o meu irmão surta. Conseguimos aposentá-lo e, com o dinheiro, temos condições de mantê-lo na clínica. Roberto mora na casa que foi dos nossos pais. Eu vou alugá-la para custear os gastos extras. Não vou abandoná-lo.

Não demorou e chegou a ambulância da clínica. Marlon, rápido, tratou de indicar a porta de entrada e saída de mercadorias para a saída de Roberto com Raul, que foi embora agradecido e com a promessa de devolver o dinheiro que o irmão recebera de Noélia.

Noélia abraçou Adriana, enquanto Marlon batia as palmas das mãos e falava no seu tom enérgico:

— Já chega. Cada um para os seus afazeres. Vamos! Dona Noélia, nem quero mais saber de outra palhaçada no meu mercado, ouviu? Vida que segue — disse ele, e saiu todo empinado, ajustando a gravata no pescoço, com os olhos atentos ao movimento.

— Obrigada, amiga — agradeceu Noélia. — Não quero mais saber desse aplicativo, nunca mais.

— Sei — disse Adriana rindo, tentando quebrar o clima tenso. — Já me disse isso tantas vezes.

Noélia destravou o aparelho e o entregou para Adriana com a recomendação:

— Apaga tudo, por favor... as mensagens, as fotos, todas as conversas. Tem uma pasta em que está escrito "Pedacinho de céu". Foi lá que guardei todos os nossos melhores momentos. Pode deletar tudo, jogar e esvaziar a lixeira. O aplicativo também, pode desinstalar o programa — finalizou Noélia, sem olhar para o aparelho.

Adriana pegou o aparelho, pronta para executar o pedido da amiga, quando deixou de ouvir as recomendações. Ela se surpreendeu ao ver no aparelho de Noélia várias ligações perdidas de Luciano.

Sentiu o coração saltar. Na hora, lembrou-se do filho.

Quando se viu sozinha depois da viuvez, com a partida da sobrinha e na sequência da filha, Salete não imaginou que se sairia tão bem. Temia a solidão. Lamentava ter tido só uma filha, principalmente quando via o marido mergulhado na bebida, aproximando-se do fim. Em suas orações dirigidas ao espírito da irmã, agradecia pela presença de Evelyn, sua sobrinha e afilhada, que era criada como filha.

Acontece que os planos são, em sua maioria, diferentes dos propósitos de Deus. Como dizemos em oração "Seja feita a Tua vontade", estamos confiando a Ele nossas vidas.

Por conta disso, Salete não se revoltou quando se viu sozinha. Arrumou a casa do seu modo, e, mesmo com a pensão do marido, não se acomodou. Gostava e tinha jeito para costurar. E fez do ofício o seu complemento de renda. Começou sem a certeza de ir adiante, por conta de uma cirurgia. Ela estava se recuperando quando uma amiga pediu que ela reformasse algumas peças de roupas. Com um pouco de dificuldade, Salete foi até a casa da amiga. Em seguida, outra amiga chegou e gostou das reformas, e contratou os seus serviços de costura por dois dias. Assim começou o seu trabalho, indo às casas levar o seu talento para reformar roupas.

O marido de uma de suas clientes, gráfico, atento ao mercado, sugeriu a ela fazer alguns panfletos, cartões para a divulgação do trabalho. Salete riu, relutou, mas foi convencida por Adriana a aceitar.

— Mãe, seu trabalho é tão bem-feito. Tem talento para transformar roupas. Quantas vezes me salvou? Nem sei dizer. Imagina só mais pessoas podendo ter acesso ao seu talento. É algo de que gosta, vai se sentir útil também. Sempre me diz que a caridade também está ligada a oferecer o trabalho que amamos fazer, que traz alegria a outras pessoas. Então, essa é a oportunidade.

Foi um sucesso. Salete carregava uma máquina de costura portátil em uma bolsa. Quando a dona da casa tinha máquina de costura, fazia um preço mais acessível para a freguesa. Lojas de confecção chegaram a procurá-la com propostas, mas ela recusou. Preencheu, rapidamente, todos os dias da semana, o que se tornou cansativo. Passado um tempo, ela resolveu pegar um dia da semana de folga, além do fim de semana.

Salete encontrava-se na paz da sua casa, relembrando o seu começo profissional, regando e conversando com suas plantas, pois também tinha boas mãos para lidar com a natureza, quando lembrou-se do neto. Ela abriu um sorriso, sentiu-se saudosa. Apanhou o celular, viu a foto de Jeferson no aparelho. O jovem era bonito, mas insistia em fazer caretas, esconder o rosto no boné e usar calças largas, fazer sinais com as mãos. Salete sorriu; embora não gostasse, não deixava de amá-lo. Apertou a tecla e aguardou para ouvir a voz do neto. O que não aconteceu. Deu caixa postal. Sentiu um aperto no peito. Pensou em ligar para a filha, mas consultou o relógio; sabia que Adriana estava trabalhando e preferiu não aborrecê-la com seus pensamentos.

Nesse momento, quando repousava o aparelho sobre o móvel, ouviu um barulho no portão. Apressou-se para ver quem era. Salete afastou a cortina e, através da janela, pôde ver o rapaz franzino, ágil, já no portão da vizinha, enroscando um panfleto na grade, por certo fazendo propaganda de algum comércio local. Ficou ainda alguns segundos apreciando a agilidade do rapaz, que em algumas casas deixava mais de um panfleto, na ânsia de terminar logo o serviço.

Já estava voltando para os seus afazeres, deixando a cortina cobrir a janela, quando viu outro jovem aproximar-se do seu portão. Ele ficou ali parado, olhando. Noutro momento, mexeu no portão, porém, o rosto familiar impediu Salete de sentir medo. Ficou matutando para reconhecê-lo, curiosa para saber quem era, o que queria.

O jovem, forte, cabelos cheios e pretos como os olhos, corpo atlético, com os óculos escuros presos no colarinho da camiseta justa, jeans, tênis, deu um passo para trás, olhando a frente da casa. Salete recuou, não por medo, mas não saberia explicar o motivo por que agira dessa forma. Ouviu o jovem bater palmas. Por certo, ele não tinha encontrado a campainha. Já havia pedido para Luciano arrumar a posição, achava que ficava muito escondida.

Sem medo, Salete abriu a porta da sala, que dava para a sua área, onde era possível vislumbrar sua coleção de orquídeas bem tratadas e floridas naquela ocasião do ano. A variedade de plantas tornava o lugar ainda mais apreciável.

Antes mesmo de aproximar-se do portão, ela reconheceu aquela voz e aquele sorriso que a fez voltar no tempo.

— Boa tarde, dona Salete. Sou eu, Hiago.

— O que disse, Luciano? — Adriana pediu que ele repetisse, momento em que Noélia estava perto, atenta e também num misto de curiosidade e preocupação ao ver a amiga trêmula, pálida, o que fez Noélia ampará-la.

— Adriana, o que aconteceu?

Adriana desligou o aparelho e as lágrimas apareceram na sequência. Com dificuldade, contou a breve conversa com Luciano.

— O Jeferson. Eu sabia que ele não estava bem. Deveria ter lhe dado mais atenção. Deixei meu filho assim, solto, não tinha idade para ficar largado. Eu abandonei o meu filho, Noélia. Culpa minha por isso ter acontecido.

Noélia, aflita, levou a amiga para a copa, onde a colocou sentada e correu para pegar um copo de água com açúcar.

— Toma, vai fazer bem. — Vendo Adriana beber contra a vontade, tanto que só conseguiu tomar dois goles, Noélia tornou a perguntar: — O que aconteceu com o Jeferson?

— A gente ouve tantas histórias. Tiros, balas perdidas, jovens sendo assassinados...

— Meu Deus, Adriana, o que houve com ele?

— Está preso. Foi pego carregando uma arma em uma comunidade — Adriana disse, tentando se levantar rapidamente, mas voltou a se sentar. Noélia mais uma vez a amparou. Ela prosseguiu, aflita: — Meu filho, com uma arma de fogo. Quando eu poderia imaginar isso? Nunca peguei em uma arma, e o meu filho faz uso...

— Calma, precisa esperar um pouco. Jamais vou deixar você sair assim e sozinha. Vou contigo aonde for — Noélia ajuntou, abraçando Adriana, que desabou a chorar.

Minutos depois, já mais calma, Adriana apanhou o celular e ligou para Luciano. Ele demorou a atender, por isso ligou para Marieta.

— Adriana, o que fizeram com o nosso Jeferson? Isso é um grande mal-entendido. O Luciano está aqui em casa e acabou de me contar. Eu não acredito. Um terrível mal-entendido — repetiu, chorando.

— Espero que seja mesmo. Estou indo para o lugar onde ele está. O Luciano me passou onde é. Pode me fazer um favor, Marieta? Em casa, no maleiro, tem os documentos do Jeferson. Ele tem mania de sair sem documentos, e tenho certeza de que não estava com eles quando foi abordado. Peça para o Luciano os pegar. Eu combinei com ele da gente se encontrar lá.

Marieta falou mais algumas palavras, que no momento de nada serviram, tanto que Adriana desligou o aparelho.

O celular de Adriana tocou em seguida. Era Salete, mas preferiu não atender, para não preocupá-la. Sabia que não conseguiria mentir para a mãe, que facilmente reconheceria em sua voz que algo estava acontecendo.

Salete colocou o celular sobre o aparador bem devagar, reflexiva. Seu pensamento estava ligado ao neto, mas não conseguia associar a isso a presença de Hiago na sua frente, sentado no sofá; não, era algo que não conseguia entender. Agora, com a ligação perdida de Adriana, o que não era habitual, ficou ainda mais preocupada.

— Não conseguiu, Salete? — Havia urgência na pergunta do rapaz, era nítida a sua ansiedade em contatar Adriana.

— Infelizmente, não, Hiago. Achei estranho, porque nesse horário ela deveria estar a caminho de casa, poderia falar ao celular. É que onde ela trabalha é bem rígido, enfim...

— Preciso do endereço dela.

— Não posso dar, não sem o consentimento da minha filha. Entenda...

— Claro, mas não vai me impedir de vê-la, de conhecer o meu filho — tornou Hiago, sério. — Esperei anos por isso e não vou adiar ainda mais.

— Tenha paciência!

— Esperei por anos — interrompeu Hiago. — Não me peça para esperar mais. Faz tempo que sonho em rever Adriana, conhecer meu moleque. Ela nunca respondeu às minhas cartas, não me procurou.

— Ela saiu muito magoada de tudo o que aconteceu. Sinto que minha filha ainda hoje carrega essa mágoa. Já conversei tanto, mas ela foge... — Salete fez uma pausa, estudou o jovem a sua frente, tão bonito, calmo, contrastando com o rapaz que conhecera no passado. — Eram tão jovens quando tudo aconteceu.

— Se soubesse como me arrependo. — Os olhos de Hiago encheram de lágrimas, sua voz tornou-se rouca, emocionada, mas respirou fundo e levantou-se apressado. — O endereço dela, por favor.

— Não, deixa eu conversar com ela primeiro, prepará-la — pediu Salete. — Sei que tem pressa, é seu direito, mas não haja de forma precipitada. Adriana, como contei, hoje é casada, mora vizinha da sogra, seu filho é um adolescente, não pode chegar assim...

Foi quando ele viu o porta-retrato com Adriana abraçada ao filho. Hiago pegou o objeto, acariciou-o com os dedos.

— Meu filho? — Ele viu Salete confirmar em silêncio, contendo a emoção. — Adriana ficou ainda mais bonita.

— Ele é muito parecido com você. Não tem como negar. Sei que quer conhecê-lo, abraçá-lo, recuperar o tempo perdido, mas tenha calma.

— Sou o pai dele e não vou ficar sentado, esperando a boa vontade da Adriana em nos apresentar. Ele tem pai e merece saber. É meu filho! Ninguém vai tirar isso de mim. Ninguém — Hiago falou de forma ríspida. Ele colocou o porta-retrato no lugar, depois deu passos largos até a porta, girou a maçaneta e, antes de sair, ameaçou: — Adriana não vai fugir de mim, não vai. Se eu não conseguir o endereço, tenho meus meios de encontrá-la. Pode avisá-la disso. — Ele fez uma pausa e concluiu: — Desculpe-me pelo jeito, Salete, mas é a urgência que tenho.

Capítulo 9

Sonhos da adolescência

Adriana sentiu grande alívio ao chegar em casa. Afinal, tinha sido um dia exaustivo: o namorado virtual de Noélia, a prisão de Jeferson. Tudo aquilo a deixou aborrecida, triste, perdida em pensamentos.

— Agora que estamos em casa, me diz, filho, o que aconteceu? — Adriana perguntou para o filho e nem percebeu a reação de Luciano, que se adiantou na resposta:

— Um amigo, não foi o que ele disse? Foi ser legal com um camarada da escola e aconteceu isso.

— Quem é esse amigo? Preciso saber, a família precisa ser avisada do risco.

— Não sei. Tô cansado, mãe, me libera.

— Libera? Você me apronta uma dessas, vai parar na delegacia porque fez um favor para um amigo — ela ressaltou —, o qual nem sabe o nome. Você não pode ser tão inocente assim, servir de bobo para ladrão. — Nervosa, Adriana pegou no braço do menino com força. Jeferson se esquivou a tempo de não levar uns tapas. Adriana nunca batera nele, mas essa situação a deixou com os nervos à flor da pele. Ela respirou fundo e se conteve: — Ao menos pensou na sua família? Na vergonha de fazer sua mãe ir buscá-lo numa delegacia? E dê graças a Deus de eu ter aparecido, porque iam encaminhá-lo para o Juizado de Menores.

— Já deu, esse papo... Já deu, cé louco, que pressão... tenso.

— Não terminamos! — ela bradou. — E tem o Luciano, que não é seu pai, mas trata você como filho. Ele foi lá também na delegacia, não precisaria ir. Afinal de contas, ele não é seu pai. É assim que retribui, menino? Sem contar o sermão que ouvimos. — Adriana falava rápido, quase sem respirar. — E deixou Marieta preocupada também. Não pensa nas pessoas que gostam de você? O olhar e as palavras do delegado, me julgando como péssima mãe. Acentuando a minha culpa.

Lágrimas voltaram a rolar pelo seu rosto. Estava tão tensa que não percebeu a troca de olhares entre Luciano e Jeferson. Não viu a cumplicidade dos dois, o segredo que os mantinha unidos.

— Meu amor, relaxa, está tudo bem agora — tornou Luciano, abraçando Adriana, beijando-a e procurando assim distraí-la. Se bem a conhecia, logo ela pegaria alguma contradição de Jeferson, que se comportara, sem dizer a verdade. Luciano estava impressionado com a lealdade do menino, não revelando que o padrasto tinha sido o responsável pelo ocorrido, que fora ele quem colocara Jeferson numa enrascada, aceitando transportar uma arma pela comunidade.

Adriana se afastou do marido e, chorando, abraçou o filho. Resolveu reverter o seu ódio em amor.

— É pouco para a Adriana. Pouco. Avisa aí que é só o começo. O melhor ainda está por vir... — falava o espírito de

Igor, agitado, quase gritando. Estava em êxtase por vê-la sofrer.

Luciano sentiu-se perturbado por conta da energia, da fúria que exalava de Igor. Ele rapidamente se afastou de Adriana, esforçando-se para não falar nada, não agir de forma precipitada. Encostou-se na pia, sentiu-se trêmulo.

— Luciano, você está pálido. Tudo bem com você? — ela perguntou, ainda abraçada ao filho, quando consultou o relógio e disse: — Eu preciso preparar o jantar. Estamos há muito tempo sem nada no estômago.

— Não precisa fazer nada, Adriana — Luciano respondeu num tom mais animado, pois Igor havia sumido e, por ora, ele estava livre de sua influência negativa. — Minha mãe avisou que estava preparando algo para a gente comer. Vamos para lá e nos esquecer de tudo isso? O que acha?

— Estou sem fome. Vão vocês. Vou tomar um banho e ir para a cama. Preciso descansar. E você, menino, juízo. Se souber que saiu da casa de Marieta à noite, vai se ver comigo. Se voltar a aprontar, terá mais dificuldade para sair. Está avisado. Amanhã, sem falta, vou arrumar alguma ocupação para você. Voltar a estudar, por exemplo.

— Eu quero jogar bola, tá ligada? Podia ver o esquema da escolinha.

— Fora de cogitação, principalmente depois do que fez. Não tem escolha, vai ter que estudar. Estou de olho em você! — Adriana finalizou, abraçando o menino e beijando seu rosto.

Depois ficou em silêncio, vendo o filho sair com Luciano, os dois falando baixinho pelo quintal de acesso à rua. Estava cansada demais para saber qual seria o assunto. Se tivesse acompanhado os dois, teria ouvido a conversa de cumplicidade entre padrasto e enteado.

Adriana deixou que a água quente do chuveiro caísse pelo corpo, tentando relaxar. Estava exausta. Depois de se secar, usou um shorts curto, uma camiseta surrada e leve. Sentou-se na beira da cama enquanto secava os cabelos. Foi quando se lembrou de Hiago. Imaginou por alguns segundos como teria sido a vida ao lado dele, como teria sido a educação do filho com a participação do pai. Será que Jeferson gostaria dele? Lembrou-se também de que não tivera coragem de contar onde o pai estava por anos. Tinham sido tantas as mentiras que inventara para omitir a identidade de Hiago.

Tudo aquilo a fez revirar o baú de recordações armazenado no coração. Foi até o maleiro, depois de subir na ponta da cama para ter acesso à parte alta do guarda-roupa. Pegou a caixa e achou estranho não encontrar o DVD com a entrevista de Hiago. Gostaria de revê-la. Voltou a tatear o local para pegar e reler a carta, mas não estava mais lá. Jurava que havia guardado tudo junto. Como não encontrou, Adriana, de tão cansada, considerou ter guardado em outro lugar, e também foi bom não ter encontrado nada, assim não reviveria o sofrimento. E era tarde para procurar; resolveu deixar para depois.

— Se eu te contar onde está o DVD, Adriana. A carta está junto — Igor falou bem baixinho, quase no ouvido dela. — Mas não vou falar. Você não merece a minha ajuda. Sabe muito bem porque não vai tê-la. E, se depender de mim, não terá um isso — mostrou em evidência a ponta do dedo indicador — de mim. Não merece. Como eu gostaria que você se lembrasse. Como eu gostaria... — Parou de falar e ficou no canto do quarto encolhido, tomado pela tristeza, enquanto assistia Adriana adormecer na cama.

Na manhã seguinte, como era de esperar, não foi fácil para Adriana se concentrar no trabalho. Ainda sentia o reflexo do dia anterior, principalmente quando ficava sozinha no caixa, sem atender ninguém. Reviver a cena do filho chegando na sala do delegado, as perguntas que tivera que responder, tudo foi intenso. Nunca havia se imaginado num lugar como aquele, naquela situação. Sentia vontade de chorar, mas se controlava. Noélia a ajudou nisso tudo. Era uma grande amiga, discreta.

— Quero que você tire o celular das minhas mãos se me pegar mexendo no aplicativo novamente. Aquilo, definitivamente, não combina mais comigo. Só me aparece curva de rio! Quanto tempo perdido. — Noélia falava de maneira firme, gesticulando de um jeito diante do qual Adriana não conseguiu conter o riso. Para justificar estar ali com Adriana, ajudava o cliente a embalar as compras e, quando o via saindo, retomava a conversa. — Você viu o irmão dele, que gato? Só hoje consegui me lembrar de alguma coisa boa de ontem. Bom, vou circular, porque o pavão misterioso do Marlon vem vindo.

No almoço, Adriana sentiu-se preparada para conversar com Salete. Várias mensagens depois, ela ligou para a mãe. Foi uma conversa rápida com a promessa de encontro depois do trabalho.

— Está tudo bem, minha filha. É que eu senti algo tão estranho.

Ao ouvir o relato da mãe, Adriana sentiu vontade de detalhar os últimos episódios, mas preferiu guardar tudo para logo mais, não desejava contar por telefone. E assim fez. Depois do expediente, partiu para a casa da mãe. No caminho, tentou avisar Luciano, mas ele não atendeu o telefone, então o avisou por meio de mensagem.

— O que está me dizendo? Meu neto, preso? — foi a reação de Salete ao que Adriana lhe contara, depois do café servido. Sua mãe bem queria que jantassem juntas, mas Adriana já adiantara que era uma visita rápida.

— Eu fiquei ainda mais surpresa que você, mãe. Menor de idade, carregando uma arma no meio de uma comunidade. Queriam encaminhá-lo para o Juizado. O delegado sentiu pena de mim. Não sei onde errei, ou melhor, sim, eu sei, fui ausente; tudo o que aconteceu foi culpa minha. Poderia perder a guarda do Jeferson para um abrigo de menores.

— Bom — avaliou Salete —, responsabilizar-se por isso alivia a sua dor? Jeferson, embora menor de idade, já tem noção das escolhas e suas consequências. Sabia bem o risco que estava assumindo. Agora, pode ser que alguém tenha dado cobertura, passado a ele uma sensação de segurança.

— Só pode ser algum amigo, mãe. Mas estou tão afastada do meu filho que nem conheço seus amigos, não sei onde moram. Ontem, eu percebi o quanto estou distante do meu filho, pouco ou nada sei da vida dele. Quando foi a última vez que saímos juntos? Fomos até a Rua Vinte e Cinco de Março, na José Paulino, isso foi nas férias escolares dele, para comprarmos algumas roupas. Tomamos um lanche. Eu o tempo todo implicando com ele, porque a senhora bem sabe, não? Jeferson fala como se tivesse aprendido e incorporado um dialeto que desconheço.

— Ainda dá tempo de tê-lo mais próximo de você — ajuntou Salete. — Se você reconhece tudo isso, minha filha, tem boas chances de estreitarem os laços afetivos. Além do mais, talvez você precise ouvi-lo com mais atenção antes de já despejar um monte de críticas.

— Ele insiste em querer ser jogador de futebol. Acredita nisso, mãe? Tal qual o pai. Não vou deixar.

— Por que não? Porque o sonho dele faz você se lembrar do seu? Remete você para um tempo de sonhos que não deram certo?

— Não quero que ele sofra, mãe.

— É vidente agora? — brincou Salete. — Ora, deixe ele viver esse sonho. Pode ser fogo de palha. De repente, Jeferson insiste no futebol para provocar você, para ganhar sua atenção. Se você se diz tão afastada dele, vai ver que ele a atiça para manter o vínculo. Olha, por que não muda sua tática? Negocie, sugira o curso e, se ele tiver bom desempenho, você poderá pensar na escolinha de futebol.

Adriana abriu um sorriso e correu abraçar a mãe. Seu jeito doce e suave de apaziguar as situações era fascinante.

— Sabe que pensei que fosse culpa minha ele trilhar esse caminho? Será que poderia ter sido diferente se ele tivesse conhecido o Hiago? Se tivesse participado do que aconteceu? Jeferson era tão novo, despreparado para entender a situação.

— Situação ou a sua versão? Bom você tocar no assunto. Estava aqui comigo esperando a melhor hora para falar sobre isso.

— Se for o que estou pensando, não quero saber.

— Hiago esteve aqui ontem. Quer conhecer o filho. — Adriana ficou nervosa, tentou falar, mas Salete continuou, a favor de Hiago: — Ele tem o direito de ver o menino, sim. É o pai, minha filha. Depois, ele está irredutível. Queria o seu endereço.

— E deu meu endereço, mãe?!

— Não faria isso antes de consultá-la, mas ele também disse ter meios de encontrá-la. Acho melhor conversar com o Luciano e o Jeferson sobre o Hiago... ter uma boa conversa para prepará-los. Você conhece bem o Hiago e ontem, sentado aqui nesse sofá, percebi que ele continua insistente quando quer algo.

— Não vou fazer isso. Que direito é esse que ele tem, mãe? De voltar do passado e reivindicar direito sobre o meu filho? Não depois de tudo o que aconteceu.

— Adriana, seja racional, o que aconteceu nada tem a ver com o Jeferson. O Hiago é o pai do seu filho, e, mesmo sabendo de tudo, vejo, sim, o direito de ele conhecer o filho. Querida, até quando vai negar ao seu filho conhecer a verdade? Entendo que não queira contar tudo o que aconteceu, posso compreender, mas não poderá evitar que ele conheça o pai. Hiago faz parte da história dele.

Semanas depois.

Como rotina, Adriana pediu para fechar o seu caixa para ir ao banheiro. E foi no café, nos poucos minutos que lhe restavam, que encontrou Noélia espevitada, papéis nas mãos, olhos arregalados, totalmente entregue ao trabalho. Reclamou dos preços, de estar sobrecarregada, tudo de forma engraçada, que fez Adriana rir. Então, Noélia fez uma pausa e, com o seu olhar acolhedor, perguntou como estava a vida da amiga.

— Está melhor — respondeu Adriana. — Depois daquele episódio — adotou essa palavra em vez de falar que o filho havia sido detido, porque lhe soava mais leve e parecia assustar menos —, o Jeferson está mais caseiro. Eu tenho me aproximado dele, segui os conselhos da minha mãe, o que deixou ele mais feliz. Aceitar que ele jogasse bola parece que deu uma elevada na autoestima dele. Na verdade, fizemos um acordo: vou matricular ele no curso de inglês, novamente. Não fiz isso ainda porque preciso ajustar umas contas, mas logo vou tomar providências.

— Salete sempre nos dá bons conselhos. Preciso conversar com ela para me dar umas dicas.

Adriana começou a rir antes de dizer:

— Já faço ideia do que vai pedir à minha mãe.

— Não consigo deixar esse aplicativo, menina. Essa carência me corrói. Depois de um copo de vinho já estou lá, baixando de novo, rodando o dedo pela tela, esparramada no sofá, procurando alguém interessante... — Noélia fez uma pausa, já conhecia Adriana por anos para entender o significado daquele olhar. Sem reação, resolveu mudar de assunto. — Já sei o que vai dizer. Agora me conta: Jeferson está frequentando uma escolinha de futebol?

— Ainda não. Mas, veja, fizemos um acordo: se ele se dedicasse mais na escola e no curso de inglês, eu pensaria em colocá-lo em uma escolinha para jogar bola. O Luciano tem sido muito presente, me ajudando muito nesse processo. Já viu alguns lugares. Os preços são salgados.

— Ele não arrumou nada ainda? Luciano precisa se mexer.

— Cobro ele, mas está difícil, e, por conta disso tudo, tê-lo por perto do meu filho tem sido bom. O Luciano me contou que apareceu um olheiro no campinho onde o Jeferson joga, disse que gostou das jogadas dele.

— Nossa, que legal. Pode ser um empresário, pode levá-lo para jogar em algum time de renome, até levá-lo para jogar fora do país.

— Essa sua empolgação é igual à deles e não me agrada. Pode ser uma grande decepção. Depois, antes que pense que estou jogando balde de água fria, penso que alguém precisa ter os pés no chão. Aliás, esse alguém sou eu, porque minha sogra é outra que vibra para ver o Jeferson jogando num grande time. Confessou que se vê diante da televisão, dando entrevista como avó do menino, que incentivou ele desde pequeno e tal. Isso me preocupa, e muito.

— Deixa ele viver esse momento, Adriana. Não se esqueça de que já fomos adolescentes e também tivemos nossos sonhos.

— Fala como a minha mãe. Parece que só eu vejo problema nesse caminho, talvez porque.... — Ela preferiu não continuar. Olhou o relógio e se apressou: — Preciso voltar para o caixa. Olha como o mercado está lotando. Hoje eu quero fechar o caixa e sair no horário. Aproveitar essa fase boa de convívio e conversar com meu filho.

O movimento do mercado, que foi corrido durante o dia todo, deu a impressão de que o fim do expediente tinha chegado mais rápido. Adriana despediu-se de um e de outro na saída, e logo na porta do mercado viu um garoto loiro, de topete, brinco em uma das orelhas, com os olhos verdes, circulando dentro do mercado. Pensou em perguntar se poderia ajudá-lo, mas estava ansiosa para chegar em casa e saiu sem olhar para trás.

Aquele retorno para casa foi perfeito. O ônibus não demorou para passar, não estava muito cheio, e foi possível ela se acomodar bem. Naquela noite não houve trânsito pesado, o que era um milagre, e facilitou sua chegada em casa mais cedo do que o previsto.

Como de hábito, apanhou os pães e passou na casa da sogra antes de ir para a sua. Fazia isso agora com mais vontade, pois alegrava-se vendo o filho dentro de casa, na maioria das vezes na sala, jogado no sofá maior, vendo televisão ao lado de Marieta.

Logo que abriu o portão de acesso ao quintal, nos primeiros passos, pôde ouvir conversas, risadas, parecia uma festa. Adriana conteve a curiosidade supondo que Marieta tivesse convidados. A alegria a contagiou, o que a fez esboçar sorriso no rosto sem perceber. Entendeu o momento como amistoso, em paz, que tanto desejava, pois vinha sendo um pedido constante em suas orações.

Ao se aproximar da porta e girar a maçaneta, sentiu algo estranho, que fez o sorriso desaparecer. Abriu a porta e pôde ver a sogra, o marido e o filho sentados ao redor da mesa, sorrindo, e, na cadeira que ficava de costas para a porta, a visita. Adriana reparou nos cabelos, nos ombros largos, no sorriso, ouviu aquela mesma voz...

— Olha quem chegou! — comemorou Marieta. — Vou trazer mais uma xícara de café... — disse, já se levantando para tomar as providências. — Jeferson, vai dar um beijo na sua mãe e vem me ajudar. — Foi o que o menino fez, sem perceber como sua mãe estava desnorteada, surpresa com aquele reencontro.

— Meu amor. Que bom que chegou! — Luciano foi até Adriana e, depois de beijá-la, tratou de fazer as apresentações: — Esse aqui é...

— Cezar. Prazer, Adriana. — Hiago se adiantou ao levantar-se e caminhou lentamente até ela. Fez o pequeno trajeto com um sorriso imenso, deixando clara a satisfação de revê-la.

Adriana sentiu as pernas trêmulas, a mão suando, tanto que encostou o corpo na porta, onde ficou desde que notara a presença do pai de Jeferson.

— Meu amor, está pálida, o que aconteceu? Sua mão está fria. — Adriana ouviu essas palavras de Luciano, ao mesmo tempo que custava a crer que na sua frente estava Hiago sorrindo, cada vez mais próximo, com a mão estendida na sua direção. Foi quando tudo ficou escuro e apagou.

Anos antes.

A adolescência de Adriana foi marcada pela presença de Evelyn, sua prima. Tinham a mesma idade. Já naquela época, moravam juntas, pois o acidente que matara os pais de Evelyn a fizera morar com os tios e a prima. Passada a dor da perda, a mudança transformara-se numa verdadeira festa.

Enquanto Adriana era reservada no modo de vestir, falar, expor seus sentimentos, Evelyn era o oposto, com suas minissaias, decotes, maquiagem, saltos altos, língua solta. Isso não agradava Salete, que, além de tia e madrinha, era também responsável pela garota e queria educá-la da melhor forma, mas não tinha como. Embora fosse de seu feitio ter o pulso forte e tentar barrar os gostos da moça, Salete sabia que seria difícil frear a forte personalidade de Evelyn e procurava lhe dar um monte de conselhos. Em vão. Com o tempo, preocupou-se, temendo até que ponto a influência da sobrinha alcançaria Adriana.

Evelyn respeitava a tia, por isso saía de casa de um jeito comportado e trocava de roupa pelo caminho, com a ajuda de Adriana. Tirava blusas que cobriam decotes ousados, vestidos compridos que, ao ser tirados, mostravam shorts curtos. Ela se maquiava na rua, tirava da bolsa os saltos altos e guardava no lugar as rasteirinhas; os cabelos, que na maioria das vezes estavam presos, já na rua, em meio à produção, eram soltos e escovados com os dedos. Os lábios recebiam o contorno de um batom de cor vibrante. Enfim, fazia de tudo e mais um pouco para mostrar quem ela era de verdade.

— Fica tranquila, minha mãe não vai se importar se passar por aqui agora. — Adriana fazia uma pausa e se desmanchava em risos com a prima ao completar: — Mamãe jamais reconheceria você. É outra!

E era, mesmo.

Foi nessa época, na porta da escola, esperando pelo sinal indicando o término das aulas, que Adriana avistou o rapaz de olhos e cabelos escuros, ombros largos, sorriso cativante, conversando com amigos. Ele a impressionou tanto que ela deixou de ouvir os relatos de Evelyn, tagarelando ao seu lado.

— Oi! Estou falando com você. Está no mundo da lua, é? — Evelyn perguntou, cutucando a prima. Nesse momento, ela seguiu os olhos de Adriana e viu Hiago olhando na direção delas.

Ele pediu licença para os amigos e, com o seu andar estiloso, já com porte de atleta, aproximou-se das meninas. Ao cumprimentá-las, foi surpreendido por Evelyn, afoita, empolgada com o rapaz.

— É novo aqui? Me lembraria se...

— Sim, primeira semana, na verdade. — Ele virou-se para Adriana, deixando Evelyn falando sem parar sobre a escola, sobre o que tinha de bom, e disse: — Sou Hiago Cezar, e você?

Adriana ficou muda, tomada pela timidez, por uma sensação nunca antes experimentada. Havia uma forte ligação, no olhar, no sorriso, que a hipnotizava. Outra vez, Evelyn tomou a frente:

— Essa é Adriana, minha prima. Eu sou Evelyn, sou do primeiro ano B. Em qual sala está? — quis saber, já se adiantando em beijá-lo no rosto. Simpático, Hiago retribuiu e fez o mesmo com Adriana, que falou pela primeira vez.

— Oi, prazer, Hiago Cezar.

Ele sorriu. Adriana se sentiu corar ao notar que seu rosto estava sendo estudado por ele. Evelyn procurou se encaixar naquele encontro.

E, assim, foi formado o triângulo.

Capítulo 10

Surpresas do tempo

De volta ao presente.
    Adriana despertou no sofá. Quando abriu os olhos, a primeira imagem que viu, meio embaçada, foi de Hiago na sua frente, sorrindo, o mesmo sorriso de quando o conhecera na porta do colégio. Foi então que notou que estava no sofá, encostada em almofadas.
    — Hiago, você por aqui? Não, não... — Adriana tentou levantar-se rapidamente, mas sentiu-se zonza e ele a ajudou a se sentar de novo. Ela sentiu o calor de sua mão, do braço envolvido em seu corpo na intenção de ajudá-la, seu perfume marcante ainda mais perto...
    — Vejo que está bem. Não pensei que ainda pudesse causar desmaio em moças — Hiago divertiu-se, rindo, e depois ficou sério ao notar que Adriana o observava com ar irritado.

— Cadê todo mundo?
— Quando desmaiou, sua sogra pediu para o Luciano buscar um remédio na farmácia; ela está na cozinha, fazendo chá, e o Jeferson, o nosso filho — fez uma pausa, sentindo a voz falhar ao pronunciar o nome do filho —, foi atrás do Luciano, que, preocupado, não levou a carteira quando saiu.
— Você não podia voltar assim, do nada. Cezar?
— Não quis usar o Hiago. Achei que, usando meu segundo nome, já esquecido, você demoraria a descobrir que eu estava por aqui, tentando a aproximação. Gostava do meu nome composto, Hiago Cezar.
— Não tinha o direito de voltar assim, do nada.
— Por você eu não voltaria, é isso? Só que o Jeferson é meu filho. E você sabe por que não voltei antes. Vocês nunca saíram da minha cabeça. Fazia ideia de que tivesse formado uma família e eu sofria em pensar nisso, ainda mais quando tive notícias. Se soubesse como me arrependo de tudo. — Ele fez uma pausa, e Adriana pôde ver lágrimas nos seus olhos. — Se tivesse lido as minhas cartas... o tempo não passou para você, Adriana.
Ela teve vontade de dizer o mesmo, mas se armou, tinha de se defender, de colocar limite, de não demonstrar seus sentimentos. Precisava ser dura, por ela e pelo filho, pelo menos era como pensava quando disse num tom ríspido:
— O que pretende com isso? Tirar a minha paz, o meu filho?
— Nosso! — Hiago a corrigiu, falando num tom baixo, mas firme. — Agora, vou deixar que você conte a verdade. Não sei se percebeu, mas não sou de esperar o seu tempo; se demorar, vou me adiantar.
— Uma ameaça? Volta de onde estava para me infernizar, Hiago? — Adriana procurava controlar o tom, para não ser ouvida na cozinha pela sogra, que falava ao telefone, provavelmente com Luciano, sobre o remédio que estava em falta.
— Não, eu só perdi tempo demais para adiar o inadiável.

— Acordou?! — foi a voz de Marieta, festiva, que surgiu na sala ao ver a nora sentada, conversando com Hiago. Estava tão aliviada por vê-la acordada que disparou a falar sem parar: — Que bom! Só está um pouco pálida. Não tem se alimentado direito, é isso? Ai, ai, vou contar para sua mãe na próxima ligação. Essa minha nora é de ouro, Cezar. De ouro! Não sabe que fibra ela tem!

— Obrigado, Marieta, já estou bem. Não se preocupe — interveio Adriana.

— Que bom! Eu já vou indo — anunciou Hiago. — Depois, Adriana, fala com o Jeferson. Ele precisa saber logo.

— Saber logo? O quê? — especulou Marieta.

— Sobre o andamento dele como jogador — adiantou-se Adriana em dizer, pois já havia percebido que Hiago não estava de brincadeira e não tinha o que perder. Ela, sim, acreditava que tinha tudo a perder: a família, a confiança...

— Isso mesmo! Soube que Jeferson é bom jogador. Como eu — Hiago rebateu, olhando para Adriana. Agora o rosto dele já não sustentava o sorriso de antes.

— Amiga, está com a cara péssima. O que aconteceu? — perguntou Noélia, na manhã seguinte, assim que viu Adriana chegar ao vestiário. — Já sei, Luciano deve ter aprontado alguma, ou o Jeferson fez algo... — Parou com as suposições quando viu Adriana desabar em lágrimas, que estava segurando desde a noite anterior, quando reencontrara Hiago.

Ali, no abraço e no silêncio reconfortante que Noélia proporcionou, pois notou que a amiga estava fragilizada, Adriana desabafou. Contou da volta de Hiago, que era o pai de Jeferson, dos acontecimentos do passado, do tom de ameaça que sentiu, enfim, revelou fatos da sua vida que não havia contado antes, por entender que o passado era o lugar certo de deixá-los.

— Ele pode tirar meu filho de mim. Ele quer isso. O Jeferson é jovem, pode se deslumbrar com o pai, ainda mais por incentivar a carreira de jogador. Não posso permitir isso, entende?

— Amiga, está me dizendo que o Jeferson é filho do Hiago Cezar, aquele jogador lindo, maravilhoso? Lembro-me dele, fez um sucesso rápido, até que...

— Sim, ele mesmo.

— Lembro-me dele, claro! Amiga, ele é parente do Marcelo Cezar, aquele escritor maravilhoso? Salete me deu de aniversário um livro dele, sabia?

— Não são. — Adriana fez uma pausa. — Imagino como está surpresa com isso. Até eu fico. Faz tanto tempo que tudo aconteceu. Ele era promissor, mas aí houve aquilo e, enfim, já sabe de tudo. Ele baixou na casa da Marieta usando o segundo nome, Cezar. Apresentou-se para o Luciano, a minha sogra e o Jeferson. Não sei se associaram o nome à pessoa, mas não falaram nada até agora, só sei que não vai demorar para tudo ser revelado.

— Precisa ter calma. Uma coisa é certa: como ele disse, é o pai do Jeferson. O resto você está deduzindo. Pode não ser a intenção dele.

— Agora, com o Hiago de volta, como vou explicar em casa? Olha, Luciano, esse cara, o Cezar, é o Hiago Cezar, aquele jogador, eu o conheci antes de você. Ele se apresentou como empresário, né, como olheiro? Ah, que bom. Então, ia esquecendo, ele é o pai do Jeferson.

Noélia não conseguiu ficar séria, acabou rindo. Depois, levou Adriana para perto da pia, fazendo-a lavar o rosto enquanto apanhava uma toalha para ajudar a secar o rosto da amiga. Em seguida, em frente ao espelho, com o braço em volta da cintura de Adriana, ressaltou:

— Está vendo essa mulher aí na frente, Adriana? Não conheço mulher mais forte que essa, inspiradora, amiga, corajosa. Tenho certeza de que vai encontrar a melhor saída para tudo isso. Absoluta. Agora, vamos secar esse rosto, erguer a cabeça.

— Obrigada — Adriana disse num tom baixo, depois beijou o rosto de Noélia.

༺⚬༻

O dia se arrastou, mas, quando o fim do expediente se aproximou, Adriana já tinha em mente o que queria fazer: Jeferson novamente no curso de inglês. Considerou que mantê-lo no curso poderia, sim, descolar a atenção do jovem não só do futebol, mas também de Hiago.

Saiu alguns minutos antes, o que fez Marlon perguntar para Noélia o que estava acontecendo.

— Tem justificativa? Pergunto porque, se a moda pega, daqui a pouco ficamos você e eu no mercado, sozinhos, para fechar tudo e apagar a luz.

— Ela precisou sair só um pouquinho mais cedo e me pediu. Autorizei — mentiu Noélia. — Mais alguma coisa? Estavam procurando por você, Marlon, lá na seção de frios.

Noélia não precisou falar duas vezes; ele saiu apressado, ajeitando a gravata, os cabelos, todo vaidoso, preocupado com a aparência.

Coube a Noélia rir sozinha da cena; depois, o sorriso desapareceu ao se lembrar de Adriana. Pegou o celular para ligar para ela, mas viu uma mensagem que a fez se esquecer de tudo. Era do seu novo romance virtual.

"Estou perto. Pensei em *colar* aí. Está de boa?"

Noélia riu da mensagem, sentindo-se flutuar por ter sido lembrada por alguém. Foi então que respondeu, rapidamente, que não era ainda o momento de se conhecerem, pois estava no trabalho, não poderia sair. A resposta veio na velocidade da luz.

"Passo no seu apê, gata? A gente pode trocar ideia, tá ligada?"

Noélia pensou no vinho na geladeira, poderia fazer uma massa, mas estava curtindo aquele momento, então preferiu não aceitar a proposta. A resposta veio na sequência.

"slc"

Noélia leu e releu. Não entendeu e falou alto:
— Meu Deus, o que isso, slc? Às vezes, ele escreve de um jeito tão codificado. Vou ligar para a Adriana, ela deve saber o que é.
Ligou, mas deu caixa postal. Teria que esperar mais um pouco. Guardou o celular no bolso e correu para terminar seus afazeres.

Só quando desceu do ônibus foi que Adriana pegou o celular para ver as horas. Viu a ligação perdida de Noélia. Passou mensagem para saber se estava tudo bem, depois seguiu para a escola onde o filho reiniciara o curso.
Após esperar alguns minutos, foi atendida por uma moça bonita, alta, bem maquiada, cabelos armados, esbanjando simpatia. Atenta, a moça ouviu de Adriana sobre Jeferson, do desejo de mantê-lo no curso de inglês, mas também gostaria de ver a possibilidade de desconto ou de uma bolsa. Falou ainda que fazia tempo que queria ter aquela conversa, mas por vários motivos não foi possível. A moça pediu licença para buscar a pasta de Jeferson, e não voltou nada sorridente.
— Desculpe-me, mas desse aluno constam algumas observações. — A atendente parou de falar e notou Adriana séria e também preocupada em saber o que estava acontecendo. —

Ele tem muitas faltas, o que o impediu de passar de módulo. Além do mais...

Adriana a cortou, ansiosa:

— Ele não faltou, pelo menos não teve motivo para isso. Esta semana fez cinco meses que ele retornou ao curso. Disse que tem aprendido um monte de palavras novas.

— No primeiro mês, por exemplo, ele faltou praticamente todos os dias — informou a moça.

— Deve estar havendo algum engano, porque ele me garantiu que estava vindo. Eu até dei o dinheiro certinho para pagar as mensalidades, todos os meses. — Adriana olhou os papéis sobre a mesa, a foto do filho colada no alto de uma folha; não havia dúvida, era a ficha de Jeferson.

— Para o seu filho pagar?

— Não, meu marido, Luciano. Dei o dinheiro para ele pagar os boletos.

— Aqui só consta o pagamento do primeiro mês. Tem o registro de faltas. Nós até ligamos para o seu marido, alertando sobre o excesso de faltas. Mas o Jeferson não voltou mais, o que resultou na desistência. — Adriana tentou argumentar, não acreditando no que ouvia. A moça, educada, mostrou as anotações: — Olha, está tudo registrado. Tem o parecer da professora do curso, o contato realizado com o senhor Luciano...

— Meu marido, o Luciano. Ele sabia disso?

— Sim, foi ele quem nos avisou da desistência. Perguntamos o motivo e ele falou que Jeferson não tinha interesse no curso. Como pode ver — apontou na folha —, tem o dia da ligação, o horário e o número do telefone do seu marido.

Depois disso, Adriana ouviu frases soltas. Ficou remoendo a possibilidade de ter sido enganada por Luciano e pelo filho, pois dera o dinheiro para Luciano pagar o curso por cinco meses. No fim das contas, Jeferson só frequentara a escola de línguas durante um mês. E para onde tinha ido o dinheiro dos outros meses? Adriana sentiu-se envergonhada. Como pedir desconto, bolsa ou mesmo rematricular o filho ali?

Restou agradecer, se desculpar pelo mal-entendido. Para não dar a impressão de ter sido enganada por Luciano, Adriana o defendeu:

— Ele deve ter comentado comigo, mas eu ando tão atarefada no trabalho que não devo ter me atentado. Muito obrigada pela atenção, pelas informações. Acho o curso tão importante, vou conversar com o meu marido, com o meu filho e voltarei.

Adriana deixou a escola cabisbaixa e, na rua, sentiu as lágrimas saltarem dos olhos.

෴

— Quero casa na praia. Pode ser na Praia Grande, desde que seja de frente para o mar. Meu sonho! — exigiu Marieta no meio da sala, com as mãos dançando no ar, como uma bailarina.

— Tá bom, já falou, agora deixa eu terminar essa frase aqui — pediu Jeferson, desinteressado no sonho de Marieta. Estava, como de costume, no sofá, escrevendo no celular.

— Já vejo você dando entrevistas. Não vai se esquecer de falar de mim. Fala meu nome inteiro. Quero que minhas primas da Bahia vejam e ouçam que tenho um neto importante — Marieta recomendava, rindo. Depois baixou a voz para perguntar: — E o seu quarto, como estão as coisas por lá? Sua mãe tem vindo muito aqui. É discreta, não é de entrar nos cômodos, mas às vezes você deixa tudo bagunçado.

— Relaxa, *mano*, *não pega* nada, não.

— Luciano já me perguntou por que deixa o quarto trancado. Eu dei uma desculpa. Falei que é adolescente, quer privacidade, tem seus segredos, nada de mais. Se ele descobrir...

— Tá tudo na moita, não tem *perreco*[1].

Vendo que Jeferson não queria papo, já que falava com os olhos vidrados na tela do celular, Marieta foi para o quarto. Da sala, Jeferson pôde ouvir Marieta fechar a janela

---
1 A gíria "perreco" é usada para designar alguma briga, mentira ou discussão.

do quarto, depois olhou a luz acesa por baixo da porta. Silêncio; em seguida, um abrir e fechar da porta do guarda-roupa, e os passos dela pelo quarto.

Segredos... Afinal, quem não os tem?

༄

— Amiga, ainda bem que atendeu — disse Noélia, aflita. — Tentei descobrir por aqui, mas quase todo mundo já foi embora e o Marlon não saberia me dizer, com certeza. Depois sou discreta, você sabe, não perguntaria isso para qualquer pessoa.

— O que aconteceu? — perguntou Adriana, momento em que abria o portão da sogra e com a outra mão equilibrava o aparelho entre o pescoço e o ombro. Estava visivelmente aborrecida com o que descobrira na escola, mas a euforia de Noélia a distraiu por um momento.

— O que é slc? Um pretendente que conheci no aplicativo escreveu isso, mas fiquei sem jeito de perguntar o que era. Imagina, eu fazer uma pergunta dessas é como passar o atestado de desatualizada. Acho que é algum código de sexo, será?

— Já vi o Jeferson falando, algo como "se é louca".

— Ele me chamou de louca?!

— Não, slc[2] é um termo que usam... Noélia, quem é o novo pretendente? Não me contou nada. Se bem que nesses últimos dias você tem sido minha ouvinte, pouco tenho ouvido você.

Noélia então contou rapidamente ter encontrado no aplicativo um perfil que tinha tudo a ver com ela, mas ainda não haviam se conhecido pessoalmente, que estava atenta em não recebê-lo em casa.

— Você, dessa vez, limitou-se com as informações, ou já contou quem é a sua madrinha, seu tipo sanguíneo, o endereço...

---

[2] Trata-se de uma abreviação para "cê (você) é louca(o)", usada geralmente para espanto, surpresa ou negação.

Noélia riu e mudou de assunto:

— Sua voz está triste, o que houve?

Adriana encostou o corpo cansado na parede do corredor de acesso à casa da sogra e agradeceu a pergunta para desabafar. Estava confusa, mexida com as revelações no curso de inglês. Ainda não havia assimilado muito bem as informações.

— Melhor conversar com Luciano — sugeriu Noélia. — Espero que ele tenha uma boa explicação para isso. O que fez com o dinheiro dos outros meses? E o Jeferson é cúmplice dele, porque sustentou essa mentira, concorda? Desculpa, não deveria falar nesse tom. Em todo caso, conta comigo, viu? Espero que tenha respostas que a deixem tranquila.

— É o que mais quero. Preciso de um pouco de paz. — Adriana sentiu vontade de chorar, mas se conteve, ergueu a cabeça, respirou fundo. Conversou mais algum tempo com Noélia, despediu-se agradecida e finalizou a ligação.

Adriana entrou na sala e viu o filho no sofá, pensou em questioná-lo, mas preferiu falar com Luciano primeiro. Depois de beijá-lo, perguntou por Marieta, que saiu apressada do quarto, depois de apagar a luz e fechar a porta.

— Estava dormindo? Desculpe-me, Marieta, cheguei falando com o Jeferson e acordei você.

— Dormindo? Não mesmo! — falou Jeferson, rindo.

Marieta, sem graça, mudou o rumo da conversa e foi convincente, pois Adriana, ainda ligada aos seus problemas, não deu importância para o comentário do filho.

— O Luciano acabou de sair daqui. Falei para ele esperar você, que chegaria com os pães quentinhos, que combinariam com um café fresquinho.

— Obrigada, Marieta, mas também não vou esperar. Preciso falar com Luciano. — Adriana revelou urgência na voz. Na sequência, ela olhou para o filho no sofá, despreocupado, e se perguntou se ele mentiria para ela. Será? Jeferson era um filho tão amado. Foi quando ouviu da sogra, que a tirou dos seus pensamentos:

— Saudades do meu filho?
— Sim, de quando o conheci — Adriana respondeu, após uma pausa curta. — Dizem que a paixão deixa a gente cega, não é? Que ela nos impede de ver algumas coisas. — Ela viu o ar preocupado no rosto da sogra e a tranquilizou, forçando um sorriso ao falar: — Quando somos jovens, parece que os problemas são resolvidos rapidamente, com um estalar de dedos. No começo parecia mais fácil.

Adriana se despediu e saiu. Marieta ficou ali pensativa, tentando decifrar as últimas palavras. Em seguida, comentou com Jeferson, que mal prestou atenção nela:

— Sua mãe está diferente, misteriosa, filosofando... Bobagem, deve ser coisa da minha cabeça. Jeferson, o Cezar ligou, esqueci de avisá-lo. — Marieta viu o menino, animado, saltar do sofá. — Ele disse que vem amanhã. Quer falar contigo. Engraçado, não pareceu ser sobre futebol. Será que já vai fazer alguma proposta? Esse parece ser pé-quente. Sinto que ele vai trazer mudanças para sua vida.

Capítulo 11

Orar e vigiar

— Luciano? Em casa? — perguntou Adriana logo que entrou na sala. Pouco antes, cumprimentara Izildinha na escada. Notou a mulher querendo conversar, mas estava cansada e apressada pelas respostas do marido, tanto que entrou em casa sem prolongar a conversa com a vizinha.

— Estou no banho, meu amor. — A voz abafada de Luciano veio do banheiro.

Adriana tirou a bolsa do ombro e a colocou sobre o móvel da cozinha. Sentou-se na cadeira e ficou ouvindo o chuveiro ligado, Luciano cantarolando uma música qualquer. Ela fechou os olhos e seus pensamentos voltaram para a moça do curso; custava acreditar que estava casada com um mentiroso e, pior, que o filho fosse cúmplice.

— Está triste, Adriana? — perguntou o espírito de Igor, bem perto do seu ouvido. — Como gosto de vê-la assim, sabe por quê? Você baixa a sua vibração energética e, dessa forma, encontro uma brecha para me ligar aos seus pensamentos. Isso, continua assim, deixa eu acessar cada vez mais a sua mente, dominá-la. Vou te contar um segredo... As orações de Salete blindam você de mim. Sabia que uma oração sincera, feita por você ou por alguém que goste de você, evita a aproximação de espíritos como eu? Você não tem ideia de como odeio isso. — Igor rangia os dentes de raiva. As suas palavras, carregadas de uma energia péssima, conseguiam desestabilizar Adriana ainda mais.

Nesse momento, Adriana sentiu uma tristeza sem fim, um aperto no peito como nunca havia sentido. Pensou na mãe, no que ela poderia dizer de tudo isso. Havia tentado falar com ela, mas sem êxito. Como queria ouvir seus conselhos naquele momento, ao mesmo tempo que temia descarregar nas costas de Salete todos os problemas.

O celular de Luciano começou a tocar.

— Não vai atender, Adri? — caçoou Igor. — Atende, é para o seu marido.

Adriana pensou em atender, chegou a se levantar, mas desistiu, voltando para a cadeira. Ouviu o chuveiro ser desligado, a cantoria de Luciano cessar. No entanto, o sentimento de mágoa associado à confusão mental permitiram que ela se ligasse aos pensamentos de Igor e, de certa forma, passasse a obedecê-lo.

— Atende. Vai que é uma amante do seu marido. Como queria que fosse, mas o banana com quem se casou gosta de você. Bom, um mentiroso, é verdade, já não sei se gosta.

Adriana, num impulso, diante da chamada insistente do celular, levantou-se, pegou o aparelho que estava sobre a geladeira e atendeu. Antes de dizer alô, pôde ouvir uma voz masculina:

— Até que enfim atendeu. Tem celular para enfeite, *brother*? Aqui, *mano*, vou lançar a ideia rápida. Tem uma parada pra tu, desta vez não vai falhar na missão. Não vai colocar o tonto do seu enteado na jogada. Só tu mesmo.

— Oi, amor, já chegou? — perguntou Luciano, vindo na direção de Adriana. Estava com o corpo molhado, toalha na cintura, descalço. — É o meu celular? Quem é?

Adriana estava séria, tampou o fone do celular e se concentrou no homem do outro lado da linha.

— ... o esquema é parecido, pegou a *fita*? É só pegar a arma e entregar para o cara. O dinheiro é bom, *parça*... Mas, insisto, tem de ser contigo a parada, *tá ligado*?

Adriana não conseguiu mais ouvir. Havia entendido tudo e perfeitamente. Estava pálida quando soltou o braço ao lado do corpo. Luciano correu na sua direção e apanhou o aparelho da mão da esposa.

— Alô, quem está falando? — Quando ouviu a voz, foi a vez de Luciano ficar pálido, sentir as pernas trêmulas.

— Por essa eu não esperava — divertia-se o espírito de Igor ao ver Luciano jogando o celular no chão, de qualquer jeito, e correndo na direção de Adriana, que estava aos prantos.

— Igor, meu filho, não faça isso, por favor — pediu Felipe, espírito de luz, que também estava na cozinha de Adriana.

— Você? — perguntou Igor, sério, ao escutar a voz de Felipe. — O que faz aqui?

— Eu é que pergunto. O que faz aqui, interferindo, se divertindo com a dor alheia, contribuindo com o seu sarcasmo para gerar desentendimentos?

Igor começou a rir.

— Estou aqui para levá-lo de volta ao posto de socorro. O que acha? — sugeriu Felipe.

— Não sei como conseguiu chegar aqui, o que pretende não me interessa — devolveu Igor, irritado.

— Aceita o que aconteceu, Igor. Quantas vezes já lhe dissemos que a negação impede o seu desenvolvimento? O que acha que vai conseguir ficando aqui, assistindo e contribuindo negativamente na vida desse casal? Acha que atormentá-los vai mudar o passado?

— Não quero saber. Eles me devem muito.

— Eles? — perguntou Felipe.

— Sim, eles me devem, me traíram. Depois, tiraram a minha vida muito cedo, não aproveitei nada, não tive oportunidade de...

— Deve estar confundindo suas vidas na Terra. Sabe, Igor, você não faz ideia de como eu gostaria que percebesse o mal que vem causando ao seu desenvolvimento espiritual. Tudo aconteceu como tinha que acontecer, em consequência das suas escolhas, do seu livre-arbítrio.

— Mentira. Sai daqui, não preciso de você, não quero. Não sei como conseguiu se aproximar desta casa. O território é meu. Entendeu? É meu! — Igor começou a gritar, deixando transparecer a fúria que represava no coração.

Felipe considerou que sair dali era o melhor a ser feito. Antes de sair, disse para Igor:

— Se mudar de ideia, podemos ajudar, mas apenas se pedir com o coração, se se arrepender de forma genuína.

— Eles se arrependeram do que fizeram comigo?

Felipe sorriu e rapidamente sumiu do alcance de Igor, que se encolheu na cozinha, chorando, completamente desesperado, permitindo que seus sentimentos ruins alimentassem Adriana.

Felipe, ainda no ambiente, mas protegido por uma bolha de luz vibrante, comentou:

— Não posso decidir por ele. Somente quando Igor abrir o coração e pedir, poderei levá-lo para o Departamento de Recuperação e Regeneração. Ele está muito machucado, dominado por sentimentos ruins que irradiam e contaminam os que estão à sua volta. Adriana é um espírito fortalecido por bons pensamentos e pelas orações de Salete. Embora sensível, percebendo as vibrações deletérias de Igor, consegue se proteger. Ele não tem força o bastante para destruí-la como deseja.

Ao notar que Igor permanecia acuado no canto da cozinha, sofrendo e chorando, refletiu:

— Fico triste em vê-lo assim. Era um rapaz tão alegre, tão sonhador. Entendo que tenha sido difícil aceitar o que lhe aconteceu. Mas aqui vai um conselho de quem gosta de você, Igor: não deixe a tristeza tomar conta de você, meu irmão. Saiba que vivemos de acordo com as consequências das nossas escolhas. Eleve seus pensamentos a Deus, sinta e peça, de coração, por proteção.

Felipe fez uma sentida prece e, envolvido por uma luz brilhante, desapareceu.

Noélia chegou em casa disposta a convidar o seu novo pretendente para tomarem um vinho, um jantar, algo mais íntimo. Estava até relevando o fato de ter sido chamada de louca. Só de lembrar, seus olhos reviravam, deixando o rosto divertido.

Certa do que estava fazendo, se jogou no sofá e, com o celular entre as mãos, tratou de buscar o contato do rapaz que conhecera na internet. Passou o dedo pela tela sorrindo, ansiosa para tê-lo ali ao seu lado. Bastou alguns segundos para constatar que ele não estava mais nos seus contatos. Insistiu, com o dedo agora acelerado, sem o sorriso inicial. Nada. Ela gritou, surpresa:

— Ele me excluiu! Não posso acreditar nisso.

Tal constatação a fez jogar o celular sobre a mesinha lateral e afundar o seu corpo no sofá, triste, chateada com a rejeição. Como se fosse a primeira vez. Acontece que a tristeza não durou muito, e, poucos minutos depois, já estava com o celular na mão, consultando o aplicativo de paquera. Com o dedo em atividade, Noélia distribuía corações, fazendo suas deduções, sonhando, fantasiando relacionamentos sérios, apresentando o futuro pretendente no mercado, escolhendo o vestido de noiva... Em meio aos seus devaneios, um dos corações retribuiu, e foi o bastante para o amor entrar no ar.

Noélia, como sempre, pouco ouvia, mas falava, e muito, da sua vida, mesmo com as advertências, tudo porque não via maldade, e sim a possibilidade de, quanto mais sincera e verdadeira, mais rápido ser arrancada daquela solidão que a acompanhava por anos.

— Então você vem mesmo? Vou te esperar, viu? Vinho na geladeira, claro. Não se preocupa, pode vir de táxi, eu pago aqui. Deixa de ser bobo, sei como é, já aconteceu comigo de esquecer a carteira no trabalho.

Noélia desligou o telefone feliz da vida. Saltou do sofá e foi se produzir, preparar um jantar rápido e romântico.

Ela não tinha a menor ideia do que tinha por trás da foto, do outro lado da linha. A voz sensual, rouca, que a fez se desmanchar com o telefone entre o ouvido e o pescoço.

— Essa foi mais fácil que enganar criança. Se quisesse, pegava até a senha dela — dizia o homem, se divertindo. Ele era totalmente diferente da foto que usava no perfil do aplicativo, mas tinha uma voz capaz de seduzir e fazer acreditar que era o rapaz da foto. Já fizera outras vítimas, e com essa não seria diferente.

Edmundo era separado, desempregado, com um amontoado de dívidas, entre elas, pensões atrasadas de dois dos cinco filhos. Morava no quintal da irmã, num espaço que compreendia dois cômodos miúdos. Havia se mudado para lá com a promessa de pagar o aluguel, mas só cumprira os dois primeiros meses, logo perdera o emprego e lá já se completavam cinco anos naquela situação. Vivia dos favores da namorada até descobrir a possibilidade de conseguir dinheiro com mulheres carentes por meio de aplicativos de namoro. Nos encontros, tinha o hábito de roubar dinheiro, cartões de débito ou de crédito, celular, dispositivos eletrônicos, peças ou joias preciosas. Ele era tão hábil que de algumas mulheres conseguia senhas de banco, depois de drogá-las, obviamente.

E, com Noélia, Edmundo já sabia o caminho que iria traçar para ter sucesso e se dar muito bem.

Marieta se divertia com a novela quando o telefone tocou. Odiava quando isso acontecia. Quem ousaria ligar na hora da sua novela preferida? Tanto era dessa opinião que resolveu não atender; no entanto, a insistência a fez mudar de ideia.

— Adriana?! — espantou-se, ao identificar a voz da nora. Não escondeu a surpresa, tanto por ser a nora e também pelo horário. Lembrou-se ainda de que ela havia passado em sua casa naquela noite. Afoita, antes de ouvir Adriana, já foi logo dizendo: — Está tudo bem? Luciano...

— Preciso falar com o Jeferson. Melhor: fala para ele vir em casa agora. — A voz de Adriana estava nervosa, chorosa. Marieta percebeu e insistiu:

— Está tudo bem?

— Cadê o meu filho? — Havia urgência na voz.

— Ele está dormindo. Deitou-se cedo.

Marieta esqueceu-se da novela. Enquanto Adriana falava, ela podia ouvir a voz de Luciano ao fundo; até onde pôde entender, ele tentava acalmar Adriana, pedindo o telefone, mas sem sucesso, porque ela bramiu:

— Marieta! Acorda ele agora. Se não fizer isso, eu vou aí.

O telefone ficou mudo. Marieta, sem entender o que estava acontecendo, ficou olhando para o telefone. Em seguida, apressou-se até o quarto de Jeferson, abriu a porta e estava vazio, a cama forrada com travesseiros sob a colcha. Aproveitou para esconder os vestígios que o menino deixara espalhados pelo quarto antes de sair.

Preocupada com a promessa que Adriana tinha feito, de vir acordá-lo, Marieta ligou para o menino, e deu caixa postal. Marieta desligou o telefone e sentou-se no sofá, aturdida. Adriana poderia chegar a qualquer momento. O que diria para ela? Não poderia falar a verdade, onde estava Jeferson, o que estava fazendo. Não podia trair a confiança que o garoto depositara nela.

— Adriana, me ouve, por favor — implorava Luciano.
— Já ouvi o bastante para entender como fui burra por todos esses anos, que não o conhecia. Se é que se pode conhecer alguém de fato, mesmo dormindo com essa pessoa por anos.
— Precisa me ouvir, meu amor.
— O que não preciso é ouvir mais a sua voz — devolveu, agora séria.
— O que está querendo dizer? — Luciano estava confuso.
— Acabou — Adriana falou, sentindo as lágrimas rolarem pelo seu rosto.

O espírito de Igor assistia a tudo satisfeito e também fortalecido, porque a tensão e os pensamentos baixos, tristes, desacreditados, eram portas abertas para ele acessar, influenciar e se divertir.

Igor percebia que Adriana era mais resistente, até conseguia se divertir um pouco, mas a sua janela principal, que lhe permitia acesso irrestrito, para jorrar seus pensamentos nefastos, era Luciano. Afinal, Luciano não acreditava em nada, estava sempre envolto por pensamentos ardilosos.

— Que amor é esse? Acabou por causa de uma bobagem? — Luciano reproduziu, palavra por palavra, para alegria de Igor, que gargalhava.

— Bobagem?! Você acha pouco? Colocou meu filho em uma situação perigosa, arma na mão, ser preso...

— Porque ele foi um otário, se deixou ser pego — Luciano falou por influência; tentou consertar ao perceber o que dissera, mas não conseguiu, pelo contrário, só atiçou a fúria de Adriana.

— Eu é que fui otária por acreditar em você, no nosso amor. — Ele começou a falar sem parar, se justificar, tornando-se redundante, e ela o interrompeu: — Depois, o curso de inglês, mais essa! Se ele tivesse feito o curso, quem sabe, teria se ocupado com algo útil.

— Ele não quis fazer, e olha que eu o incentivei. Expliquei a importância...

— Você o incentivou? — quis saber Adriana, incrédula.

— Sim. Praticamente empurrava ele todos os dias para as aulas de inglês.

— Que mentiroso! — gritou Igor.

Desta vez foi Adriana quem explodiu, reproduzindo as palavras do espírito.

— Estou ficando bom nisso — gabou-se Igor, o único feliz naquela briga.

— Fui no curso hoje e soube que dos cinco meses que paguei ele mal frequentou um mês.

— Posso explicar.

— Pode mesmo? Vou simplificar para você: embolsou o dinheiro, enquanto eu trabalhava para dar o melhor para a família. Dói muito saber que me sacrifiquei pelo meu filho, por você, defendendo os dois, para saber que vocês, na verdade, estavam tripudiando nas minhas costas, tirando proveito. — Adriana começou a chorar. Luciano tentou se aproximar, mas ela o afastou, gestos rudes. — Acabou mesmo, Luciano. Eu vou embora e vou levar meu filho comigo. Tenho esperança de recuperá-lo.

— Você não vai embora. Não vou deixar você.

— Vai me impedir? — Adriana o encarou corajosa, pegando o celular e discando o número: — Noélia, sim, sou eu, desculpe-me pelo horário... — Começou a chorar e implorou: — Preciso de você, minha amiga. Posso ir para a sua casa? Sim, eu te explico depois.

Luciano tomou o telefone da sua mão.

— Perdeu, meu amigo. Acho que dessa vez não tem volta — opinou Igor, com jeito debochado.

Jeferson apressou o retorno para casa quando viu no celular várias ligações perdidas de Marieta e recados mil na caixa postal.

— Quem morreu? *Slc*, estava na maior... estava no ponto do crime com a geral.

— Sua mãe quer te ver. Falei que estava dormindo. Ela ligou e pela voz não estava de brincadeira. Aliás, não sei o que aconteceu que a fez estar assim. O que aprontou, garoto? Eu sempre passo o relatório de que você está bem, caseiro...

— Tô de boa — Jeferson garantiu, rindo, e, debochado, falou: — Não foi ainda bisbilhotar lá em casa? Sei que gosta de uma historinha.

— Fica brincando. Pelo jeito, é algo sério — tornou Marieta. — Depois, seu ingrato, estava ocupada, tentando te localizar. Ela ameaçou vir aqui te acordar e...

Marieta parou de falar quando ouviu o portão se abrindo, vozes no corredor. Então, orientou o menino a correr para o quarto, se deitar. Praticamente empurrou Jeferson, que parecia alheio aos acontecimentos, à preocupação que pairava no ar. Foi o tempo de fechar a porta do quarto de Jeferson e a porta da sala se abrir. Adriana entrou, aos prantos, e Luciano vinha logo atrás, nitidamente aflito, tentando a todo custo conter a esposa.

Os dois começaram a falar ao mesmo tempo, deixando Marieta confusa. E Jeferson, do quarto, pôde ouvir a voz da mãe e saiu.

— Que bom que está pronto, meu filho — disse Adriana, ao vê-lo arrumado. Viu de onde estava a cama arrumada, mas nem questionou. Sabia que não era do feitio do filho arrumar a cama. Até já havia exigido de Marieta que deixasse essa tarefa para o menino, mas em vão. Marieta fazia tudo por Jeferson, só faltava dar comida em sua boca. — Pega suas coisas, vamos embora daqui.

— Embora? Podem me explicar o que está acontecendo? — perguntou Marieta, confusa.

— Seu filho vai ficar, e com tempo para lhe contar tudo nos detalhes. Se for homem para assumir tudo o que fez, do que, sinceramente, duvido.

Adriana estava possessa. Caminhou até o quarto do filho, pegando as roupas espalhadas pelo cômodo. Jeferson, preocupado com que a mãe pudesse encontrar algo suspeito, falou:

— Já entendi, mãe, *na moral*, deixa eu aqui.

— Você vai comigo. Qual parte não entendeu, Jeferson? É menor de idade, você ainda está sob a minha responsabilidade. E, enquanto estiver nessa condição, vai aonde eu estiver. Comigo!

O telefone de Adriana tocou, era Noélia:

— Estava aqui preocupada. Já liguei várias vezes. O que houve? Naquela hora pareceu tão agitada...

— Você pode me receber?

Marieta, atenta à ligação, deixou escapar:

— Meu Deus, Luciano, meu filho, Adriana está falando com o amante dela? Dentro da minha casa, pedindo para o outro vir buscá-la? É isso? Como permite uma coisa dessas?

Adriana, que falava com Noélia, ouviu o comentário da sogra, mas preferiu não rebater. Foi Luciano quem ficou enfurecido e tomou o telefone da mão de Adriana e explodiu com Noélia:

— E tem mais, Noélia, fica na sua. Aqui é assunto de marido e mulher. Não tem nada para cheirar aqui.

— Está achando que vai me intimidar com suas palavras, seu machista? Você bateu nela, é isso? Quer saber, vou até aí buscar minha amiga. E vamos juntas para a delegacia.

— Não é para vir aqui — gritou Luciano.

Adriana interferiu e Noélia pôde ouvir:

— Eu vou embora, sim, estou decidida. Você não vai me impedir.

Noélia disse na sequência:

— Estou indo agora buscar a minha amiga. E, se encostou ou encostar um dedo nela, Luciano, eu juro que te boto na cadeia. Você não me conhece. Se impedir Adriana de sair, eu apareço aí com uma, duas viaturas de polícia. Cretino.

Possessa e decidida a ajudar a amiga, Noélia desligou o telefone, deixando Luciano temeroso.

Capítulo 12

Isso não termina assim

— Disse que está vindo para cá! — falou Luciano com o aparelho na mão.
— Ótimo! — disparou Adriana. — Pegou tudo, Jeferson? — Ele estava mudo. Nunca vira a mãe naquele estado. Adriana, rapidamente, apanhou as últimas roupas que viu pela frente, colocando tudo numa sacola que achou no canto da cama. Depois pegou a mão do filho. Jeferson sentiu como estava fria e, sendo puxado, deixou-se conduzir. — Vai ficar tudo bem, meu filho.
— Espera, como assim, tirar o meu neto? — reclamou Marieta, segurando o braço do rapaz e beijando o seu rosto. — Não vai levar ele de mim, não pode fazer isso. Não vejo motivo de separação por uma briguinha de casal.
— Uma bobagem — argumentou Luciano.

Adriana já estava na porta, quando virou-se na direção da sogra e disparou:

— Sou a mãe dele, Marieta, e não tem quem tire esse direito de mim.

— Não estou tirando esse direito de você, mas, pelo tempo juntos, sou afeiçoada ao menino, por isso não pode afastá-lo de mim, tirá-lo das nossas vidas. — Marieta também estava nervosa. Pela sua cabeça começou a passar que a saída de Jeferson de sua casa atrapalharia seus planos.

— Você é mãe. Me responde: o que faria se soubesse que estão levando seu filho para o mundo do crime, que tem um marido que mente, incentiva e direciona o enteado para o que não presta? E se o seu filho fosse preso e você descobrisse quem o meteu nessa enrascada? Que usou o dinheiro do curso de inglês para sei lá o que, fazendo você acreditar que seu filho estava estudando? O que faria?

Marieta levou a mão ao peito e ficou pálida. Na rápida conclusão que fez, ao ver Luciano cabisbaixo, viu que seu filho era o responsável pelas acusações.

Formou-se um silêncio pesado, que foi interrompido quando Adriana saiu com o filho e bateu a porta.

Luciano, sem forças, encostou no móvel, e Marieta, ainda surpresa, tentando digerir as revelações, perguntou, nervosa:

— O que você fez, meu filho?

Noélia, minutos antes, estava com os cabelos presos no alto da cabeça, deixando o pescoço livre, com alguns fios ruivos soltos, o que lhe conferia certo charme. Usava sombra na cor verde, assim como brincos longos, em combinação com o vestido leve, também verde, e com cinto preto combinando com os saltos altos. Estava atenta ao fogão, em que preparava uma massa rápida, que planejava servir com vinho para o seu novo paquera da internet. Fazia isso ansiosa, suspirando, recordando a voz rouca, as promessas...

No entanto, tudo isso mudou com a ligação de Adriana. E, quando conseguiu falar com a amiga, que brigara feio com Luciano, pronto, o jantar romântico desandou. Logo que desligou o celular, jogou-o sobre a mesa e correu para a cozinha, desligando o forno em que gratinava a massa.

No banheiro, livrou-se dos brincos longos, mas não deixou de colocar no lugar um par de brincos pequenos e de pressão. Libertou-se dos saltos altos e calçou um par de rasteirinhas que não combinaram com o vestido, mas Noélia resolveu que precisava se apressar e encontrar Adriana.

Por fim, apanhou o celular e o jogou na bolsa, que acomodou no ombro, e saiu apressada, sem apagar a luz. No táxi, depois de dar o endereço de Adriana, apanhou o celular. Tinha uma mensagem carinhosa de Salete, pensou em retribuir, mas decidiu que não era o momento. Questionou intimamente se ela estava intuindo o apuro pelo qual a filha estava passando. A segunda mensagem era do seu encontro, dizendo que estava pronto e aguardava a localização para ir vê-la.

Nesse meio-tempo, Noélia não se esqueceu do rapaz, só não deu a importância de antes, por isso respondeu a mensagem de forma abreviada:

> "Imprevisto por aqui. Descobri algo, enfim, falamos depois".

Apertou a tecla e olhou para fora do táxi, depois consultou o relógio, não tinha observado como já era tarde da noite. Não tinha importância. Olhou o celular para ver mais uma vez a foto do seu novo pretendente, mas não a viu; estava bloqueada e, provavelmente, excluída do perfil dele. Ficou triste, mas a situação de Adriana a deixara ainda mais preocupada e disse baixinho:

— Não tem problema. Minha amiga precisa de mim, vou salvá-la.

Noélia nem desconfiava de que o problema de Adriana a salvara de uma situação nada agradável.

Do outro lado da cidade, Edmundo, depois de ler a mensagem de Noélia, sentiu-se alarmado. Leu duas vezes e deduziu que talvez tivesse sido descoberto; excluiu Noélia, depois de bloqueá-la em seus contatos. Temia ser descoberto. Ficou pensando se alguma denúncia tinha levado a ruiva a desvendar o seu esquema. Depois, encorajado a não sair, e no prejuízo diante da desistência dela, instalou novamente o aplicativo e não demorou a encontrar outra vítima. Em meio à conversa sedutora, disse, voz rouca de desejo:

— Estou aqui na sacada do meu apartamento, sozinho com a minha taça de vinho, aliás, duas taças, uma música suave ao fundo, mas, se preferir, posso ir até você...

Na verdade, Edmundo estava esparramado sobre uma cama de solteiro velha e meio bamba, que ganhara do sobrinho, distante dois palmos do fogão. A geladeira, enferrujada e barulhenta, agora estava vazia e desligada, e ficava encostada na pia pequena e cheia de louças para lavar, na maioria copos que antes tinham sido de requeijão, de tamanhos diversos. Suas roupas estavam espalhadas pelo chão, peças limpas misturadas com sujas. Da sua cama, de onde falava, via-se a cortina improvisada por um lençol florido, antigo e rasgado. Em meio a isso, ouvia os ratos correndo pelo forro. Estava completamente liso, por isso continuou com a mentira; precisava urgentemente de dinheiro e agora parecia ter encontrado a vítima perfeita.

Adriana não saberia descrever a sensação de decepção que tivera naquela noite, quando deixara Luciano e o monte de mentiras que ele havia lhe contado anos a fio. Quando Noélia desceu do carro e caminhou apressada até o quintal, tudo foi rápido. Adriana, desnorteada, ouvia as vozes conhecidas, mas não conseguia erguer a cabeça para ver.

— Não admito escândalos nas minhas propriedades — Izildinha falava da sua escada, em voz alta. — Marieta, você é minha amiga, mas, sem a Adriana, pode levar o seu filho com você. Luciano não trabalha, e dependo do aluguel. Sabe que sou sozinha...

— Adriana, pensa bem se é isso mesmo que quer. Não acha melhor esperar mais um pouco, esfriar a cabeça? — Marieta implorava, ignorando Izildinha, tentando convencer a nora a mudar de ideia. No entanto, vendo Adriana arrumando suas coisas, enfiando-as em bolsas, mochilas, se calou. Olhou para Luciano, amuado, encostado no móvel. Ele havia silenciado desde quando Marieta lhe perguntara o que havia feito e ele tinha contado tudo, chorando. Agora, pensou Marieta, tarde demais, ou não, quem sabe ainda poderia fazer algo?

— Espero, Luciano, que a Adriana não esteja, mais uma vez, acobertando as suas falcatruas.

— O que está falando aí? — perguntou Luciano, indo na direção de Noélia, que não demonstrou medo e o encarou. Tal ação o fez recuar, se calar e ouvir:

— Não sei por que, mas acho que deveria estar preso. Porém, Adriana pode estar protegendo você. Depois vou descobrir o que você aprontou. Não deve ter sido pouca coisa, porque conheço você de outros carnavais, sei do que é capaz.

— Essa vai pagar caro! Tirar a Adriana daqui? Quanta petulância. Vou me vingar de você. Se prepara — agitado, Igor gritava próximo de Noélia. Queria Adriana ali perto e sofrendo, presa naquela bolha negativa.

Luciano não disse nada, mas se conectou ao pensamento de Igor e olhava com ódio para Noélia.

Jeferson ficou emburrado, pois não queria ir, deixar sua casa, seus amigos, mas não tinha força nem idade para enfrentar

Adriana. Marieta, sentida, se manteve ao lado do menino, que não era de afagos, mas aceitou seus carinhos.

— Pegou tudo? — perguntou Noélia.

— O que não estou levando não tem mais serventia para mim — respondeu Adriana, decidida.

Noélia se apressou em ir na frente, depois de entregar a Jeferson algumas mochilas. Adriana a seguiu sem olhar para trás. Não demorou e um táxi encostou no meio-fio; os três embarcaram.

Luciano se desesperou. Pouco antes, por impulso, tentara conter Adriana, mas ela se afastara e se recusara a falar com ele. Vendo o carro tomar distância, ele se abraçou a Marieta e chorou.

Como uma boa mãe, em defesa do seu filho, mesmo que errado, coração despedaçado, chorando no seu ombro, Marieta pensou: *Isso não termina assim. Meu filho não merece esse desprezo.*

No apartamento de Noélia, deitada no escuro, no silêncio do quarto, Adriana permanecia com os olhos abertos, recapitulando a vida, os últimos anos ao lado de Luciano, enquanto as lágrimas escorriam no rosto. Secava e sufocava os soluços com receio de que Jeferson, na cama ao lado, percebesse seu sofrimento.

Em meio à tristeza, sentiu-se muito bem amparada na casa da amiga. Estivera poucas vezes na casa de Noélia, apesar dos anos de amizade, mas sentiu-se em casa por conta da recepção calorosa.

Tudo organizado, almofadas alinhadas sobre o sofá, tapete claro em concordância com cortinas, objetos decorativos. Difícil não observar o bom gosto de Noélia, que, falante, tratou de apresentar os cômodos como se estivesse vendendo o apartamento, deixando seus novos hóspedes à vontade.

Depois de oferecer um lanche improvisado, que Adriana não conseguiu saborear, diferente de Jeferson, que não o dispensou, Noélia acomodou o jovem no quarto. Já de volta à cozinha, encontrou Adriana chorando.

Noélia sentou-se ao seu lado e não disse nada. Pousou a mão suavemente sobre a da amiga e assistiu à sua tristeza.

— Queria ter, em alguma porta desse armário, o remédio para isso que está sentindo, para fazer esquecer tudo isso, ao menos nesta noite.

— O Jeferson foi preso por causa do Luciano. — Adriana viu a cara de espanto da amiga e prosseguiu: — Foi ele quem mandou o menino para a comunidade, armado... — Parou de falar, tomada por um choro compulsivo. — Por todos esses anos, aguentei poucas e boas dele, fosse por amor, por gratidão, sei lá... Agora, usar meu filho para ganhar dinheiro sujo, expor o menino ao crime... Não. Isso eu nunca iria permitir.

— Não posso acreditar nisso! Tem que prestar queixa, denunciar Luciano às autoridades!

— Agora eu quero é distância dele. Isso serviu para eu ter certeza de uma coisa: Luciano não me ama, se amasse, não faria isso. Faria? Minha vida está uma confusão. Você me desculpa envolvê-la nisso? Poderia recorrer à minha mãe, mas não estou pronta para ouvir dela: "Eu te avisei". Ela estava certa. Os pais sempre estão, não é? — Noélia só ouvia; deixou que Adriana falasse, pois a sentia transbordando de emoção e por muito tempo vinha aturando aquela vida difícil, levando aquele casamento falido nas costas. Estava refletindo nisso quando o que ouviu de Adriana a fez arregalar os olhos: — Não bastasse isso, o pai do Jeferson apareceu.

— Como assim? Depois de anos?

— Voltando do trabalho, descobri ele na casa da minha sogra, tomando café com Luciano e meu filho. Lembra que comentei contigo que tinha um olheiro interessado no Jeferson, nesse negócio de futebol? — Adriana deixou escapar um sorriso entre as lágrimas: — O futebol... e eu que tanto quis ver meu filho distante de uma bola. Acho que sentia que esse seria o meio de eles se aproximarem, do meu filho se encontrar com o pai, o Hiago Cezar.

Noélia, ainda perplexa com as revelações, abraçou a amiga de forma calorosa. Depois levantou-se e pegou um vinho, duas taças. Percebeu que tinham muito para conversar, e ela precisava ouvir a amiga. Adriana agradeceu, porque desejava muito colocar para fora tudo o que estava sentindo.

Foram dormir tarde, com Adriana em claro, remoendo seu sofrimento, temerosa do que seria sua vida dali por diante. De tudo tinha uma certeza: Luciano, o companheiro de anos, não faria mais parte da sua vida.

Logo cedo, quando Noélia apareceu na sala, pronta para trabalhar, encontrou Adriana também arrumada.

— Onde pensa que vai? Não, senhora. Hoje o dia é seu! — Adriana tentou convencê-la de que era melhor trabalhar, mas Noélia foi firme: — De forma alguma. De mais a mais, precisa ficar com o Jeferson, conversar, organizar seus pensamentos. Sei que não vai resolver tudo em um dia, mas precisa desse tempo para refletir. Não se preocupa com o trabalho. Bom, já conhece tudo por aqui, sabe onde tem comida... sinta-se em casa. Vocês são muito bem-vindos aqui. Não se esqueça disso.

— Obrigada! Você não sabe como...

— Sei que faria o mesmo por mim, melhor, já fez — observou Noélia. — Agora deixa eu ir porque temos um chefe terrível. Não se preocupa, falo com o Marlon. Vou fazer ele entender que as pessoas têm problemas pessoais, sim.

Adriana não deixou de rir com Noélia ao vê-la saindo e já demonstrando como falaria com Marlon. Em seguida, fechou a porta do apartamento, depois de ver o elevador se fechar, levando Noélia. Foi até o quarto onde Jeferson dormia tranquilo.

Enquanto o cobria com o cobertor, ouviu a campainha tocar. Saiu do quarto devagar, do mesmo modo fechou a porta, para não acordá-lo, e foi atender. Pensou que Noélia pudesse ter se esquecido de algo, por isso sorriu ao abrir a porta, quando teve uma surpresa.
— Você?! Aqui?!

༄

— Como assim, Adriana não vem hoje?! — questionou Marlon, ajustando a gravata no pescoço, depois deslizando as mãos espalmadas pela camisa, disfarçando seu nervosismo.
— Não vou repetir, Marlon, se é isso o que está esperando — Noélia disse de forma engraçada, enquanto virava as costas e saía andando. Marlon a seguiu, exigindo mais informações.
— O que aconteceu é assunto de família? O trabalho não tem nada com isso. — Ele parou de falar quando viu a cara de reprovação que Noélia fez. — Se for questão de saúde, quero atestado.
— Como é insensível! Depois, ela está sob minha responsabilidade, não é? Pode deixar que eu me entendo com ela.
— Uma menina a menos no caixa, vai fazer falta.
— Já pensei nisso — apressou-se Noélia em dizer. — Agora, se me deixar ir, tenho uma reunião, aquela que o senhor transferiu para mim, com os fornecedores.
Nesse momento, o celular de Marlon tocou, e ele, ao ver o nome no visor, atendeu apressado.
— Não posso falar, seja breve, sei, sim, mas não posso sair, já expliquei... — Ele desligou sem jeito e tentou justificar: — O pessoal de casa...
— Ninguém está isento de problemas, não é mesmo? — retrucou Noélia. — Uma dica: não atenda o celular na frente dos outros funcionários, olha o exemplo — ela concluiu, saindo com ar de riso e deixando o outro sem graça.

Eduardo França

Noélia aproveitou os poucos minutos que faltavam para sair e separou alguns papéis que iria levar na reunião. Colocou-os num envelope. Em seguida, apanhou a bolsa, o envelope e, ao sair, acenou para Marlon, que circulava pelo mercado, todo altivo. Ela notou que ele estava mais agitado que o normal, e, nos poucos segundos, pôde vê-lo consultando o celular.

Já no estacionamento, quando caminhava em direção ao táxi, viu um jovem de camiseta regata, bermuda, brinco e topete se dirigindo para a entrada do mercado.

Nossa, esse menino parece alguém que conheço. Deve ser bobagem minha. Preciso começar a usar os óculos para ver melhor.

Noélia entrou no táxi e partiu.

O menino entrou no mercado, parou na porta e observou o movimento. O jovem chamou a atenção de Marlon, que se aproximou e perguntou se poderia ajudá-lo.

— Sim, estou procurando a Noélia, tá ligado? Sabe onde ela tá?

— É sobre algum produto, reclamação, troca? Bom, ela saiu, foi a uma reunião de fornecedores, mas posso ajudá-lo.

— Não pode não. Volto depois, tio.

— Quer deixar recado? — Marlon já não conseguia disfarçar a curiosidade.

— Diz para ela que o namorado dela esteve aqui — o jovem falou e saiu, sem notar como Marlon ficara perplexo com a novidade.

Adriana, ainda surpresa com a visita, abriu a porta e deu passagem para Marieta, que usava um vestido justo na altura dos joelhos, agarrada a uma bolsa bonita, elegante.

— Vim buscá-la, Adriana. Você e o meu neto. O lugar de vocês não é aqui. Depois, passada uma noite, nada melhor que o dia para tudo clarear e se reavaliar, até mesmo decisões precipitadas.

Marieta falava rápido, enquanto os olhos exploravam cada canto da sala do apartamento, admirada com a decoração, com o bom gosto.

— Estive uma vez com você aqui, acho que foi aniversário da Noélia. Acertei fácil o caminho, acredita?

— Quem disse que vou voltar?

— Meu Luciano está disposto a esquecer tudo isso e receber você e o Jeferson de volta. Depois, quem está perdendo é você em sair de casa — disparou, ignorando a pergunta de Adriana.

— Acho que não sabe o que aconteceu, seu filho não disse o que fez, ou não percebe a gravidade do que o Luciano fez.

— Cadê o meu neto? Acho melhor acordá-lo, arrumar suas coisas. Nem acredito que achei você em casa, estava preocupada se iria encontrá-la. Peguei um táxi, mas não contava com o trânsito.

— Marieta, não sei se está me ouvindo, se me entendeu, mas não vou voltar. A decisão já está tomada.

— Está sendo injusta com meu filho. Ingrata. Luciano deixou a juventude para acolher você e seu filho na vida dele. Por todos esses anos, acolheu vocês como família. É assim que retribui: no primeiro problema, vira as costas e deixa ele para trás?

— Pelo visto não sabe da gravidade do que o Luciano fez, ou acha pouco ele ter feito o que fez, entregando o Jeferson... Depois, você bem sabe que não estava fácil sustentar esse casamento. As contas, todas as despesas nas minhas costas, ele sempre desempregado.

— Fase! Menina, qual casamento não passa por isso? De mais a mais, meu filho está passando por um momento difícil, por isso...

— Percebi que não quer ver o filho que tem — Adriana a cortou. — Faz anos que vivemos essa situação, ele mais em casa, largado... Não ficava mais que dois meses no trabalho.

— Ele não teve sorte.

— Não teve responsabilidade! Marieta, você assistiu a todas as minhas tentativas.

— Além de tudo, foram uns empregos medíocres. Meu filho merecia mais. Faltaram oportunidades.

— Oportunidades? — Adriana fez ar de riso, admirada ao vê-la defendendo o filho. — Ele é quem desperdiçou as oportunidades. Arrumei empregos para ele, o que fez? Saiu brigado, desmerecendo a função, mas o que ele tinha a oferecer?

Marieta ficou séria, enquanto pensava no que dissera para o filho quando saíra de casa: *Vou trazer sua mulher e seu filho de volta. Pode esperar.*

— Ele é um pai para o seu filho.

— Não me faça rir, Marieta. Um pai não pega a mensalidade do curso de inglês e embolsa, não entrega uma arma na mão do filho menor de idade e não pede para ele atravessar sozinho uma comunidade, onde acabou sendo preso.

— Tenho certeza de que não fez por mal, não imaginou que tudo acabaria saindo como saiu.

— Então acha certo o que ele fez? Acha que isso seja o papel de um pai?

— Meu Luciano foi muito mais pai que o Hiago. Não fugiu da responsabilidade de assumir o filho. Não abandonou você.

— O que disse? Hiago... — Adriana sentiu as pernas trêmulas, se perguntando em que momento Marieta descobrira aquele segredo. Pensou, naquela fração de segundo, que Hiago pudesse ter revelado.

Marieta tirou proveito da situação.

— Nem vou perguntar se Hiago é o pai de Jeferson, porque a sua reação e o seu rosto pálido já me confirmaram. Sempre achei aquela história triste de que o pai do menino tinha ido para o Nordeste atrás de uma oportunidade de emprego e morrido por lá muito estranha. Mentirosa!

— Como soube disso? — A voz de Adriana saiu como um murmúrio.

— Naquele dia que me ligou e pediu para apanhar os documentos do Jeferson no seu quarto. Vi o disco na sua caixinha de mistérios. Hiago, quando jovem, lembra ainda mais o Jeferson. As cartas confirmaram, caso eu ainda tivesse alguma dúvida.

— Não tinha o direito de mexer nas minhas coisas.

— Você é quem não tinha o direito de esconder do Jeferson quem era o pai dele. — Marieta fez uma pausa, se divertindo ao ver Adriana nas suas mãos. — Estou com uma saudade do meu neto. Vamos acordá-lo? Podemos contar para ele a novidade. Tenho certeza de que ele vai adorar saber que Hiago Cezar é o seu pai. Eles têm uma sintonia. Eu percebi isso lá em casa. Fiquei tentada a contar, mas foi bom reservar essa informação. Algo me dizia que seria uma carta valiosa mais para frente. Foi também quando entendi a sua reação quando viu o Hiago na minha casa. — Marieta começou a falar mais alto, chamando por Jeferson.

— Não faz isso, por favor.

— Claro, estou do seu lado, minha nora. Vamos voltar comigo e o segredo continua guardado. Será o nosso segredo. Se eu não sair com vocês, deixo Jeferson com a revelação.

— Não vou voltar! Isso é chantagem!

— Certeza? Não sou dessas coisas, mas você é mãe. Só uma mãe sabe o que é capaz de fazer por um filho.

O celular de Adriana apitou. Ela baixou a cabeça e viu a lágrima pesar sobre o visor. Era mensagem de Hiago.

A decisão estava nas suas mãos.

Capítulo 13

A chantagem

Quinze minutos antes.
Marieta saltou do táxi sorridente, certa da vitória sobre Adriana. Os olhos percorreram o lugar e, rapidamente, localizou o prédio de Noélia. Foi a poucos passos da portaria que o seu celular tocou. Parou para atender, sem se preocupar em olhar o visor. Se tivesse esse hábito, não teria atendido.
— Não atendi porque não tive como — Marieta justificou logo depois de identificar a voz do outro lado da linha, que a cobrava. — Acordo é acordo, eu sei — disse ela, depois de uma pausa. A conversa parecia tensa, mas Marieta, diferentemente da voz, estava confiante. — Sei que já recebi, por isso vou cumprir. O material estará na sua mão hoje à noite, sem falta. Sim, disse isso ontem, mas tive um imprevisto,

problema de família. Não... — Ela fez uma pausa e o que ouviu tirou o seu sorriso. Não teve tempo de se despedir, a linha ficou muda.

Adriana, você não vai fazer eu perder o meu negócio. Não vai mesmo. Vai voltar comigo e vou jogar com as armas que me deu.

Enquanto pensava nisso, Marieta jogou o celular na bolsa e acionou o interfone. Anunciou-se como sogra de Adriana, mentiu que Noélia a havia autorizado a entrar. O porteiro, um sujeito simpático, com queda por mulheres maduras, não dificultou o acesso, mesmo depois de acionar o interfone e não ter resposta.

— Claro, dona, pode subir. Acho que o interfone está com problema mesmo.

Marieta passou toda alegre pela portaria, sentindo os olhos do porteiro acompanhando o seu gingado.

Quando o elevador a deixou no andar do apartamento de Noélia, Marieta sorriu ao ver a surpresa estampada no rosto de Adriana logo que abriu a porta.

— Bom dia, Adriana. Vim te buscar, você e o menino.

Depois que ligou para Salete, Noélia se arrependeu, mas já era tarde. O seu desespero ao chegar ao apartamento e não encontrar Adriana com Jeferson a fez pensar que estariam na casa dela.

— Noélia, não desliga. Agora preciso saber o que está acontecendo.

— Não é nada grave, depois a Adriana vai entrar em contato. — Noélia tentou se esquivar, foi se despedindo para desligar, mas não teve êxito.

— Se desligar, vou ficar ainda mais preocupada — tornou Salete, com a voz serena que tinha um efeito calmante, em contraste com suas palavras.

Noélia, vendo que não tinha como omitir o que sabia, contou tudo nos detalhes, até porque era tanta a sua preocupação, que por fim sentiu-se aliviada em compartilhá-la.

— Minha filha passando por isso! Faço ideia de que não quis vir para cá com medo de ser julgada, de eu lhe dizer que tinha razão.

— Você bem a conhece. Agora, não diz que sabe disso tudo. Estou me sentindo traidora, se bem que Adriana não pediu segredo, mas é algo tão íntimo dela.

— Fique tranquila, Noélia. Jamais a colocaria numa situação delicada com minha filha. — Salete ficou num silêncio em que somente a sua respiração podia ser ouvida. Logo em seguida, tornou a falar e estava com a voz embargada: — Não vou falar isso para ela, Noélia, mas eu sentia que algo estava errado com ela e com o meu neto. Não gosto de julgar, mas eu sabia que um dia a relação deles não iria mais se sustentar.

— Eu a entendo perfeitamente, Salete. Fica bem, na medida do possível. Vou tentar localizar a Adriana. Liguei para ela quando cheguei em casa, mas deu caixa postal. Assim que tiver alguma notícia, eu te aviso. Não durmo antes de encontrar esses dois fujões. — Noélia finalizou dessa forma, o que suavizou a tensão do momento, tendo sido capaz de arrancar um sorriso de Salete.

Salete chegou à casa da filha, bateu palmas, tocou a campainha e nada de Adriana atender. Esperou um tempo e decidiu buscar informação na casa de Marieta. O portão estava só encostado. Salete chamou, mas a televisão estava com o som alto o bastante para Marieta não ouvir qualquer chamado. A porta da sala, de acesso à casa, estava entreaberta, e Salete pôde ver a filha passando roupas e Marieta, sorridente com o programa da televisão, esparramada no sofá.

— Adriana, ouviu essa?

Adriana, cabeça baixa, presa na tarefa, não disse nada. Não tinha o que dizer. Estava ali sob as ameaças de Marieta, que fez do seu segredo o trampolim para conseguir do mínimo ao máximo, ou seja, trazer a nora e Jeferson, além de a convencer a passar as roupas de duas semanas guardadas no cesto.

Foi o que Salete viu ao chegar, e não compreendeu nada. Sabia que Adriana, mesmo depois de anos, não tinha esse vínculo todo com a sogra, muito menos de ajudá-la em tarefas da casa.

— Salete, que bom te ver — Marieta foi logo dizendo, quando ouviu a voz na porta da sala. Percebendo a surpresa da visita, tratou logo de se justificar: — Adriana, sabendo das minhas dores nos joelhos, se ofereceu para me ajudar. Não pude recusar. Uma santa, a sua filha. — Marieta observou Salete cumprimentar a filha e completou: — Adriana, querida, deixa isso para depois, agora, dê atenção para sua mãe. Logo fico boa também e poderei fazer isso. Obrigada, por enquanto.

Adriana, cabisbaixa, saiu e Salete a seguiu. As duas caminharam em silêncio até chegarem à casa de Adriana.

— Minha filha, você não vai querer me convencer de que está tudo bem — Salete disse logo que Adriana abriu a porta da sala. Em seguida, ela foi caminhando até a cozinha, pegando os utensílios e o pó para um café.

— Está tudo bem, mãe. Não precisava ter se preocupado, ter vindo até aqui.

Salete ouvia em silêncio, paciente, agradecendo por ter seguido suas intuições. Assim que conversou com Noélia, não conseguiu ficar em casa, sentada no sofá, esperando por notícias. Algo lhe intuía que Adriana não estava bem. Depois de tudo o que ela tinha passado, de tudo o que descobrira sobre Luciano, voltava para casa e tentava passar à mãe a impressão de que estava tudo bem. Não estava. Salete sabia que Adriana não estava nada bem. E ela estava certa.

Passado um tempo na cozinha, Salete tentava entender o que estava acontecendo, mas não ouvia uma justificativa plausível. Sabia a versão de Noélia, em quem acreditava, mas queria que a filha se abrisse; contudo, encontrou nela resistência e tristeza. Adriana conseguia represar o sofrimento, e Salete já havia assistido àquela cena antes e temia pelo pior.

— A tristeza de Adriana faz com que a nossa conexão aumente — tornou o espírito de Igor sorridente, sentindo-se vitorioso. — Os pensamentos perturbados permitem que eu entre em sintonia com ela. Compreende?

Salete, sensível, desligou-se do que Adriana falava e fez uma prece, servindo como uma forte blindagem energética capaz de afastá-lo, por ora, de sua filha.

— O que está fazendo, hein? Veio aqui só para me atrapalhar. Sempre foi assim, você sempre metida com essas orações. — Igor começou a se afastar, se encolher no canto da cozinha.

O afastamento do espírito fez com que Adriana se sentisse mais leve, e ela começou a abrir o coração, mas com restrições. Entre tudo o que falou, não teve coragem de dizer que havia cedido à chantagem da sogra, mas Salete parecia ler nas entrelinhas.

— Algo fez você voltar, Adriana, e não foi por amor. Sinto isso.

Adriana começou a chorar. Teve vontade de contar que não tinha coragem de revelar para o filho que Hiago era o pai dele. Tinha no seu íntimo que o menino se revoltaria e a abandonaria.

— Minha filha, se é algo relacionado ao Hiago, isso só vai protelar a situação. Melhor será preparar Jeferson para a verdade.

— Na teoria é fácil, mas na prática não é para mim. Essa verdade poderá resultar em consequências que temo, com as quais não saberei lidar.

Salete abraçou a filha, encorajando-a. Igor, por sua vez, mal conseguia se mexer. Permaneceu à distância.

Nesse momento, Adriana decidiu abrir o coração de uma vez por todas, mas Noélia chegou toda amorosa, abraçando as duas, interrompendo o momento de coragem.

— Por favor, me diz que voltou para apanhar suas coisas. Aqui seria o último lugar para eu te procurar, mas arrisquei vir aqui, já que não atendeu as minhas ligações.

— Desculpe-me deixá-las preocupadas. Meu celular descarregou, deixei no quarto carregando... — Adriana fez uma pausa, emocionada. — Obrigada por vocês estarem aqui comigo.

Elas ficaram conversando e, minutos depois, Luciano chegou, nitidamente feliz, trazendo sacolas. Tinha pegado dinheiro com Marieta, feito mercado, procurado comprar tudo ao gosto de Adriana.

Noélia ficou bastante incomodada e ríspida. Evitava falar com Luciano, não teve a mesma cordialidade de Salete, que, pela filha, tentava descobrir o que estava acontecendo, procurando respostas que justificassem a filha presa naquele cenário. Sem ninguém perceber, Salete passou a observar cada gesto, cada movimento, cada atitude da filha.

Em certo ponto, vendo a resistência de Adriana, Noélia resolveu ir embora e Salete a seguiu. Adriana ficou visivelmente triste com a partida das duas. Sua vontade era acompanhá-las, mas não podia, já que o medo de o passado ser revelado para o filho poderia acontecer da pior forma.

Na despedida, o único feliz e satisfeito, como se tivesse levado o troféu da vitória para casa, era Luciano. Tanta era a sua alegria, que beijou a sogra e, ao tentar repetir o gesto com Noélia, ela se afastou. Ele disfarçou, se colocou ao lado de Adriana, mas não ousou mais abraçá-la, pois sabia que seria rejeitado.

Luciano, de onde estava, limitou-se a lançar um olhar frio para Noélia, que não se intimidou. Igor, do canto da cozinha, enfraquecido pelas preces constantes de Salete, conseguiu falar algo que alcançou os pensamentos de Luciano, e este repetiu mentalmente, olhando para Noélia:

— *O que fez terá volta. Pode aguardar. Desta vez não vou esquecer...*

Salete sentiu a tensão e apressou o passo para irem embora.

Adriana ficou no portão, vendo a mãe e a amiga desaparecerem pela rua. Quando se viu só, caminhou para a porta de casa, contrariada. Izildinha estava na escada, puxou assunto falando do tempo, querendo na verdade saber sobre a reconciliação, mas Adriana não lhe deu oportunidade para tanto. Ela limitou-se a cumprimentar Izildinha e, rapidamente, fechar a porta.

— Bom ter você de volta, meu amor, de tudo voltar a ser como antes. A gente aqui. — Luciano celebrava sua volta alegre, tentando contagiá-la, mas não teve êxito. — Viu a felicidade do Jeferson com a minha mãe? Os dois se gostam muito. Minha mãe até chorou ontem. — Ele forçou um sorriso e finalizou: — Vamos falar de coisas boas: a mãe e o Jeferson estavam só sorrisos.

Adriana nada disse, limitou-se a abrir o guarda-roupa e de lá tirar lençol, coberta, travesseiro, enquanto ouvia a tentativa frustrada de reconciliação do companheiro. Quebrou o silêncio quando pegou o colchão que tinha atrás da porta e o arrastou até jogá-lo no chão da cozinha.

— Você pode ficar aqui. — Adriana mostrou o lugar longe da geladeira e perto do banheiro. — Amanhã, quando sair...

— Não vou dormir aí, está louca?! — revelou Luciano, a fúria guardada até ali.

— Então durmo eu. Não vou dormir com você.

Luciano sufocou a raiva que sentia, contrariando a interferência de Igor, que vibrava para vê-los brigando. Por fim, depois de ver que Adriana não estava no momento de perdoar, sugeriu que ela ficasse na cama, que ele dormiria no colchão.

Adriana nada disse, apagou a luz e se deitou na cama. Fingiu com silêncio estar dormindo quando Luciano tentou falar algo. Não demorou e ela pôde ouvi-lo dormindo. Ela foi incapaz de relaxar. O celular vibrou com a chegada de uma mensagem. Era de Hiago.

"Precisamos conversar, não acha?"

Adriana jogou o celular sobre a mesa de cabeceira, fechou os olhos e sentiu as lágrimas pelo rosto. Desejou dormir e acordar dali a alguns anos, com tudo resolvido.

Ela não sabia o que estava por acontecer...

Luciano despertou e não conseguiu mais dormir. Levantou-se, caminhou até a cama onde Adriana dormia, sentiu falta dela, mas não ousou se acomodar ao seu lado. E, para evitar que sua vontade prevalecesse, resolveu sair de casa. Eram onze da noite quando consultou o relógio e viu a luz acesa na casa de Marieta. Decidiu ir vê-la.

Luciano entrou na casa usando sua chave. A luz da sala estava acesa, assim como a televisão ligada, de resto era silêncio. Quando pensou em chamar pela mãe, a viu saindo do quarto de Jeferson sorrindo, copo com um dedo de leite no fundo. Ao ver o filho, mudou nitidamente, assustada, segurando o copo preso entre os seios.

— Ué, assustada, mãe?

— Não era para estar? Você aqui a essa hora? Está tudo bem? — Marieta disfarçou bem, tanto que Luciano começou a se lamentar. Restou a ela convencê-lo de que o tempo traria Adriana de volta para os seus braços. Ela o fez acreditar nessa possibilidade de reatarem numa tentativa de disfarçar, enquanto olhava para o celular, tentando ler as mensagens que chegavam.

— Mensagem a essa hora, dona Marieta? Vai dizer que está namorando... — Luciano brincou ao ver a mãe desconcertada, escondendo o celular debaixo das almofadas.

— Só se for com a operadora do celular. Essa não me deixa, de manhã até a noite mandando mensagem. Depois está tarde, melhor voltar para sua casa.

— Está me mandando embora, é isso, mãe? — indagou ele, rindo, ao sentir as mãos espalmadas de Marieta nos seus braços e nas costas.

— Se a Adriana acordar e não te ver lá, o que vai pensar? Se quer reconquistá-la, melhor não dar motivo, depois está tarde, quero dormir. E você fala alto, vai acordar o menino.

Por fim, Marieta fechou a porta da sala e ainda pôde ouvir as risadas do filho no quintal. Esperou ouvir ele fechar o portão e correu até a almofada onde escondera o celular, pegando-o apressada. Discou o número e o colou no rosto. Segundos depois, falou:

— Sim, hoje, conforme combinamos. Já sei, me atrasei com a encomenda porque tive problema de fam... — Marieta fez uma pausa e recuperou a fala ao finalizar: — Sei que não tem nada com isso, mas ainda hoje vai receber.

Desligou o celular, colocou o aparelho sobre a mesa, depois foi até a porta do quarto de Jeferson, constatando que ele estava dormindo. Deu passos rápidos até seu quarto, abriu o guarda-roupa e abriu uma bolsa, junto com um sorriso.

Adriana entrou no mercado apressada, queria conversar com Noélia antes de começarem o expediente. Mas, logo na porta, deu de cara com Marlon, feito um pavão, todo alinhado, impecável como sempre, com o seu ar superior, isento de bom humor.

— Ontem não veio, espero ter um bom argumento, e depois...

— Já conversamos sobre isso, Marlon, esqueceu? — Noélia se apressou em dizer. Ela chegou bem na hora, o que foi a salvação de Adriana.

Noélia riu ao ver Marlon se afastar, ajustando a gravata de forma engraçada, como se estivesse dando corda para os passos ligeiros que dava ao percorrer o mercado, girando a

Mais forte que o tempo

cabeça, captando todas as ações dos funcionários nos seus postos.

— Menina, me conta o que aconteceu — começou Noélia, puxando Adriana para o canto. — Estou preocupada. Depois de tudo...

— Depois de tudo. — Adriana teve vontade de chorar, mas foi forte e sentiu-se à vontade para se abrir e contar o que a motivara a voltar para casa.

— Marieta fez isso? Chantagista... E você cedeu, Adriana?

— Não tive saída. Jeferson estava no quarto ao lado, ela quase gritando, revelando ter encontrado o DVD com as imagens do Hiago, a carta. Ela tem nas mãos tudo de que precisa para provar que ele é o pai do meu filho.

— Não seria melhor contar a verdade para Jeferson, se livrar de Luciano e da mãe dele?

— Às vezes, do lado de fora, encontramos a solução para os problemas dos outros, mas no lado de dentro...

Noélia abraçou Adriana. Ficaram alguns segundos assim, e, quando desfeito o abraço, Adriana, olhos rasos d'água, rompeu o silêncio:

— Eu sei que essa verdade vai distanciar o meu filho de mim. Que o Jeferson, já encantado com Hiago, vai escolher ficar com ele. Vou perder o meu filho, entende? Não quero isso, não vou suportar!

Conversaram por mais alguns minutos, quando Adriana viu Marlon à distância consultando o relógio e olhando para elas.

— Melhor a gente conversar depois — Adriana sugeriu. — Almoçamos juntas, o que acha? Está disposta a aguentar a amiga cheia de problemas? Mais tarde, precisará me contar como está o seu coração.

— Combinado — concordou Noélia. — Quanto ao meu coração, voltei a usar o aplicativo. Conheci um rapaz. Nem me olha assim, agora é diferente. Se bem que acho ele imaturo. Os homens geralmente são imaturos, né?

Adriana, num momento de descontração, ria com Noélia, que passava às vezes pelo seu caixa e contava algum detalhe do seu novo amor, mostrando as trocas de mensagens.

Estava naquele momento com ar de riso, imaginando a nova aventura da sua amiga, quando uma mulher chegou com uma cesta de mão com copos e pratos.

— Bom dia! CPF? Sacola?

— Bom dia, sim, tudo isso, brindes, promoções. Como tudo está caro, menina! Acordei com vontade de comer melancia, mas viu o preço? Só passei a mão, ficou no lugar onde a vi. — Adriana passava os copos contendo o riso, procurando ser simpática. — Vou levar esses copos e pratos porque o preço está excelente. — A mulher baixou a voz e confidenciou: — Se estiver precisando, leva para você também. Está o dobro do preço no mercado da esquina.

Marlon, prestativo, apareceu do nada com jornais para embrulhar os vidros e as louças. Adriana agradeceu e acomodou-os do lado. Depois de registrar as compras, a mulher ainda falando, agora sobre o tempo, sobre sua viagem para a casa da filha, dos seus planos de buscar mais copos, passou o cartão. Adriana retirou o cupom da máquina e o entregou para a mulher, e na sequência foi embalar os copos nos jornais.

— Minha filha se casou e não ganhou copos, acredita? Por outro lado, a minha sobrinha ganhou um monte de copos...

Adriana ria e se apressava também em embalar os copos e pratos, bem quando viu algo no jornal que a fez parar de escutar a mulher falante, deixando até de ouvir os anúncios de ofertas que se sobrepunham à música que tocava nos alto-falantes do mercado. A folha de jornal na mão fez suas pernas tremerem.

Noélia passava bem na hora. Ela parou e percebeu algo diferente, o que confirmou quando Adriana pediu:

— Noélia, pode ficar aqui, por favor? Rápido.

Por sorte, não tinha mais ninguém na fila, e Adriana colocou sobre o balcão a placa "caixa fechado".

— Claro! — Noélia respondeu, dando espaço para Adriana passar com a folha de jornal em uma das mãos.

Adriana deu passos apressados, deixando Noélia com a pulga atrás da orelha, disfarçando a curiosidade enquanto a mulher colocava os copos dentro do carrinho. No reservado do banheiro, Adriana abriu o jornal. Leu, releu, colocou a folha na parede, passando a mão para tirar o amassado, e leu novamente. Desejava ter lido errado, mas não. Conferiu a data do jornal. Era do dia anterior.

ELA ESTÁ DE VOLTA, EM GRANDE ESTILO!

Depois de anos pela Europa, ela está de volta e promete agitar a cidade que revelou o seu talento para o mundo. Agora solteira, Evelyn, dançarina que brilhou no famoso grupo musical daquela década, e brilhou em inúmeras capas de revistas, considerada a mulher mais bonita de noventa e três, está de volta ao Brasil...

Capítulo 14

Ela voltou, e agora?

... o apresentador fez um elogio e, a partir disso, não só as lentes das câmeras se apaixonaram, mas também o Brasil se rendeu à sua graça. Naquela semana, fã-clubes brotaram em vários cantos do país, e não demorou para ela estampar a capa de uma revista masculina de grande circulação; depois vieram as entrevistas...

Hiago leu o trecho mais uma vez e lançou o jornal sobre a mesa de cabeceira com força. Acabara de sair do banho, corpo molhado, somente com a toalha na cintura. Como se estivesse hipnotizado pela notícia, voltou a pegar o jornal. Desta vez não releu, apenas olhou a foto de Evelyn em destaque. Ao se lembrar dela, ele sentiu raiva. Evelyn era uma pessoa que não gostaria de ter conhecido na vida.

Por fim, acreditando que, se se livrasse do jornal, também seria possível tirá-la dos pensamentos, Hiago arrancou a página que estampava a foto e a matéria sobre a retrospectiva profissional de Evelyn e a arremessou pela janela do décimo nono andar do quarto de hotel, onde estava hospedado desde que chegara à cidade.

Ainda com a toalha na cintura, Hiago se jogou de costas sobre a cama macia, num movimento que fez os travesseiros se movimentarem. Fechou os olhos e concluiu que se livrar do jornal não era o bastante. De tanto ler e reler a matéria, ainda tinha algumas frases decoradas.

... como ela está hoje, depois de anos longe do Brasil? Ainda mantém os mesmos gostos? A sua beleza ainda cativa as câmeras...

Salete leu em voz alta, toda orgulhosa:
— "... os programas de TV estão disputando uma entrevista exclusiva com a diva dos anos noventa. Ainda é um mistério sabermos qual a emissora que vai tirar a sorte grande. Evelyn desembarcou ontem no aeroporto internacional, de maneira discreta, mas sem perder a simpatia que sempre foi sua marca registrada..."

— Tia, deixa esse jornal de lado — Evelyn pediu, tirando o jornal das mãos dela e pousando carinhosamente a mão entre as suas. — Que saudade que estava de você, da Adriana, desta casa.

Evelyn se mantinha em pé, braços abertos como criança, apreciando os detalhes, sentindo-se livre como há muito tempo não se sentia.

— Vi que fez mudanças, e das boas. Adorei tudo. — Ela fez uma pausa. — Fiquei tão emocionada de ter preservado o quarto que eu dividia com a Adriana. E ela, como está?

Salete respondeu e logo mudou de assunto. No fundo, temia aquele reencontro. Evelyn, radiante, parecia superior ao tempo, ignorando os acontecimentos, sorridente, feliz, enquanto Adriana se arrastava dia após dia presa ao sofrimento, ao peso e às consequências de tudo o que acontecera em suas vidas.

— E a Adriana, como está? — Evelyn repetiu a pergunta. — Quero muito vê-la. — Ela parou de falar e percebeu que, mesmo passados tantos anos sem ver Salete, pôde ler nos seus olhos que havia resistência naquela aproximação.

— Ela não esqueceu o que aconteceu, não é, madrinha?

— Acredito que agora, depois de anos, maduras, seja o momento de resolverem essa questão. — Salete tentou ser conciliadora e viu a alegria de Evelyn, como se o que acabara de falar fosse uma sentença a ser cumprida, como quando ela e Adriana eram crianças. Depois das brigas, Salete fazia as duas se abraçarem, pedirem desculpas uma para a outra, e, minutos depois, estavam amigas, rindo, brincando. Pensando nisso, Salete acabou sussurrando: — Adriana sempre foi mais resistente ao perdão.

— E o Jeferson? Ele gostou dos presentes que mandei para ele? Trouxe outros, do universo do futebol, que vão enlouquecê-lo e deixá-lo maluco. Como me disse da paixão dele...

Salete apenas riu. Não teve coragem de contar que Adriana havia se recusado a abrir os presentes, imagine então levá-los para a casa dela. Salete os guardara na esperança de que um dia a reconciliação entre ambas se concretizasse.

Conversaram ainda por mais alguns minutos. Eram muitos os assuntos, e Evelyn, em meia hora, discorreu sobre vários, mas não concluiu nenhum. Era esfuziante, intensa.

— Viu a minha malinha? Vim do hotel para passar uns dias contigo — revelou ela, abraçando e beijando Salete, toda carinhosa.

— Quem diria que você trocaria o conforto do hotel pelo seu antigo quarto! Isso, quando saiu de casa, era tão improvável.

Evelyn apenas abraçou a tia, que sorria, emocionada. Já em seu rosto formou-se uma expressão séria.

Desfeito o abraço, como se fosse ainda de casa, Evelyn foi tirando a roupa, reclamando do calor e já fazendo seus pedidos, que sabia que seriam cumpridos à risca.

— Madrinha, vou tomar um banho, mas, quando sair, quero aqueles bolinhos de chuva com canela e o seu cafezinho especial.

— Você quer só isso? É tão simples.

— Provei maravilhas pelas viagens que fiz mundo afora, mas não encontrei em nenhum lugar esses bolinhos, que me remetem a um sabor de infância — Evelyn disse, e ficou vendo Salete distanciar-se com sua bolsa, evidentemente feliz com a sua presença.

Evelyn, sozinha na sala, olhou mais uma vez o cômodo e se emocionou. Aquele lugar fora testemunha de muitos episódios e sonhos de sua vida. Já no banheiro, no chuveiro, permitiu que as lágrimas corressem pelo rosto, misturando-se com a água que descia suave. Foi quando murmurou baixinho:

— Precisava voltar. Não posso permitir que as coisas fiquem como as deixei ao sair do país.

Depois de desligar o chuveiro, saiu do box, enrolou a toalha na altura dos seios e parou diante do espelho, cuja imagem refletia o rosto firme, com os traços jovens, cabelos loiros molhados na altura dos ombros. Seus olhos estavam vermelhos. Não queria mais chorar, mas sua mente voltou no tempo um mês antes, quando estava em Portugal e ouviu do médico, também brasileiro, que lá tinha um consultório, algo que a fez mudar seus planos e antecipar a viagem para o Brasil, que vinha adiando por anos.

— A vida está no presente, é nele que podemos entrar em ação, fazer tudo a nosso favor. Adiamos com a esperança de que amanhã será um dia melhor, mais fácil, e isso é ilusão.

Evelyn fechou os olhos e relembrou a cena no consultório.
— Doutor, está me dizendo isso porque...
— Porque é irreversível — ele disse de maneira suave mas direta, como não diria para um outro paciente, mas Evelyn era sua amiga e, naquele momento, eram os dois que conversavam: o médico e sua amiga.
— Vou morrer? — Evelyn quis saber, com os lábios trêmulos.
— Todos vamos. Como gostaria de lhe dar esperança.
Ela não o deixou concluir a frase. Levantou-se da cadeira e o abraçou forte, e ele, carinhoso, retribuiu o carinho, abraçando-a com força.
A voz de Salete invadiu o banheiro, e Evelyn abriu os olhos.
— Filha, está quase pronto. Vem que está quentinho, é mais saboroso, no ponto que gosta.
— Já vou. Estou indo! — Evelyn disse sorrindo, enquanto secava as lágrimas que insistiam em cair.
Ao abrir a porta do banheiro, ela deixou o sorriso estampar seu rosto, como se nada de grave estivesse acontecendo. Precisava demonstrar alegria, mesmo que fingisse, para que ninguém percebesse que os seus dias na Terra estavam contados.

Depois de reler a página do jornal com a notícia da volta da prima, Adriana baixou a tampa do vaso e se sentou. Estava num estado de tamanha tensão e irritação que rasgou e picotou o jornal em pedacinhos, e olhou para o chão, angustiada.
Adriana respirou fundo. Recolheu o papel picado e jogou tudo no cesto do banheiro; saiu do reservado, lavou o rosto na pia e, quando se sentiu melhor, pegou o celular e ligou para a mãe.
— Por que não me contou que ela está na cidade? E não adianta negar, sei bem que sabe.
— Filha, como está? Parece tensa!

— Não era para estar? Era bom saber que ela estava longe. Enfim... você sabia?

— Sim, e Evelyn está aqui em casa, descansando no quarto que um dia foi de vocês. Está tão bonita, feliz...

Adriana a cortou:

— Como pôde receber ela na sua casa depois de tudo?

— Evelyn é como uma filha para mim. Tenho por ela o mesmo carinho que tenho por você. As duas têm o meu sangue. Além do mais, o tempo passou.

— E não me esqueço de nada do que aconteceu.

— Pois já é hora de mudar, não acha? Perdoá-la. Não consegue fazer isso? Não sei por que coloca tanta dramaticidade numa história que ficou no passado.

— Talvez porque não foi com a senhora que ela fez o que fez. Ela fugiu com o pai do meu filho. Eles sabiam que eu estava grávida! — Adriana despejou as palavras com tanta irritação que se sentiu sufocada, com um nó na garganta. — Não bastasse o Hiago de volta, querendo tomar o meu filho, e agora a Evelyn ressurge. Por que esses fantasmas do passado estão voltando, mãe?

— Minha filha, precisa superar isso para não adoecer. Veja a oportunidade que a vida está lhe dando, trazendo de volta pessoas com as quais você criou um laço de desentendimentos, justamente para ter condições de se desfazer desse sentimento ruim que carrega no peito por tantos anos. Hiago não quer tomar o seu filho, quer ocupar o posto de pai do Jeferson. E Evelyn...

— Tenho que desligar, depois nos falamos. Estou no trabalho, no banheiro, e logo me acham aqui. Não quero ter problemas por causa desses dois.

Adriana finalizou a ligação e na sequência ouviu a voz de Noélia chamando-a.

— Adriana, que bom que está aqui.

— Desculpe-me, eu tive um problema de família.

Noélia estava aflita e desinteressada nas justificativas da amiga, tanto que adiantou o assunto:

— Menina, preciso da sua ajuda. Estou com um problemão lá fora.

— Referente ao aplicativo, de novo?

— Sim. — Noélia balançou a cabeça afirmando e completou: — E a polícia está a caminho... Acho que vou ser presa.

Muitos anos antes.

A vida de Evelyn não era tão glamorosa como demonstravam as páginas do jornal. Aliás, a matéria de destaque tinha sido encomendada por Evelyn a um amigo jornalista. Claro que ela ainda tinha os encantos que a fizeram brilhar nos anos noventa, mas a matéria pautara-se em destacar seus bons momentos. A foto, inclusive, fora por ela selecionada.

Ficaram de fora os escândalos. E não foram poucos os que levaram o seu nome e preencheram alguns capítulos da sua história. A sua beleza não tinha passado despercebida quando saíra do país, por isso não era só vista como dançarina, e, como se exibia em shows, aparecia em programas de televisão, Evelyn havia recebido convites para fazer participações em filmes. Em seu último trabalho, como atriz, não tivera sucesso porque disputara a atenção dos fotógrafos com a atriz principal e não saíra vencedora, embora suas fotos tivessem servido para convites ao universo da moda.

Em paralelo aos trabalhos, Evelyn fora presa dirigindo alcoolizada, e uma segunda vez, por conta de briga com um namorado num restaurante, mas tinha conseguido justificar o mal-entendido e ficado apenas algumas horas na delegacia. Pagara a fiança e saíra livre. Também houvera uma terceira vez, quando decidira aderir ao movimento a favor do aborto, desfilando com os seios à mostra, segurando um cartaz com a frase: "Somos livres". Na época, Evelyn tinha contrato de exclusividade com uma marca de tênis, que entendeu ser negativo para a marca ter o nome da dançarina associado a seus produtos. Esse rompimento não a deixou sem dinheiro, porque outras marcas a contrataram justamente por conta da sua participação na manifestação, e ela teve seu sucesso garantido. No fim das contas, Evelyn soubera aproveitar a sua boa fase.

No fundo, ela fingia se sentir vitoriosa a fim de ocultar o vazio existencial que a dominava. Passava a maioria de suas noites sozinha, acompanhada de bebidas e, vez ou outra, na companhia de poucos amigos.

— Como foi a sua adolescência, Evelyn? Aposto que cercada de mimos, com tudo de bom e do melhor, com carro zero antes da maioridade... — especulou uma amiga numa reunião oferecida a poucos amigos que aconteceu na sua cobertura com vista panorâmica para a cidade.

— Acertou! — ela mentiu. — Diria mais detalhes, mas você não acreditaria. — Evelyn se afastou com a taça de champanhe na mão. Parou no parapeito da varanda, olhou para o fundo da taça, depois para o horizonte repleto de luzes iluminando a cidade e voltou ao passado.

Evelyn estava certa. Quem a via no auge, sempre hospedada na melhor suíte de um hotel cinco estrelas, ou numa casa ampla e repleta de mordomias, não poderia sonhar que um dia ela tivesse morado numa casa simples, dividindo o quarto com a prima.

Além de tudo, Evelyn fazia questão de ignorar os primeiros meses longe do Brasil. Esforçava-se para represar as lembranças. Não queria recordar nada que a remetesse ao início da sua carreira internacional, época em que Hiago estava presente em sua vida, quando... Tudo porque tinham sido meses difíceis, repletos de saudades, de arrependimentos, pois sabia que algumas decisões resultariam, como resultaram, em consequências desastrosas.

Portugal fora a porta de entrada na Europa e um ano depois, quando terminava seu contrato com o grupo, Evelyn decidiu seguir carreira solo. Foi quando conheceu Pedro Maciel, o agente que tornou-se seu guia por meses fabulosos, de viagens, jantares, trabalhos bem remunerados... e não tardou para dividirem a mesma cama.

Pedro era um homem arrogante, de comportamento machista, hostil, que no ato sexual deixava claro que o importante era tão somente o seu prazer. Evelyn permitia-se ser submissa e acatava todas as ideias, manias e esquisitices dele. Apaixonada, nunca conseguira enxergar Pedro como ele realmente era.

Quando Evelyn acreditou que tivesse chegado ao auge da carreira profissional e da vida sentimental, com sonhos e planos de casamento com o português, a revelação que saiu da boca dele a pegou de surpresa.

— Casar com você? Menina, em que mundo vive, você é só um passatempo. Já sou casado. Achei... — Fez uma pausa e, com deboche, prosseguiu na tortura verbal, enquanto Evelyn permanecia em silêncio, as lágrimas represadas nos olhos. — O seu tempo já acabou e não tenho como mantê-la aqui. — Pedro apanhou um envelope e levantou a voz quando a viu desconcertada, tentando lhe falar algo. — Aqui tem um dinheiro, o que considero uma boa quantia para você pegar seus trapos e voltar para a sua terrinha. — Ele começou a rir e virou as costas.

Evelyn, tomada por uma ira que desconhecia, correu na sua direção, esmurrando suas costas. Ele, alto, forte, pareceu não sentir nada e, antes de se virar, voltou a rir. Lentamente, indiferente, se posicionou na frente dela e disse:

— Eu deveria ter dito para você não se apaixonar. Eu deveria. É uma experiência... A próxima que cair na minha rede, bem, já sei como vou lidar.

— Te odeio! — Evelyn vociferou e começou a esmurrá-lo. Depois, cansada, tentou abraçá-lo, desesperada. Tinha em

Pedro o seu porto seguro. O que faria da sua vida agora? Voltar para o Brasil? Não!

Pedro não disse nada, apenas a empurrou e ficou indiferente ao vê-la esparramada no chão, pois Evelyn desequilibrou-se e caiu ao andar para trás. Estava aos prantos. O português, ar de mofa, arrumou a camisa e esboçou um sorriso irônico antes de sair. Ela, desnorteada, viu a porta se fechar e segundos depois ouviu os passos dele próximo da porta, escutou rodar a maçaneta.

Ali, Evelyn teve um fio de esperança, no qual se apegou. Logo pensou: *Ele voltou, me ama e estava brincando comigo. É isso, tenho certeza.*

Só que, mais uma vez, apareceu a versão do Pedro Maciel que conhecera naquela noite: frio, arrogante, cruel.

— Esqueci de avisar. Como sou bonzinho, no envelope tem também uma passagem de ida, sem volta, claro. Você pode ficar aqui até o meio-dia de amanhã. Ah, o seu voo parte de Lisboa às dez da manhã. Não vai poder ficar até o meio-dia.

— Posso ficar, porque não dependo de você.

Ele se abaixou até ela, ainda no chão, e, sério, sentenciou:

— O que vai fazer por aqui? Limpar privada? Nada contra, mas não sustenta seus luxos e vícios. Depois, ninguém aguenta mais ver você rebolando. O bichinho exótico do outro país cansou. Acabou. Não tem mais espaço para você em lugar nenhum da Europa. E tem mais: se insistir em ficar, eu vou ter o prazer de fechar cada porta que ousar se abrir para você. Pelo pouco que ficou comigo, bem sabe da minha influência. Portanto, minha querida Evelyn, se eu fosse você, não pensaria em arriscar. Quer um conselho? Volte para o seu país. Essa temporada aqui vai servir de trampolim para você recomeçar. Quem sabe, até voltar a fazer sucesso, mas aqui acabou.

Uma semana depois, Pedro voltava para sua família e seu dúplex situado em uma área privilegiada da cidade, sentindo-se o homem mais feliz do mundo. E era assim mesmo que ele se sentia, ajustando a gravata, protegido pelo elevador panorâmico que o levava para o topo, o seu lar, a sua família.

Qual foi sua surpresa quando Pedro abriu a porta da sala! Lá estava ela, Evelyn, deitada no tapete, entre as almofadas, brincando com o casal de filhos, e a esposa, segundos depois, apareceu carregando uma bandeja com bolo e chá.

— Meu bem, já em casa?! Que bom! Não tinha me contado como Evelyn era gentil e, ademais, veja que jeito ela tem com crianças.

— Não sabia que vocês se conheciam — disse ele sem jeito, pego de surpresa, tentando entender a situação. Fez o comentário com os olhos fixos em Evelyn, que tinha um sorriso radiante.

A mulher de Pedro, eufórica, disse ao marido, perplexo:

— Fazemos a mesma academia, frequentamos o mesmo salão, até aquele mercado de que você gosta... quanta coincidência, não tinha como não sermos amigas.

Evelyn levantou-se com dificuldade, isso porque as crianças não a deixavam em paz, já íntimas dela, cativadas pelo seu carisma. Ela apertou a mão de Pedro e a sentiu fria. Ele, na primeira oportunidade a sós, quando a esposa levou as crianças para tomarem banho, a questionou, quase sussurrando, temendo ser desmascarado.

— Que palhaçada é essa? Ficou abordando minha esposa até...

— Sim, e você patrocinou tudo isso com o dinheiro que deixou no envelope. Tão generoso — disse Evelyn, irônica. — E ser servida pela sua mulher tem sido uma parte saborosa.

— Dois minutos para sair da minha casa e não voltar.

— Você tinha razão quando disse que fechariam as portas para mim — ela o interrompeu. — Realmente, você cumpriu com o prometido, mas achando que eu já estivesse no Brasil.

Temia que surgisse uma oportunidade para eu voltar. Na verdade não fui embora, como pode perceber. E estou disposta a voltar a trabalhar com você.

Ele começou a rir e ela o acompanhou na risada. Sentindo-se segura, ela o ameaçou:

— Ou isso, ou sua esposa vai ficar sabendo quem é o cara com quem ela vive. Que não é o sujeito perfeito em quem ela tem total confiança. Somos tão amigas agora. Ela não perdoa uma traição, soube até do seu cunhado, irmão dela, que traiu a esposa. Ela foi em defesa da cunhada, não fala mais com o irmão. Imagine se ela descobre que você... acho até que poderá perder a guarda dos filhos, arrancados do seu convívio. Deve estar surpreso com tanta coisa que descobri e sei de você e da sua família.

Ele se alterou, por alguns segundos esqueceu-se de que estava em casa, com a mulher e os filhos em outro cômodo, e apertou o braço de Evelyn, que, sem deixar de sorrir, afastou-se dele com um tapa e prosseguiu:

— Eu e sua esposa nos tornamos melhores amigas — ironizou Evelyn. — Você deveria ter me apresentado antes. Sim, se quer saber, eu guardei todas as fotos dos nossos jantares, de encontros, caso duvide.

— Isso não prova nada.

— Mas as nossas fotos nos momentos íntimos devem ter muito valor. Você me beijando, suas carícias explícitas em nosso último jantar. Antes que pergunte, um fã registrou e mandou. Conseguiu pegar o meu melhor ângulo, acredita?

A voz da esposa de Pedro invadiu a sala, interrompendo a conversa. Convidou Evelyn para jantar, mas ela recusou, alegando com uma segurança que deixou Pedro sem reação:

— Muito obrigada, mas vou ter que recusar. Amanhã eu vou ensaiar logo cedo. O Pedro acabou de avisar, não? — Evelyn o viu acenando com a cabeça, por certo ainda digerindo os estragos daquele meteorito que caíra na sua vida.

No dia seguinte, Evelyn estava lá na agência, linda. Pedro a puxou pelo braço, levando-a para sua sala. Estava visivelmente cansado, por certo tivera uma boa noite de insônia.

— Não acredito em você. Quero ver as fotos...

— Eu vi a bagunça que fez no apartamento. Esqueceu alguma coisa lá? Hoje de manhã passei para pegar um estojo de maquiagem que havia esquecido na mudança, e vi como está, tudo revirado, estofado rasgado. Tinha um chaveiro de estimação, então, se encontrou, pode pegar. Bom ter desprendimento das coisas materiais, minha madrinha me ensinou isso. Ah! Adorei a sua equipe. Bobinho, acha mesmo que eu ficaria e esconderia as provas lá no apartamento? — Ela começou a rir enquanto tirava o molho de chaves do bolso, estendendo-o para ele. — Acho que são suas. Era só pedir de volta, não precisava fazer aquilo tudo.

Evelyn estudou o rosto de Pedro se transformando, tomado pela raiva, se contendo em silêncio, então prosseguiu, altiva:

— Se eu tiver que mostrar, vai ser para a sua esposa. E outra. Estou dando uma chance para você. Posso abrilhantar isso aqui...

Evelyn falava tão convicta, segura, que fez Pedro ceder e empregá-la na sua melhor campanha, seguindo suas exigências, encaixando-a no comercial de TV que vinha tratando com todo cuidado, pois projetaria o seu trabalho. E foi o que aconteceu. Evelyn, que estava começando a ficar esquecida, voltou a brilhar. Foi nessa época que surgiram os convites para participar de filmes, estampar capas de revistas. E Evelyn deu a volta por cima.

Antes de se desligar da agência de Pedro, que naqueles dias queria retomar o romance, Evelyn foi categórica:

— Não ouse querer me beijar, tenho nojo de você. — Evelyn abriu um sorriso ao ver o dele desaparecer. Pedro tirou a mão do seu ombro e ela disse: — Lembra-se daquelas fotos que comentei com você e que estavam prontas para serem exibidas? Era tudo mentira, não tinha nada. Além do mais, o que eu tinha a perder, não é mesmo?

— Sua ordinária! — Pedro gritou, avançando, mas recuou quando a viu resistente e prosseguindo, com o mesmo sorriso que enfeitava seu rosto angelical, pelo qual ele se apaixonara quando a tinha visto pela primeira vez.

— Só que ainda tenho a nossa conversa. Aquela — ela ressaltou — eu gravei, e, se você ousar fazer algo contra mim, não vou mostrar só para a sua esposa, não. — Evelyn ria alto e, do mesmo modo como agira com ela tempos atrás, ficou séria ao revelar: — Vou jogar na imprensa. Não sei se percebeu, mas estou ficando famosinha de novo, vou fazer cinema, e o que é tudo isso perto da sua agência? Pode ter certeza de que terei prazer em arruinar você. E não terá lugar nem para limpar privada, isso porque aquelas pessoas são de grande importância, de valor, e não merecem tê-lo como colega de trabalho.

— Você não trabalha mais para mim, na minha agência — replicou Pedro.

— Nem quero. Agora, tenho que agradecer como foi importante o estágio com você, Pedro Maciel. — Evelyn beijou as pontas dos dedos indicador e médio e os pousou levemente sobre o peito dele, finalizando: — Você me ensinou a renascer das cinzas...

De volta ao presente, deitada no quarto que um dia dividira com Adriana, Evelyn sentiu as lágrimas escorrerem pelo rosto e abriu um sorriso ao se recordar daquela reviravolta em sua vida.

Capítulo 15

Presa?

— Como assim, presa, Noélia? — questionou Adriana surpresa, saindo do banheiro, depois de arrumar os cabelos e visualizar o rosto no espelho. Aquela notícia a fizera se esquecer dos seus problemas, pois tinha ficado nitidamente preocupada com a situação da amiga.

— Estou com medo. Pela primeira vez. Esse aplicativo ainda vai acabar comigo, Adriana.

— Para com isso! Vamos, me conta o que aconteceu — pediu Adriana, seguindo Noélia pelo corredor de acesso ao mercado.

Pararam na porta do mercado, num local restrito aos funcionários, onde era possível ver Marlon afoito, andando em círculos, consultando o relógio e, como um radar desgovernado, parecia procurar Noélia. A alguns passos dele, estava uma mulher de camisa bufante sobre a saia que ia até os tornozelos, deixando à mostra as sandálias, que, mesmo de longe, era possível notar que estavam apertadas para os pés inchados e esparramados. Ao seu lado tinha um jovem magro, de camiseta e bermuda, cabelos arrepiados, com um skate numa das mãos.

Noélia contou rapidamente e Adriana pôde tirar suas conclusões:

— Ele é uma criança! Não acredito que você se envolveu com um moleque!

— Não sabia, Adriana, juro!

Estavam ali, à distância, conversando, quando o jovem viu Noélia e falou alto o seu nome, sorridente. A mãe do rapaz ficou furiosa, tanto que saiu em disparada na direção dos olhos do filho, onde Noélia e Adriana conversavam. Ela apressou os passos, seguida do rapaz e de Marlon.

— Sua sem-vergonha, corrompendo menores de idade! — gritou a mulher, puxando o braço de Adriana, achando ser ela a sedutora, como relatou num grito que Marlon tentava conter.

Noélia, assustada, despreparada para aquela situação, deu um passo para trás e depois, encorajada, já que Adriana nada tinha com a história, se apresentou como sendo ela mesma. Nisso, o jovem já estava próximo dela, fascinado e indiferente ao embate formado ali.

— Meu filho tem dezesseis anos!

— Quase dezessete! — corrigiu o rapaz, com a voz oscilando entre fina e grossa, algo natural na passagem da idade. Vendo o rosto bravo da mãe, amenizou: — Faço dezessete na semana que vem.

— Eu não sabia disso... — Noélia tentava se justificar, mas em vão, pois a mulher estava muito alterada, disposta a fazer justiça com as próprias mãos. O que a impedia de prosseguir era a presença de Marlon e de Adriana, que também tentavam apaziguar o clima tenso.

— Deveria ter vergonha de assediá-lo. Tem idade para ser mãe dele.

— Gosto de mulheres mais velhas, mãe.

— Vou chamar a polícia! — a mulher gritou. — Isso é caso de polícia. Precisam parar essa mulher. Hoje é o meu filho; amanhã, sabe-se lá quem ela vai seduzir.

Noélia, já chorando, fechou os olhos e ficou imaginando as manchetes: *Supervisora de supermercado é presa por envolvimento com menor de idade que conheceu em aplicativo*, ou ainda: *Mulher que mantinha caso com adolescente que conhecera em aplicativo é presa no trabalho*... Seria um prato cheio para os jornais, e revistas especializadas abordariam o assunto, indagando se seria possível aumentarem a pena para um adulto que mantivesse relacionamento com um menor de idade.

— Uma criança! — a mãe repetia. — É crime, e você vai pagar por isso.

A mulher gritava e Noélia sentia as pernas trêmulas. Olhando para o lado, via Marlon com cara de horror, enquanto Adriana, paciente, tentava falar, até que silenciou e pediu o celular de Noélia.

— Por favor — pediu Adriana. — Pode me mostrar as conversas? Você as tem guardadas?

Noélia prontamente mostrou a pasta em que armazenava as trocas de mensagens.

— Chamou meu filho para tomar vinho no seu apartamento. Queria embebedar o menino e abusar dele. É isso? Tem que ser detida. — A mulher virou-se para Marlon e perguntou: — Cadê a polícia, que disse ter chamado e que não chega?

— Estão a caminho. — Marlon trocou um olhar com Adriana, desejando que as mensagens pudessem aliviar aquela situação tensa.

Adriana começou a reproduzir trechos que lia em voz alta: " O vinho está na geladeira e faço uma massa rapidinho".

— Viu só? O que eu disse? — bramiu a mulher, sentindo-se fortalecida.

Adriana continuou a ler, indiferente à exaltação da mulher:
— "Não tenho como ir, meu amor". Daí, Noélia respondeu: "Pode pegar o táxi, pago quando chegar aqui. E vem para dormir".

A mulher tentou avançar sobre Noélia, mas Marlon, rapidamente, a deteve.

— Pula isso, Adriana... — pediu Noélia, constrangida.

— Está com vergonha agora, coroa? — interveio o jovem.

Desta vez foi Noélia quem quis avançar, mas Adriana levantou a voz ao dizer:

— Encontrei aqui. Noélia pergunta: "Quantos anos tem? Manda mais fotos, tem nudes?".

A mulher ficou chocada, desejando ela mesma buscar a polícia para deter Noélia.

— Viram só o que estou dizendo? — Noélia olhou para o lado e viu o menino rindo, afirmando ter enviado as fotos comprometedoras. — Não acreditam em mim, viu só?

Adriana retomou a leitura das mensagens no celular:

— A resposta do suposto homem foi a seguinte: "Tenho vinte e cinco anos". E Noélia escreveu: "Parece mais jovem nessa foto". — Adriana prosseguiu: — A resposta dele foi: "Ouço isso direto, gata. Tenho vinte e cinco mesmo".

— Mentira isso, não, Bruno? — perguntou a mãe, vendo a máscara do filho cair.

— Eu quis impressionar.

— Não acredito, está querendo proteger essa aí. — A mulher tomou o celular da mão de Adriana e leu mais uma vez, num sussurro. Viu Adriana apanhar o celular de volta e, querendo ter razão, disparou: — Ela poderia ter desconfiado de que se tratava de um adolescente. Onde já se viu uma mulher dessa idade querendo se relacionar com um menino!

— Eu até poderia, você, não — devolveu Noélia. — Veja só você. Não pode achar que seja atraente e...

Ali, com a provocação de Noélia, formou-se mais um tumulto. Adriana interveio com uma pergunta que deixou a mulher desconcertada:

— Onde estava que não viu isso acontecer? Sendo ele menor de idade, indefeso, fácil de ser manipulado, seduzido.

— Estou aqui por isso — defendeu-se a mulher.

— Digo antes — observou Adriana —, quando ele instalou o aplicativo no celular. Tem ideia de quantas pessoas seu filho já conheceu? Por acaso, você o orientou, inclusive dando-lhe informações sobre gravidez, uso de preservativos, ou até de como evitar as ISTs, que são as infecções sexualmente transmissíveis? Orientou o seu filho a se proteger de tudo isso?

— Falo para ele que precisa tomar cuidado porque pode engravidar.

— Não é só isso — rebateu Adriana —, você sabe muito bem do que estou falando e não vou explicar. Agora, ele, sim, foi quem mentiu, se passou por outra pessoa, maior de idade. Minha amiga é a vítima da situação. Ela é quem foi enganada.

— Acho que a polícia deveria ter conhecimento — disse a mulher, um tanto confusa.

— Sério mesmo que insiste nisso? — Adriana quis saber, e viu ali o ar confiante de Noélia e Marlon com um sorriso nos lábios, tentando disfarçar. — Você terá que responder a muitas perguntas se insistir nisso. Sendo ele menor de idade, indefeso, como salienta, você se torna automaticamente responsável por ele. Só o fato de ter permitido que ele tivesse acesso irrestrito ao celular deixou-o livre, exposto à internet, uma terra de ninguém, tornando-se um mentiroso.

A mulher ainda tentou falar algo, mas as evidências eram-lhe desfavoráveis, então, nervosa, acabou chorando, se lamentando da vida, revelando que o pai do menino havia sumido ao saber que ela estava grávida e, de lá para cá, ela só trabalhava para dar conforto ao jovem. Mal tinha tempo de educá-lo como gostaria. Que descobrira sobre Noélia porque, enquanto ele tomava banho, deixou o aparelho desbloqueado e a mensagem dela deu a certeza de que o filho estava vivendo um romance virtual.

Marlon serviu um café e acompanhou a mãe e o filho até a calçada do supermercado. A mulher, visivelmente envergonhada, se desculpando, já havia desistido da denúncia e ameaçava o filho:

— Em casa, a gente conversa. Em casa! — O menino tentava falar, e ela o mandava se calar. Em meio a isso, ela tomou-lhe o celular das mãos e disse: — Devolvo quando fizer vinte e cinco anos, ou quando trabalhar para ter o seu. Esse, você não vai ver mais.

— Duvido! — desafiou o jovem, com um sorriso irônico.

Ela atirou o aparelho no meio da rua. O rapaz ameaçou ir apanhá-lo, mesmo em meio ao fluxo intenso dos carros, mas Marlon, que acompanhava os dois, impediu o rapaz de atravessar a avenida. Não demorou e um ônibus, seguido de um carro, passaram por cima do aparelho, transformando-o numa pasta asfáltica.

Marlon decidiu ir com eles até o ponto, para ter certeza de que não voltariam. Viu a mulher empurrar o jovem para dentro do ônibus. Ao subir os degraus, o rapaz sentiu a mãe puxar o skate e o jogar na rua. Ele tentou voltar para apanhá-lo, mas o ônibus deu partida.

De volta ao mercado, Marlon viu Noélia e Adriana conversando, e, no intuito de pôr ordem, disparou:

— Mais uma dessas, dona Noélia, e já sabe o que vai lhe acontecer. Chega de circo no meu mercado — rosnou ele, ajustando a gravata no pescoço, como se fosse dono do local, esquecendo-se de que também era um funcionário. — Adriana, chega de descanso. Fez uma pausa muito longa já — alertou Marlon, batendo as palmas das mãos, revelando os anéis dourados nos dedos.

As duas concordaram e cada uma foi para o seu posto de trabalho. Ao perceber que Noélia tomara distância, ainda em choque e tentando desviar dos olhares recriminatórios dos outros funcionários, Marlon aproximou-se de Adriana e disse:

— Obrigado. Você soube contornar bem a situação. — Quando ela foi abrir a boca para agradecer, Marlon deu a ordem: — Vamos, o caixa está esperando. Não quero reclamação de formação de fila.

Ao se acomodar no seu posto, vendo Marlon distante, impondo sua presença, Adriana pegou o celular. Havia duas ligações de Luciano, mas não teve vontade de retornar. Em seguida, uma mensagem apitou, chamando a atenção. Ela leu e voltou a se preocupar, retornando aos seus problemas.

"Adriana, precisamos conversar. Não adianta mais adiar. Poderá me encontrar ou vou à sua casa hoje. Hiago."

Luciano, na intenção de se redimir, orientado por Marieta, tentou mudar para agradar Adriana. Seguiu, para isso, as palavras da mãe, que passara a tarde na casa da nora, arrumando, tirando pó, colocando Luciano para ajudá-la.

— Adriana é uma moça de ouro. Respondendo à sua pergunta... — Marieta fez uma pausa enquanto batia as almofadas para afastar o pó. E pensou: *O que será da minha vida sem ela, sem o Jeferson? Depois, tinha...*

— Tem razão, mãe — Luciano interrompeu seus pensamentos. — Eu gosto dela. É a mulher da minha vida.

— Então trata de fazer por merecê-la. E não diga que fiz tudo isso, imagina que decepção se ela souber que continua largado no sofá, não toma iniciativa. É culpa minha e dela, porque a Adriana... bom, nós tratamos você muito bem.

Luciano, amoroso, abraçou a mãe, fazendo algumas brincadeiras, e Marieta se desfez do gesto, fingindo seriedade.

— Vamos logo, tem muita coisa para colocar em ordem.

Luciano, rindo, pegou a vassoura e começou a passar pelos cômodos, quando sentiu uma leve indisposição; o sorriso desapareceu, e seus sentimentos, que passaram a ser negativos, como raiva, medo, tristeza em pensar em sua vida sem

Adriana, serviram de fio condutor para ele se ligar ao espírito de Igor, que permanecia vagando ali na casa.

— Não acredito que vai limpar a casa, com o sol maravilhoso que está lá fora; era melhor jogar videogame no quarto.

— Limpar a casa com esse sol lá fora! Eu poderia jogar videogame no quarto — Luciano falou para a mãe, já totalmente influenciado pelo espírito.

— Nem pensa em parar. Pode retomar a tarefa.

— Vai ficar fazendo o que a mamãezinha quer agora, é? Bebezão!

— Agora tenho que fazer o que a mamãezinha quer, como um bebezão?

— Que é isso, meu filho? Estou te desconhecendo. Vamos, tem muito para fazermos ainda, quero que Adriana veja tudo limpo e comece a perceber que foi você quem fez, que está se esforçando para mudar. É assim que poderá reconquistar sua esposa.

— Manda ela embora, chata, fica aqui falando, falando... — ordenou Igor, próximo do ouvido de Luciano, sabendo do seu forte poder de comando.

— Não quero, tá bom assim. Já está tudo limpo. Pode ir embora, chega! — Luciano fez isso praticamente empurrando-a para fora. Marieta falava, indignada, e ele insistia para que ela fosse embora. — Chata, fica falando, falando...

Igor ria de se contorcer ao presenciar a briga entre mãe e filho.

— Você me respeita! Sou sua mãe.

— Tá, tá... — ele disse ao vê-la fora de casa. Em seguida, Luciano fechou a porta da cozinha com Marieta reclamando, até perceber a voz findando pelo quintal e o portão de acesso à rua se fechar.

— Agora deita na sua cama e vamos jogar — convidou Igor. — Tem duas horas para se divertir, depois para de jogar para arrumar e deixar a casa em ordem para surpreender a Adriana quando ela chegar.

— Agora vou deitar na minha cama e jogar — Luciano repetiu, comandado pelas orientações de Igor. Consultou o relógio e falou em voz alta: — Tenho duas horas para me divertir. Mais tarde arrumo tudo e deixo a casa em ordem para surpreender Adriana quando ela chegar.

Foi quando Luciano ouviu a voz de Izildinha. E, de onde estava, ele podia ver o rosto deformado, colado na porta de vidro da cozinha.

— Que gritaria é essa na minha casa? — A voz do outro lado da porta, através do vidro, parecia ainda mais irritante. — Não admito esse comportamento, está me ouvindo? Peço a casa de volta... quero ver encontrar casa boa e barata como a minha nessa região.

— Outra chata! Enchendo o saco. Minha casa! Mulher possessiva — murmurou Luciano.

O espírito de Igor, conectado aos pensamentos de Luciano, recriminou-o:

— Não fala assim dela, é a minha mãe! — gritou nervoso, alterado. — Pede desculpa, diz que não vai se repetir.

Com isso, restou a Luciano dizer, do outro lado da porta, sem abri-la:

— Desculpe-me, Izildinha. Não vai se repetir.

Luciano viu, então, a mulher mexer na maçaneta, sem sucesso, pois a porta estava trancada. Depois de um momento de silêncio, Izildinha se afastou da porta da cozinha e saiu resmungando até chegar à escada de acesso à sua casa, no andar superior.

Já em casa, Marieta, surpresa com a alteração do filho, pensou: *Tenho meus motivos para que esse casamento não se desfaça, e ter Jeferson por perto. Espero que Luciano não coloque tudo a perder. Agora, que é divertido ver Adriana preocupada que eu conte o que descobri sobre Hiago, pai do seu filho,*

isso é. Essa é a carta que tenho na manga para sustentar esse casamento. Se ela soubesse que não tenho interesse nenhum que tudo seja revelado... boba.

— Tá maluca aí, olhando para o nada e rindo? — questionou Jeferson.

— Estou pensando em fazer algo para a gente. Quer? — Marieta consultou o relógio, considerou ter tempo de sobra, e mais tarde poderia dar andamento aos trabalhos. Estava sendo cobrada pelo material. Advertiu Jeferson: — Se bem que é melhor arrumar seu quarto. Sua mãe anda especulando o cômodo, já reparei. Voltou diferente, atenta. Se ela descobrir, vai sobrar para mim também.

— Que é isso? Não sou vacilão, não! Está tudo bem escondido! *Sic*, se ela souber!

Foi nesse momento que Hiago chegou. Marieta o recebeu muito bem, mas sentiu a urgência dele em falar algo, o que a deixou temerosa de que ele resolvesse ali, do nada, contar para o menino que era o seu pai. Sabia qual seria a consequência disso.

Por esse motivo, Marieta, falante, não o deixou a sós com Jeferson, como ele queria, falou disso e daquilo, a ponto de Hiago se despedir e sair com a certeza de que não era o dia nem o momento de revelar a verdade ao seu filho. Sim, havia saído com esse propósito, mas ao ver Jeferson ali, na sua frente, perdera a coragem. E Marieta também não tinha dado espaço para isso acontecer naturalmente.

Tudo a meu favor, nas minhas mãos. Essa verdade não pode aparecer agora, não agora, pensou ela, ao ver Hiago desaparecer da frente de sua casa.

Adriana, quando abriu a porta de casa, ficou surpresa ao ver tudo arrumado. Em anos de casamento, era comum abrir a porta e ouvir a voz sonolenta de Luciano vindo do quarto, enquanto a casa estava desarrumada, esperando por ela para ser organizada.

Acontece que estava muito aborrecida com o marido, ainda. Toda vez que vinha a lembrança do filho detido na delegacia e saber que ele tinha sido o causador, além de desviar o dinheiro do curso de inglês, ficava pensando nas outras várias vezes em que fora vítima das mentiras dele. Adriana relembrou-se de alguns fatos. Será mesmo que o botijão e o dinheiro do gás tinham sido roubados quando Luciano estava indo até a distribuidora? Será que a dispensa no trabalho se dera porque ele tinha sido assaltado a caminho do banco para pagar um boleto? Agora, mais lúcida, pensava que tudo fora mentira. Já não acreditava mais nele, não conseguia.

Conversava com Luciano no modelo simpático, compartilhando o dia vazio dele, mentindo sobre ter feito entrevistas de emprego para vê-la sorrindo, como funcionara em outras ocasiões, mas agora esse tipo de conversa não a convencia.

Ela pedia forças aos céus para resolver aquela situação. Coragem para contar a Jeferson toda a verdade, revelar de uma vez quem era Hiago, mas temia perder o filho, não ser digna de sua confiança. Parecia fácil, mas não para ela, do nada, chegar e despejar na cabeça dele aquela revelação. Temia a consequência, porque já se adiantava pelas piores hipóteses: Jeferson indignado, revoltando-se, saindo de casa, rompendo relações em definitivo com a mãe...

— Estou vendo umas entrevistas, logo arrumarei um bom emprego e vou poder te ajudar com as despesas da casa — Luciano prometia, mentindo sem receio e sem notar, inclusive, que não a convencia, não amolecia mais aquela Adriana que via na sua frente, rígida, sem a costumeira palavra amiga, sem dar crédito às suas palavras. Diante do silêncio dela, que estava de costas fazendo o jantar, ele prosseguiu, empolgado: — Vou conseguir, e você vai se orgulhar de mim. Vou fazer isso por você.

— Não faça por mim. — Virou-se Adriana, séria, de forma que Luciano a desconheceu. — Faça por você...

Adriana ia falar tudo o que estava entalado havia tempos, mas o celular tocou; era Salete.

Daquela vez, Luciano agradeceu de a sogra ter ligado, pois sentiu que Adriana não estava para brincadeira, e também temia que ela saísse de casa novamente.

Só de imaginar o abandono, ele se sentiu chateado, triste, mais uma vez atormentado por sentimentos ruins que serviam de fio condutor para que sua mente se ligasse à de Igor. Luciano queria sair, dar uma volta, mas a ligação imediata com o espírito o fez recuar. Ele ficou por perto, ouvindo a conversa de Adriana com Salete.

Adriana parecia outra mulher, sorridente, falante, e só ficou séria para contar o episódio de Noélia com o menor de idade. Fez os relatos nos detalhes. Luciano ficou boquiaberto, enquanto o espírito de Igor se divertia com os momentos constrangedores pelos quais Noélia, viciada em aplicativos de namoro, passara.

— Mãe, também me pergunto como o Marlon não a manda embora. Tenho medo de que isso aconteça. Já falei isso para ela, mas Noélia riu, despreocupada. — Adriana fez uma pausa para ouvir a mãe, o que deixou Luciano e Igor curiosos. — Sim, alguma cumplicidade. Coloca ela nas suas orações, mãe. Noélia é uma ótima pessoa, do bem, romântica, ingênua, também carente e desesperada para ter alguém... Sim, não larga esse aplicativo. Já passou por cada situação. Ela diz que não vai mais querer saber disso, que vai desinstalar, mas logo ela se arrepende e está lá, enamorada de uma pessoa por conta de duas palavras que gostaria de ouvir... isso mesmo, um vício.

Conversaram por mais alguns minutos e, antes de desligar, Adriana comentou algo que deixou Luciano curioso, mas sem liberdade de questioná-la.

— Sim, mandou mensagem hoje. Sempre com aquele tom ameaçador... — Adriana percebeu Luciano por perto e desconversou. — Ela fica com medo, é isso, mas está tentando contornar a situação. — Em seguida, Adriana baixou a voz e finalizou: — Falamos depois, mãe; é, agora não dá. Beijos. Sim, sim. Amém.

Desligou o telefone pensando em Hiago. Se soubesse da visita dele para Jeferson naquele dia, ficaria ainda mais aflita. Foi Luciano quem a trouxe para a realidade; influenciado por Igor, especulou sobre Noélia. Adriana, sem perceber a maldade, acabou compartilhando particularidades da amiga, sem ter a mínima ideia do que resultaria essa conversa no futuro. Foi tão aberta em falar do assunto que Luciano, por um tempo, considerou ter voltado às boas com a esposa.

— Esses aplicativos são uma cilada, e, mais uma vez, a minha amiga caiu. Hoje, por exemplo, a mãe de um adolescente foi ao mercado tirar satisfação. Uma cena desagradável.

— Pergunta qual aplicativo a Noélia usa — atiçou Igor, animado, diferente de Luciano, apático.

— Mexer nesses aplicativos exige cautela. A gente ouve cada ocorrência. Sabe qual é o que ela costuma usar? — quis saber Luciano.

Adriana respondeu prontamente, e também deu o apelido que Noélia costumava usar, além de outras informações que o espírito de Igor pedia a Luciano. Ele, por sua vez, repassava para Adriana as indagações de Igor e assim obtinha as respostas.

Após a breve conversa, Adriana pegou suas roupas e foi para o banheiro. Pouco depois, Luciano a ouviu abrir o chuveiro.

Igor festejava pelas informações obtidas. E disse, entre dentes:

— Noélia não sabe com quem mexeu. Não sabe. Ela veio buscar Adriana só para atrapalhar os meus planos de vingança. Agora vai saber do que sou capaz.

Luciano, sentado na cadeira junto à mesa, ainda no lugar de quando conversara com Adriana, murmurou, conectado à vibração de Igor:

— Noélia não sabe com quem mexeu. Não sabe. Ela veio buscar Adriana só para atrapalhar os meus planos de vingança. Agora vai saber do que sou capaz.

Na manhã seguinte, logo que estava chegando ao mercado, Adriana consultou as horas no celular e logo na sequência ele tocou. Era Salete. Estava com tempo de folga, por isso a atendeu e diminuiu os passos, já no estacionamento do mercado.
— Não fui mais porque estou correndo muito, vários problemas. — Adriana tentava se justificar pela falta das visitas semanais.
— Sei bem por que não vem me visitar, por causa da sua prima. Às vezes você parece aquela criança assustada que entrava de madrugada no meu quarto, com medo do fantasma imaginário atrás da porta.
— Está me chamando de criança? Eu?!
— Sim, e de imatura também. Minha filha, você não é mais aquela criança. Precisa enfrentar de uma vez essa situação. Enfrentar esse fantasma. Arrasta pela vida algo que não vejo em Evelyn nem no Hiago, mas para você tem uma força terrível, pesada.
— Porque fui a maior prejudicada. Perdi o amor da minha vida, perdi a minha então irmã. Fiquei grávida, sozinha. O que mais?
— Você não estava sozinha — ponderou Salete. — Não seja dramática e ingrata.
— Desculpe, mas me senti tão desnorteada. A senhora está certa, a sua força me ajudou muito a continuar.
— Não digo por mim, mas o Jeferson veio no momento em que você se sentia só, e ele preencheu sua vida de luz, de amor.

Salete percebeu a filha chorando. Fez uma pausa e prosseguiu, amorosa:

— Será que não é hora de encontrar-se com a sua prima? Gostaria muito que desse essa chance, para Evelyn também ter a chance dela de esclarecer os fatos. Sei, já falou sobre o que sente, mas se sentiria mais leve se desabafasse. Temo que você possa adoecer carregando esse ódio no coração. Ela errou, sim, mas você, minha filha, pode ser nobre e perdoar.

— Isso de novo não, mãe. Principalmente agora, porque estou chegando no trabalho. Falamos mais tarde? — finalizou Adriana, com a voz ainda embargada.

— Tudo pelo seu bem, filha. — Salete fez uma pausa, pensou em insistir, mas se conteve ao finalizar: — Que Deus te abençoe. Te amo.

— Te amo também, mãe.

Adriana jogou o celular na bolsa e fechou o zíper, encaixou as alças no ombro e apertou o passo. Ela quase deu um encontrão em Marlon. Ele já estava na entrada, como se fosse um segurança, a roupa impecável, o perfume característico, assim como a língua afiada.

— Chegou cedo, muito bem. Já a sua amiga...

Depois de cumprimentá-lo cordialmente, Adriana caminhou para o vestiário onde tinha armário para guardar seus pertences, mas antes tirou o celular da bolsa e o ajeitou no bolso. Mesmo sabendo da proibição, os funcionários andavam com o aparelho no bolso. Por vezes, a prática era ignorada por Marlon.

— Bom dia, CPF, sacola? — perguntava Adriana, já instalada no caixa e olhando ao redor, procurando por Noélia.

Com o passar das horas, sem notícias, aproveitou o momento livre e mandou mensagem para Noélia, que respondeu prontamente:

"Acordei atrasada, menina. Estou a caminho. Marlon já sabe. Reclamou, mas o banco de horas que tenho daria para ficar em casa por uns quinze dias, e sendo bem remunerada. Ah! Conheci um príncipe. Ele não é daqui. Depois te conto tudo. Estou no céu".

Adriana terminou de ler, imaginando o sorriso estampado no rosto da amiga.

Como será esse novo pretendente de Noélia?, pensou, reflexiva, lembrando-se dos últimos acontecimentos. *Tomara que seja alguém legal.*

Pouco antes do almoço, o seu celular tocou. Adriana tirou o aparelho do bolso, mas Marlon estava perto, e ela não atendeu. Não demorou e novamente o sentiu vibrar. Olhou o visor, que já marcava três ligações perdidas. Preocupada, pediu para ser substituída e ir ao banheiro, na intenção de retornar as ligações de Marieta, pois o número era da casa dela.

Adriana foi atendida no primeiro toque. Ao ouvir a voz aflita da sogra, assustou-se.

— Como?

Marieta falou apressada, e, a cada palavra, o rosto de Adriana se modificava, abalada, chocada.

— O que fizeram com o meu filho? Isso não pode ter acontecido. Cadê o Jeferson, Marieta?! Meu filho... — As últimas palavras já saíram aos tropeções.

Capítulo 16

Não somos os mesmos de ontem

Algumas horas antes.

— Te amo muito, minha filha — Salete falou baixinho. — Que os bons espíritos estejam por perto, ajudando e orientando você, minha querida — ela concluiu, e colocou o celular sobre o móvel.

— Falando sozinha, tia? — perguntou Evelyn, querendo quebrar a tensão que sentia no ar, em parte por ter ouvido o trecho da conversa da tia, o bastante para saber que falava com Adriana.

— Já de pé? Vamos tomar um café? Fiz aquele bolo que adora. — Salete fez o convite com um dos braços em volta da cintura da sobrinha, conduzindo-a para a cozinha.

Salete recordava do tempo em que as duas eram pequenas, das travessuras que a faziam rir, mas que disfarçava sobre uma capa de austeridade, de vez em quando, para não fortalecer as peraltices das primas. Evelyn disfarçou a emoção e, depois de um silêncio prolongado, já com o pedaço de bolo na mão e a xícara de café quente com a fumaça dançando pelo ar, falou de forma direta, pegando Salete de surpresa:

— Adriana não vai me perdoar. Eu sei.

— Conheço a minha filha, não acredito que continuará tão resistente. Ainda mais que você voltou. Estou tão feliz por tê-la aqui que temo perguntar quando vai partir. Sei que vai. Você é livre, é solta, é do mundo.

— Não vou antes de conversar com a minha prima, que considero minha irmã. Será que voltaremos a ser como irmãs, como fomos um dia? Eu aprontei feio com ela. Vim para dizer que não sou mais aquela de anos atrás.

— Adriana também não é mais a mesma daquele tempo — observou Salete. — Interessante. Como é a vida. Parece até que você combinou com o Hiago de voltarem ao mesmo tempo para a vida de Adriana.

— O Hiago está no Brasil? Não tive mais notícias dele depois...

— Sim — Salete a cortou, amável —, ele esteve em casa, conheceu o Jeferson... — Ela parou de falar, considerando ser um assunto particular entre a filha e o neto. Não concordava com o silêncio de Adriana em revelar para o filho quem era o seu pai. Disse, então: — Acredito que a vida está dando a chance para minha filha de acertar essas questões do passado, que ela insiste em carregar no coração como uma âncora.

— Queria ter essa sua evolução, sabe, tia? Eu a vejo tão acima de tudo, imparcial, mas com as palavras certas, apaziguando, espalhando paz e bom senso. Você poderia ter tomado partido, afinal, Adriana é sua filha.

— Madrinha é segunda mãe, esqueceu? — ajuntou Salete. — Além do mais, você também é minha sobrinha, filha da minha amada irmã. — Ela aproximou-se de Evelyn e beijou seu rosto, emocionada. — Quero muito bem vocês duas e desejo vê-las como um dia foram, unidas, cheias de segredos, cúmplices.

— É o que vou fazer! — Evelyn disse, decidida ao levantar-se e sair apressada da cozinha, deixando Salete sem entender nada. No entanto, ela permaneceu na cozinha, servindo-se de mais café e bolo.

Não demorou e Evelyn apareceu toda arrumada, camisa branca solta sobre o jeans apertado, salto alto. Ela prendeu os cabelos enquanto falava com a tia, deixando alguns fios soltos, o que lhe dava um charme. Os brincos de argolas pequenas e com pedras brilhantes enfeitavam e deixavam o seu rosto ainda mais bonito.

— Como é que falam? — Evelyn fez a pergunta a si mesma. — Se a montanha não vai a Maomé, vai Maomé à montanha. Então, lá vou eu.

— Como assim, vai aonde? — indagou Salete.

— Vou fazer o que já deveria ter feito e não fiz, tia — Evelyn disse rindo. Beijou o dedo indicador e do meio e os pousou delicadamente no rosto de Salete. — Só peço que me deseje boa sorte. Vou precisar — Evelyn se despediu e saiu exalando seu perfume pela casa, com Salete a seguindo até o portão.

Já na calçada, por sorte, um táxi passava e Evelyn acenou e entrou. Antes de o carro partir, respondeu para a tia da janela do passageiro, toda sorridente:

— Vou encontrar a Adriana. Achei o endereço num envelope sobre a cômoda do quarto. Parece recente. — Evelyn virou-se para o motorista e lhe mostrou o endereço do envelope: — É nesse endereço que eu vou, moço. Rápido, por favor, estou uns anos atrasada. — Ela acenou para a tia, que tentava lhe dizer algo, mas o carro partiu.

— O endereço deve ser da casa de Adriana, e ela está trabalhando. Não vai encontrá-la ali. — Salete ficou parada, apoiada no portão, deixando as palavras morrerem nos lábios, vendo o carro dobrar a rua, e acabou sorrindo. Pensou em como a sobrinha era impulsiva, sempre fora, mas tinha que observar que Evelyn voltara ainda mais decidida, como se tivesse urgência. Algo a fazia querer resolver logo todos os problemas do passado.

Salete só não fazia ideia do que poderia ser...

Evelyn saltou do táxi e ficou ali parada em frente à casa. Sentiu o coração acelerado. Há quantos anos não se viam? Como seria recebida? Estava preparada para receber pedras e sabia, no íntimo, que merecia. E estava pronta.

Antes de tocar a campainha, Izildinha a viu da escada de sua casa. De onde estava, avistou a moça bonita, bem-vestida, e o perfume que sentiu, ao se aproximar, a deixou certa de que se tratava de uma mulher distinta, fina.

Muito simpática, Evelyn anunciou ser prima de Adriana. Izildinha, que se via diante de uma artista, logo a reconheceu. Não escondeu a admiração e abriu o portão, já se lembrando da dançarina dos programas de auditório.

— Entra, faz favor. Não sabia que Adriana tinha uma prima artista. Que prazer recebê-la em minha casa. Famosa! Por aqui — Izildinha dizia, fascinada, guiando Evelyn pelo quintal com pisos estourados, paredes reclamando a falta de pintura, a torneira do tanque pingando. — Ela mora com o marido na minha casa. Moram aqui faz muitos anos! Pagam direitinho. — Izildinha baixou a voz e encostou o rosto perto do ombro de Evelyn, como se assim fosse revelar um segredo: — Adriana é quem paga, eu bem sei disso. Ele é um encosto na vida dela, coitada. Só aluguei porque sou muito amiga da Marieta, minha vizinha, mãe do Luciano. — Evelyn não estava entendendo nada, e Izildinha, percebendo que não estava sendo compreendida, explicou: — Luciano é o encosto, o marido da sua prima. — Izildinha abriu um sorriso e depois virou-se séria diante da porta da inquilina.

— Eu não avisei, nem sei se devo... — Evelyn sentiu-se meio invasiva.

— Imagina, boba! A Adriana vai amar. Só não sei se está em casa. O marido está, com certeza.

Izildinha bateu na porta e nada. Silêncio. Como conhecedora da casa, e possessiva ao mencionar que era a proprietária, sabendo os segredos de portas e janelas, conseguiu destravar a janela da cozinha, carente de reparos e de pintura, abrindo um vão para o cômodo, onde encostou o rosto e gritou por Luciano de forma rude, depois, amável, disse para Evelyn:

— Não está mesmo. Ela está trabalhando, acho. Ele, se estivesse em casa, estaria jogando, bebendo ou dormindo. É um encosto, minha filha, daqueles.

— Evelyn?! — perguntou admirado o espírito de Igor pelo vão aberto por Izildinha. — Meu amor, é você? Não posso acreditar nisso. Há quantos anos não nos vemos... meu amor...

Evelyn não ouvia nem sentia a presença de Igor, a não ser por uma fração de segundo em que lhe batera uma emoção forte, um aperto no peito, tanto que levou a mão na altura do coração.

— Está tudo bem, querida? — Izildinha perguntou. Notando que Evelyn estava sorrindo, afirmando estar bem, Izildinha, já se considerando sua melhor amiga, passou o braço no braço da outra e num breve resumo contou sua tragédia pessoal, a perda do marido, do filho amado. — Tenho fotos dele. Precisa ver, era tão lindo. Acredito que ainda continue lindo. Salete disse que o espírito é eterno, que o que morre é a matéria, é o corpo físico. Acho tão confortante conversar com ela sobre a vida após a morte. Lamento que ela raramente venha aqui.

— Lamento muito — tornou Evelyn. — Bom, preciso ir. Acho que me precipitei em vir aqui. Foi mais um impulso, a urgência de rever a minha prima.

— Saudade?

— Mais que isso, dona Izildinha.

— Vamos na Marieta, sogra dela. Não pode vir aqui... — Ela fez uma pausa e lembrou-se de algo que poderia fazer Evelyn ficar ali por mais tempo. Estava maravilhada com a "artista". Não tinha lembrança de ter contato com alguém famoso, capa de revistas, jornais. O mais perto que tivera de alguém famoso tinha sido um vizinho, quando moça, ainda morando com os pais. O rapaz, por ciúme, matara a prima por quem era apaixonado e fora parar nas páginas policiais. Era bonito o rapaz, por isso ficara muito popular, mas, infelizmente, por conta do crime que havia cometido. — O Jeferson deve estar lá...

Izildinha pôde ver o brilho nos seus olhos, a emoção. Então, por tudo isso, Evelyn não recusou e poucos minutos depois estava na casa de Marieta.

Marieta a reconheceu logo que a viu. Luciano, quando Adriana estava no trabalho, exibira a foto de Evelyn no jornal, todo orgulhoso por ter uma parenta famosa.

— Ela é prima da Adriana, não sua.
— Mas é como se fosse, mãe.

Marieta riu ao se lembrar dessa conversa. Abriu a porta para recebê-la e passou a conversar como se fossem velhas conhecidas.

— Você me desculpa, é que vi suas participações na TV, acompanhei sua carreira.

— Carreira internacional — completou Izildinha, ainda mais eufórica.

— Muito obrigada. E o Jeferson, cadê? — quis saber Evelyn.
— No quarto dele. Vou chamá-lo.
— Pode deixar — Evelyn pediu —, vou surpreendê-lo — ela disse, enquanto andava pela casa, indo na direção do quarto que Marieta apontou com o dedo.

Evelyn abriu um sorriso, ansiosa para vê-lo, deixando Izildinha e Marieta a enumerar as qualidades da moça. Estavam, sem disfarçar, fascinadas.

Ao abrir a porta, Evelyn admirou-se ao ver o rapaz que Jeferson se tornara. Era como voltar no tempo e estar diante de Hiago, bem jovem. Não só isso a deixou admirada, mas com o que o rapaz estava fazendo no seu quarto.

— Ei, como entra assim, sem bater? Slc... — reclamou Jeferson, recolhendo tudo o que conseguia e mais rápido ainda escondendo dentro do guarda-roupa, ou jogando debaixo da cama.

Evelyn estava tomada pela emoção, indiferente aos comentários do rapaz. Ao vê-lo falar, ainda com as gírias, sentiu-se mais perto de Adriana e teve tanta vontade de abraçá-lo, que não resistiu.

Sem jeito, Jeferson retribuiu, mas logo se afastou.

— Você é ainda mais bonita pessoalmente, tá ligada? Minha vó me disse que estava por aqui. Minha mãe me proibiu de ir lá. Treta de vocês.

— Queria tanto conhecer você. Feliz por ter me reconhecido, mesmo sem terem nos apresentado — disse Evelyn, sinceramente emocionada.

— Valeu pelos presentes — Jeferson agradeceu, tímido, ao vê-la com os olhos fixos no seu rosto, admirando-o.

— Sei que sua avó deu todos que mandei, que podia brincar lá na casa dela, isso porque sua mãe não deixava você trazer para casa. Adriana só não jogava fora porque sua avó não permitiu — ela falou, forçando o riso.

— Gostei de todos, parça. Um dia escondi um na roupa e levei para a escola. Sucesso.

— Garoto, como eu queria ter participado mais da sua vida, do seu crescimento. Eu teria sido sua madrinha, pode me respeitar, ainda que oficialmente não fui. Sua mãe falava isso quando... — Evelyn respirou fundo para não deixar as lágrimas escaparem. — Nós éramos tão próximas. Como é difícil fazer algumas escolhas na vida e abdicar de outras tão valiosas, mas que só descobrimos que têm valor lá na frente, depois da decisão tomada, sem possibilidade de voltar atrás.

— Ela percebeu que estava sendo um enigma para o jovem, por isso mudou de assunto. — E me conta: sua mãe sabe que você...

— Não! — Jeferson a cortou. — Disso que viu... não! Ela me mata se souber, pow. Não vai contar, né?

— Quem, eu?! Que é isso, você não me conhece.

— Valeu. Tiro uns trocados e tenho prazer nisso também. Minha mãe nunca vai entender essa parada.

Evelyn sorriu e concordou:

— É verdade. Sua mãe foi plateia para muitas das minhas aventuras, não participava, ria muito, mas era sempre a boa referência nos conselhos, nos exemplos. Agora, não sei como ela ainda não descobriu. Menino, certa vez ela mexeu nas minhas coisas e descobriu uma camisinha...

Os dois riram e Evelyn, pela primeira vez no encontro, sentiu o rosto arder de vergonha. Acabara de conhecer Jeferson e se tratavam como melhores amigos, dizendo particularidades que só Adriana sabia. Aquela aproximação a deixou à vontade, e não tinha outra explicação, era como uma sensação de voltar no tempo.

— Bom, vou indo. Quero ver sua mãe, mas ela está trabalhando.

— Se quer encontrar, veio no lugar errado. Quase a gente não se vê, ela só trabalha.

— Se bem a conheço, faz isso para oferecer o melhor que pode. — Evelyn abraçou o rapaz e o beijou. Na sequência, desfeito o gesto, deu dois passos de costas para a porta, com os olhos em Jeferson. — Impressionante como você é a mistura dos seus pais. Vejo os dois em você.

— Conheceu meu pai? — entusiasmou-se Jeferson.

— Sim. Acho que sua mãe teria sido feliz se eu não o tivesse conhecido tão bem.

— Tô ligado.

— Imagino que está feliz agora que ele está por aqui, por perto... A tia Salete falou que ele te conheceu por esses dias.

— Meu pai? Ele morreu. — Jeferson fez uma pausa, sentindo o rosto quente, os olhos represarem lágrimas enquanto tentava entender o que estava acontecendo: — Ei, meu pai está vivo? Foi isso mesmo o que disse? — Vendo Evelyn tentando negar, repetiu: — Ele me viu? E por que não falou comigo?

— Não, espera, eu... — Evelyn logo percebeu que tinha falado mais do que devia e revelado algo que, provavelmente, Adriana escondia do filho. Embora muitos anos separadas, ela a conhecia o bastante para saber da sua reação depois de tudo.

Jeferson, com aquela revelação, se transformou.

Marieta, seguida por Izildinha, chegou bem nessa hora, para anunciar que a mesa do café estava posta e caprichada. De fato, havia colocado tudo o que tinha para oferecer; no entanto, deparou com a voz alterada de Jeferson, e Evelyn tentando contê-lo, em vão, porque o tumulto se fez.

— Não vou perguntar para você! — Jeferson rangeu os dentes, olhando para Marieta, que já havia se inteirado do assunto e ficou paralisada.

Marieta não queria aquela verdade entregue assim, do nada, antes de ela completar seus planos. Temia que agora, com a revelação, Adriana fosse embora e com ela levasse Jeferson. E como ela precisava dele por perto!

— Jeferson, meu querido — ela disse, tentando apaziguar.

Ele, irritado, devolveu, encarando Marieta com fúria:

— Com certeza, você sabia. Slc, esconderam de mim... Já sei onde conseguir a verdade. Vó Salete vai dizer. Ela nunca mentiria para mim.

Jeferson saiu correndo, ágil. Tanto que Evelyn, cercada por Marieta e Izildinha, tentava lhes explicar que falara demais e o impacto que suas palavras tinham causado em Jeferson. Depois, desvencilhando-se das mulheres, Evelyn saiu apressada, agradecida e, já na rua, olhou para os lados para ver se ele ainda estava por perto. Nada. Restou a Evelyn pegar um táxi com destino à casa da tia.

Mais forte que o tempo

No interior da casa, Marieta permaneceu em silêncio por um tempo, tentando digerir os desdobramentos daquela revelação. Por fim, disse num murmúrio:

— Essa bomba colocará um fim no casamento do meu filho.

Izildinha não entendeu o motivo, não sabia que aquele segredo mantinha Jeferson longe do pai e sustentava o casamento de Luciano. Marieta havia considerado que levaria por um bom tempo aquele segredo, mas Evelyn, em apenas uma visita, modificara tudo.

Já Izildinha, olhando a vizinha, logo pensou: *Sendo assim, acabando o casamento, Adriana vai embora. Não quero Luciano na minha casa. Encostado, sem dinheiro para pagar o aluguel. Além do mais, pagam um preço abaixo do mercado. Os imóveis na região custam quase o dobro. Tomara que se separem mesmo.* Em seguida, falou para consolar a amiga e vizinha:

— Fica tranquila. Vai dar tudo certo. Não vão se separar, tantos anos juntos, vão superar os problemas.

Marieta, indiferente às palavras da vizinha, correu para pegar o telefone. Ligou para Adriana, e ela não atendeu. Deu caixa postal. Ligou novamente, e nada de a nora atender.

— Está muito nervosa — observou Izildinha. — Melhor tomar algum remédio para a pressão, ou uma água com açúcar.

— Vou tomar o meu remédio da pressão. Não tomei hoje — disse Marieta. e saiu em direção à cozinha, bem quando o telefone tocou. Ela gritou de lá: — Deve ser a Adriana, vou atender. Sempre que ela vê as minhas ligações, retorna na sequência.

Izildinha pegou o celular e levou até ela. Marieta atendeu nervosa e disparou:

— Adriana, aconteceu o pior e a culpa não é minha. Sua prima esteve aqui e contou para o Jeferson que o pai está vivo, que veio vê-lo!

— O quê? — perguntou Hiago, do outro lado do telefone. — Então ele sabe que sou o pai dele? — indagou, empolgado, sem medo de revelar a verdade. — Meu filho sabe de mim?

Marieta sentiu o rosto pegar fogo. Não podia acreditar no fora que dera e que não tinha conserto. Apertou o telefone nas mãos, querendo dizer algo para desfazer a revelação, mas ficou atordoada, muda, enquanto Hiago estava eufórico, insistente.

— Acho que não sabe o seu nome — Marieta conseguiu falar. — O menino foi pego de surpresa. Achava que o pai estivesse morto, de repente descobre que está vivo. Tentei acalmá-lo, mas Jeferson nem me ouviu. Saiu correndo para a casa da avó e...

O telefone ficou mudo. Foi o tempo de Marieta colocar o aparelho no móvel para tocar novamente. Desta vez era Adriana, e a sogra não escondeu o que tinha acontecido.

— Sim, Adriana, Jeferson sabe que o pai está vivo. Ele está a um passo de saber que Hiago é o pai dele. — Houve uma pausa. Adriana gritava do outro lado da linha, e Marieta disse: — Foi o que aconteceu. A sua prima... — Foi novamente interrompida por Adriana, possessa. — Ele saiu daqui dizendo que iria para a casa da Salete. Jeferson sabe que lá vai encontrar a verdade.

Capítulo 17

Novamente juntos

    Salete estava borrifando suas plantas, sem falar nada, o que não era costume, pois gostava de conversar, rir, era o momento de relaxamento. No entanto, o silêncio se estabelecera porque estava angustiada, sentindo que poderia acontecer algo desagradável. Achou, no início, divertida e corajosa a atitude de Evelyn, de procurar por Adriana, mas depois refletiu sobre a consequência que o suposto encontro poderia trazer. E não tardou para Salete descobrir que estava certa.

    Evelyn foi a primeira a chegar. Estava agitada, olhando por todos os lados, como se estivesse procurando algo. Salete percebeu e a questionou; rapidamente, Evelyn a deixou a par de tudo.

— Depois que dei o fora, tia, Jeferson disse que viria para cá. Não chegou? — perguntou Evelyn, andando pela casa e olhando ao redor. — Falei demais. Quando você me disse que Hiago estivera por aqui, com ele, achei...

— Não se abale. Também não lhe contei que Hiago vinha pressionando a Adriana a revelar a verdade ao Jeferson. Apesar de tudo, Hiago foi gentil em deixar a cargo de Adriana contar a verdade ao filho. Ele considerou que meu neto teria um impacto menor se soubesse pela mãe, porque Adriana sempre disse a ele que o pai estava morto. Inventou uma história para sepultar a curiosidade natural do Jeferson.

— Desculpe-me, tia. Eu agi pela impulsividade. Não tencionava causar esse rebuliço — Evelyn foi sincera em dizer.

Salete, gentil, abraçou-a e a beijou, garantindo que ela não tinha culpa.

— Acho que Adriana teve todas as oportunidades de revelar a verdade ao Jeferson. Foi protelando. Agora não tem mais como evitar essa conversa com o filho. Mesmo que seja dolorido, que mexa com as feridas que considerava cicatrizadas, Adriana precisa esclarecer. Ela vai te culpar, sim, não duvido disso, mas porque vai querer achar um culpado por não ter tido a coragem de assumir as verdades da vida — Salete finalizou com um ar de riso que confortou a sobrinha.

— E onde está Jeferson? — perguntou Evelyn, preocupada. Ela se desfez do abraço, e mais uma vez foi olhar pela janela, abrir a porta de acesso à rua, mas sem sinal do garoto.

— Deve estar vindo de ônibus. Vamos manter a calma — Salete disse numa voz conciliadora, enquanto tentava ligar para o celular do neto. Deu caixa postal.

Não tardou e puderam, da sala onde estavam sentadas, ouvir o portão se abrindo e a voz de Adriana chamando pela mãe. Evelyn se adiantou e correu para abrir a porta. Salete apareceu logo depois.

— Mãe, o Jeferson...

Como se tivessem combinado, Hiago chegou logo atrás de Adriana, perguntando pelo filho. Seguiu Adriana, que passou afobada pela porta. Hiago a seguiu e também entrou.

— Depois de tantos anos, você voltou já fazendo das suas. Não sei por que fiquei surpresa quando soube — vociferou Adriana, diante de Evelyn.

— Bom, acho que vocês três tem muito o que conversar. Vou até o ponto de ônibus esperar pelo meu neto — ajuntou Salete. Adriana fez menção de seguir a mãe, que a impediu: — Fique, minha filha. É hora de enfrentar os fantasmas. Lembra-se do que já falamos? — E Salete saiu, fechando a porta.

Passados tantos anos, estavam os três juntos novamente. Adriana, Hiago e Evelyn. O destino pode embaralhar as vidas, mas tem propósitos e, em algum momento, promove reencontros necessários.

๑๏

Noélia pouco estava preocupada com os comentários de Marlon sobre a saída apressada de Adriana.

— Ela precisou sair mais cedo para resolver problemas particulares. Eu deixei.

— Olha o exemplo! — Marlon não estava nada contente. — Acho que devemos constituir regras... normas sobre os motivos de saída. Tenho observado o número elevado de atestados dos funcionários. Estava pensando, inclusive, em não aceitar mais atestados às segundas-feiras.

— Certo, e como vai fazer isso? Vai impedir as pessoas de adoecerem no fim de semana, ou na segunda-feira? Tem esse poder? Marlon, esquece. Vai querer alterar regras do mercado por conta da saída da Adriana? Ora, ela tem crédito, você sabe bem disso.

— Sei, mas... — ele disse sem argumentos, ajustando a gravata no colarinho, típico de quando estava nervoso. —

Sei que são funcionários sob seu controle, mas você precisa mantê-los com rédeas curtas.

— Controle, rédeas curtas... sua cartilha está bem ultrapassada, não acha? — questionou Noélia, sem se preocupar com o fato de ele ser seu chefe imediato. — Marlon, dá licença, tenho reunião de vídeo com um dos nossos fornecedores. Depois nos falamos. — Noélia saiu apressada. Marlon tinha mais o que dizer, mas se sentiu sem jeito, e foi dar sua ronda pela mercado.

Já na sala reservada para a chamada em vídeo, Noélia fechou a porta e consultou o relógio para ter certeza de que ainda faltavam alguns minutos para a reunião. Ela se conectou ao aplicativo de namoro. Depois de alguns toques, acessou a foto de um homem de costas, em cuja legenda estava escrito: "sigilo". E assim iniciou a conversa, com os olhos vidrados, como uma viciada em jogos.

"Meu amor, você demorou. Estava com saudades" — escreveu o homem.

"Tenho reunião daqui a pouco, mas passei rápido para dizer o quanto te amo" — escreveu Noélia, já íntima, como se estivessem juntos há anos, quando, na verdade, só tinham se conhecido há poucos dias. — "Parece que a gente se conhece faz tempo."

"Quem disse que não? Sabia que ia conhecer a minha princesa brasileira aqui. E ela é você. Não poderia ser outra."

"Sabia que ontem dormi olhando suas fotos no celular?"

"Minha princesa. Não preciso nem olhar mais para as fotos, sua imagem está registrada na minha memória e no meu coração. Estou sempre me lembrando de você."

Ao ler essa última mensagem, Noélia se derreteu. Pediu para ele escrever de novo, principalmente a parte em que a chamava de princesa. Tudo porque o homem se identificava por príncipe, e garantiu que vira nela a mulher com a qual sonhara por toda uma vida. Ele escreveu mais alguns galanteios e frases prontas, que Noélia sempre desejou ler ou ouvir, e assim ele tinha a certeza de que, a cada troca de mensagens, mais apaixonada ela estaria por ele.

Em meio à conversa morosa e amorosa, ele escreveu:

> "Tenho um assunto delicado, minha princesa, chato mesmo, mas conto contigo. Não saberia para quem pedir isso".
> "Meu príncipe, fala logo, o que foi?"
> "Se puder depositar seis mil reais na conta do meu assessor aí do Brasil, eu ficaria imensamente grato. Eu tive um problema no banco, não sei o que está acontecendo."
> "Seu problema é meu também. Claro que posso. Depois, sei bem como a tecnologia às vezes mais atrapalha do que ajuda."
> "Desculpa, levantar isso agora, nessa conversa tão agradável."

Minutos depois, Noélia estava com a conta anotada e se despedindo do príncipe apaixonado com a promessa de conversarem mais tarde, quando ela estivesse no conforto do seu apartamento.

> "Meu amor, não vai atrapalhar mesmo?"
> "De forma alguma."
> "Obrigado. Toma muito cuidado, viu? Gosto muito de você e, se souber que algo de ruim está lhe acontecendo, sou capaz de pegar um avião e baixar aí..."

Noélia ria ao se lembrar das últimas palavras dele. Sentia-se protegida, segura. Olhou para o relógio, faltavam cinco minutos para o início da reunião. Não pensou duas vezes: pegou o papel com os dados bancários, apanhou a carteira e saiu para ir ao banco que ficava vizinho ao mercado.

— Se eu me atrasar um pouco para começar a reunião, não tem problema. Meu príncipe precisa e vai ficar orgulhoso de mim — tornou ela, apaixonada.

Adriana atirou a bolsa nas almofadas, que antes estavam alinhadas sobre o sofá. Fez isso com força, depositando no gesto a raiva que sentia. Estava também experimentando um misto de sentimentos diante de Hiago e de Evelyn, depois de anos. E pensar que tinham sido inseparáveis. Se aquela sala falasse, contaria episódios divertidos, emocionantes. O cômodo serviria de palco para vários acontecimentos. Beijos, revelação da gravidez, brigas, términos, voltas, idas sem volta...

— Tão bom ver você novamente, Adriana — Evelyn dizia de forma sincera, a voz embargada pela emoção, ignorando a fúria que a outra demonstrava.

— Lamento não sentir o mesmo. Ainda mais agora, que veio para desestabilizar a minha vida e a vida do meu filho.

— Calma lá, Adriana — repreendeu Hiago, em defesa de Evelyn. — Pelo que entendi, pelo que sua sogra contou, Evelyn falou sem a intenção de causar tudo isso. Pensou que Jeferson sabia de mim.

— Logo vi que iria defendê-la. Vocês se merecem. Na verdade, não sei o motivo de terem saído do passado, estava tudo indo bem, tudo perfeito, até voltarem para...

— Será mesmo, Adriana? — questionou Hiago, cortando-a. — Então acha justo fazer meu filho viver numa mentira que você criou?

— Não tem o direito de voltar depois de anos, depois de ter nos abandonado, e bancar o bom pai. E ainda quer sair de herói. Você não foi um herói, foi um monstro. — Adriana sentiu os olhos represados de lágrimas. — Não esteve presente no nascimento do Jeferson, não passou noites em claro, não correu nas madrugadas para um hospital público, enfrentando filas de espera, desesperada para atenderem logo o menino com febre que não passava. Não viu o primeiro ano de vida, ele dando os primeiros passos. Também não o viu voltando da escola feliz, ou perdendo o primeiro dentinho. — Adriana fez uma pausa rápida, enquanto passava as mãos pelo rosto coberto de lágrimas. — Você perdeu os desenhos que ele fazia com o pai imaginário. Quando disse que estava morto, ele começou a desenhá-lo no céu. E, no Dia dos Pais, o que eu fazia para ele não sofrer... Você não estava lá, por isso não pode nem imaginar.

— Deveria ter dito a verdade — Hiago falou baixinho, disfarçando as lágrimas que brotavam dos olhos negros.

— A verdade? Acha mesmo que a verdade seria menos dolorosa?

— Sim, a verdade. — A voz dele começou a se alterar. — A verdade, mil vezes a verdade. Deveria revelar que eu estava preso, cumprindo pena, mas vivo, que o amava, que um dia viria vê-lo, conhecê-lo... Ou acha que lá, atrás das grades, eu não sentia falta de ver esse menino, de senti-lo num abraço afetuoso, imaginando a voz de criança me chamando de pai? Toda vez que tinha visitas no presídio e aparecia uma criança, eu me emocionava, sonhando que poderia ser o Jeferson, meu filho. Meu filho, Adriana! E você não tinha o direito de me matar para ele. Não tinha. — Naquela altura, Hiago já não conseguia represar as lágrimas que escorriam livremente pelo rosto. Ele respirou fundo e prosseguiu: — Um dos momentos felizes que tinha lá dentro era a oportunidade de escrever cartas e ter a esperança de que você as lesse em voz alta para ele ouvir, principalmente nas partes em que dizia que minha vida não tinha significado sem vocês dois.

— Foi culpa minha. — Evelyn sentia as lágrimas descerem pelo rosto.

— Ainda bem que sabe. — Adriana lançou a frase como flecha, impiedosa, sem se sensibilizar com a prima. — Se tivesse ficado no Sul, distante, não tenha dúvida de que nossa vida seria bem melhor.

— Você não foi a única vítima disso tudo — disparou Hiago.

— Sim, eu fui a única — bradou Adriana. — Abandonada grávida pelo homem que amav..., traída pela prima. Vocês seguiram a vida de vocês, foram ser felizes juntos. Eu fiquei. Por que não me esqueceram? Por que voltaram, meu Deus, por quê?

— Fizemos escolhas e vivemos as consequências delas. — Evelyn tomou a iniciativa. — Nós três erramos, querendo acertar, desejando trilhar o caminho da felicidade. — Adriana ameaçou falar, mas Evelyn deixou sua voz sobressair: — Até você, Adriana, vivendo presa à dor do passado, se colocando como vítima, errou, mas se tornou uma mulher independente, refez sua vida, se casou. A sua vida seguiu adiante, e você saiu forte disso tudo.

— Tenho que agradecer vocês por isso? — ironizou Adriana.

— Saiu forte e permaneceu ressentida — completou Hiago.

— Era só o que me faltava! — Adriana ameaçou pegar a bolsa, mas Evelyn a tirou de sua mão e continuou:

— Eu vim pedir perdão. — O silêncio se fez e, logo em seguida, Evelyn disse, sincera: — Quero pedir desculpas para você e para o Hiago.

— Quanto a mim, está tudo certo, não tenho o que perdoar. — Foi a primeira vez que Hiago falou olhando para Evelyn. — Ninguém tem culpa de nada do que me aconteceu, das escolhas que fiz. Eu fui o responsável pela minha desgraça. Não culpo ninguém.

— Sempre cavalheiro, Hiago — Evelyn comentou, emocionada. — Você permitiu que a minha vida tivesse sequência, que tudo me acontecesse da melhor forma possível. Acho que é o momento de dizer...

— Nada a ser dito, Evelyn — interrompeu Hiago e emendou: — Adriana, sua mãe disse algo que tocou em mim, que essa era a oportunidade de a gente se perdoar. Que seria um gesto nobre.

— Admiro quem é, mas não alcanço isso — Adriana afirmou com o dedo indicador balançado no ar, de um lado para outro. — Não consigo apagar com as suas palavras o que sinto aqui dentro — disse enfurecida, batendo no peito. — Que algumas palavras de impacto poderão apagar os anos de tristeza, de solidão, de ficar remoendo e imaginando o que de errado eu havia feito para merecer tudo aquilo. Dói muito ainda imaginar vocês dois juntos, a traição...

— Não ficamos juntos! — Evelyn declarou, depois de trocar um olhar com Hiago.

— A quem querem enganar? Sério que ainda acham que sou aquela que deixaram para trás, romântica, boba, crente na felicidade, sentindo-me especial por acreditar ser amada, por estar apaixonada por um jogador promissor e ter uma prima, mais que irmã, uma grande amiga?

Evelyn foi dizer algo, mas Hiago tomou a frente e, sem trazer o passado de volta, disse o quanto queria ter o perdão de Adriana. Evelyn, aproveitando o silêncio da prima, também fez o seu apelo.

Adriana ouviu, lágrimas nos olhos, depois acabou com o silêncio com voz embargada:

— Vocês foram o que de pior eu tive na vida. Voltem de onde vieram, juntos ou separados, não me importo, mas não me procurem mais, por favor. — Ela estava alterada, tomada de uma revolta ímpar, como se toda a dor represada agora transbordasse, rompendo uma barreira. — O que é o meu perdão para vocês? Viveram por anos sem mim, decidiram, tramaram tudo pelas minhas costas. Não, não quero!

Evelyn, chorando, aproximou-se de Adriana, ainda na esperança de tocar seu coração, e de que voltassem a se dar bem como antigamente. Como queria! Só que Adriana a empurrou e, vendo a prima tentando se equilibrar, apoiada no sofá, despejou uma série de impropérios, numa intensidade que Hiago até tentou impedi-la, mas não conseguiu. Ali, Adriana pôs para fora tudo o que estava entalado havia anos. Evelyn ouvia tudo horrorizada, pálida, sem forças para rebater.

Aos poucos, Evelyn foi dando passos para trás, até encostar na parede. Ela mal conseguia ouvir Adriana. Levou as mãos à cabeça, sentia que iria explodir de dor, e foi abaixando devagar. Foi Hiago quem percebeu e foi ampará-la. Evelyn desmaiou nos seus braços. Ele a pegou no colo. Nesse momento, Adriana parou de falar, tensa ao ver a prima desfalecida nos braços de Hiago, que gritou, preocupado:

— Olha o que você fez! Satisfeita, agora?

Capítulo 18

Lampejos do passado

Muitos e muitos anos antes. Uma outra vida. Final do século XIX.

A virada do século XIX para o XX foi um momento inesquecível. Afinal, tratava-se da transição para um novo século, com a expectativa de transformações, outras invenções, muitas novidades. Para muita gente, tratava-se de um período promissor, cheio de esperanças de uma vida melhor; contudo, para outros, os anos após aquela virada não seriam tão maravilhosos assim...

— Igor, meu irmão, por onde anda? — gritava Adriana, animada, cavalgando sobre o cavalo robusto, percorrendo toda a propriedade da família Paes Landi. A fazenda era extensa, repleta de lagos, árvores frutíferas, e com o casarão principal altivo, com paredes pintadas de branco e janelões azuis. Já distante da casa principal, Adriana parou no limite das terras, próximo ao riacho que era alvo de cobiça entre os vizinhos. Gritou novamente pelo irmão e nada. Sabia que poderia encontrá-lo por ali naquele horário. Foi quando sentiu uma pedra pequena atingir a manga do seu vestido. Ela riu e logo descobriu Igor escondido na moita. — Pode sair daí, já te vi.

Logo o rapaz apareceu sorridente, com uma voz forte e esbanjando beleza, sem camisa, deixando à mostra o corpo molhado, depois de ter passado pelo riacho.

— Que desespero é esse? Já estava voltando para casa.

— Não pude esperar. Já quis encontrá-lo para contar a novidade — disse Adriana, descendo do cavalo e indo ao encontro do irmão.

— Mal posso esperar — Igor falou com ar de troça.

— Bobo, é sério — confessou ela, batendo no seu ombro.

Eram irmãos gêmeos e, obviamente, bem diferentes fisicamente, mas eram belíssimos. Os anos realçavam as diferenças entre os dois. Adriana, talvez por ser mais velha por questão de minutos, sempre saía na frente, falante, tomando partido, protegendo o irmão, mas com defeitos em destaque, como a vaidade excessiva ou o comportamento egoísta. Quem a conhecia dizia que isso era resultado dos mimos de Luciano, o patriarca. Igor era tranquilo, sonhador, de sorriso fácil, ligado à natureza. Assim haviam crescido, e a falta da mãe, que morrera precocemente, somada à ausência do pai, contribuiu para que os irmãos crescessem unidos, amigos, confidentes.

Os filhos eram o orgulho do velho Luciano Paes Landi, fazendeiro poderoso e um dos maiores produtores de café da região. Trabalhava administrando as plantações, as colheitas e tratando pessoalmente da comercialização, sem necessidade, pois tinha quem pudesse tocar o trabalho, mas essa era a maneira que encontrara para não esmorecer. Ocupado, contava com o jovem Álvaro, seu braço direito, que intermediava as burocracias, inclusive os assuntos envolvendo os filhos.

— Vai, diga logo — apressou Igor. — Fica fazendo suspense como a dona Izildinha, a gazeta da cidade.

— Ela não é fofoqueira... — brincou Adriana, e os dois começaram a rir.

— Fofoqueira não, mas sei que dona Izildinha se encontra com o nosso pai. — O comentário fez Adriana ficar séria.

— Não acredito nesses boatos. Tantos anos sozinho, nessa altura da vida meu pai não teria ninguém na vida dele. Você é quem gosta dela e sonha em tê-la como mãe, só pode.

— Gostaria que ela fosse minha mãe — disse Igor sorrindo. — Ela me trata tão bem sempre que me vê.

— História sua, é isso. — Adriana tanto não botava fé que mudou de assunto. — Teremos um jantar especial amanhã. Não estou me segurando para esperar. Já preparei tudo, inclusive mandei fazer novos vestidos. Já estão prontos!

— No plural, isso mesmo que ouvi? Um jantar com vestidos. Então me conta, fiquei curioso. Vai usar um para o prato de entrada, outro no jantar e na sobremesa, e, claro, outro modelo para a senhorita se exibir. Acertei?

— Nada disso. Prepare-se! Será o meu noivado com Hiago.

Igor abraçou a irmã, felicitando-a, pois sabia daquele romance, gostava dos dois e, por ser o mais sensível dos irmãos, esbanjou alegria com a notícia.

— Papai deu dinheiro para mandar fazer esses vestidos? Não vai me dizer que você... — Igor desfez o abraço e balançou a cabeça.

— Sim, e só você sabe — confidenciou Adriana. — Não temos segredos. — Ela observou o irmão com uma expressão séria no rosto. — Não faz essa cara. Além do mais, o papai nem desconfia de que eu pego dinheiro daquela gaveta da biblioteca.

— Não me agrada ser cúmplice disso — tornou Igor. — Preferia não saber. Começou a pegar dinheiro para comprar meias e já está gastando com tecidos, mandando fazer vestidos. Se ele souber... Está se tornando uma ladra, minha irmã.

— Eu não quero ser vista malvestida. Uma Paes Landi usando trapos. Não! Hiago me trocaria por outra. Papai é um mão de vaca com a gente. Já sei o que vai dizer, que economiza pensando no nosso futuro. — Adriana postou a voz para imitar o pai.

— Ele nos dá o suficiente, você que não quer gastar o seu. Sei disso muito bem — concluiu Igor.

Adriana se divertiu com a preocupação do irmão, tanto que ele riu, contagiado por ela.

O jantar do dia seguinte foi um sucesso. Hiago, elegante, acompanhado dos pais e do irmão mais novo, cumpriu com toda a cerimônia que a ocasião pedia, para alegria de Adriana, que, radiante e elegante no seu novo vestido, distribuía simpatia.

Tudo perfeito, famílias presentes, felicitando os noivos; até Luciano, eufórico, e considerando ser o momento, anunciou, isso nas palavras finais, que se casaria brevemente, quem sabe Deus, antes da filha. Foi um rebuliço de murmúrios, perguntas, já que os presentes desconheciam que ele estivesse enamorado de alguém. E surpreendeu com a revelação:

— Minha noiva não é daqui, eu a conheci em uma das viagens de negócios, por meio do pai dela, meu então futuro sogro, com quem fechava um negócio valioso. — Luciano, sorridente, contava detalhes que até os filhos desconheciam. Igor não se importou, tanto que o felicitou. Adriana ficou estática, calada, sem esboçar alegria, ouvindo atentamente tudo o que o pai dizia. Inclusive, ela ignorava o olhar apaixonado de Hiago. — Ela se chama Evelyn e chegará à fazenda esta semana para o nosso casamento. — Ao redor da mesa, ouviu-se outro burburinho. Luciano prosseguiu: —

Está marcada a data da nossa união, o padre marcou e guardou o segredo.

Os pensamentos de Adriana fervilhavam em sua cabeça. Não podia acreditar que o pai fosse capaz de estragar seu noivado com aquela notícia estapafúrdia, o que tinha acontecido por certo. Pensou: *Evelyn, então é esse o nome da noiva; pois bem, eu já a odeio. E prepare-se, pois vai conhecer o pior de mim.*

Evelyn chegou dois dias depois do anúncio e não veio só. Em meio às bagagens, que não foram poucas, veio com ela Salete, sua irmã mais velha, viúva e sem filhos. A presença da irmã mais velha foi condição imposta pelos pais delas.

Na véspera da chegada de Evelyn, Adriana deixou clara sua decepção, que não esperava aquela presepada armada — assim, com essas palavras. Incomodada, afrontou Luciano, mas sem provocar a reação esperada; pelo contrário, ele riu na cara dela e a chamou de mimada do pai, depois saiu, deixando-a sozinha.

Tomada pela revolta, Adriana sumiu de casa no dia da chegada de Evelyn, não participando dos preparativos, dos comentários que enchiam o ar do casarão, na esperança de sentirem a sua falta, obrigando Luciano a procurá-la por toda a fazenda. O que não aconteceu. Nem Igor foi à sua procura. Ela encontrou Hiago e o fez jurar, caso alguém a procurasse, que não tinha notícias dela. Também desnecessário. Cansada, com fome, voltou para casa depois de encontrar Álvaro. Ela não estava com o melhor dos humores, o que piorou quando Igor, simpático, já cativado pela madrasta, como Adriana pôde reparar, apresentou a moça à irmã.

Adriana a mediu, sem estender a mão para Evelyn, que fez o gesto sorrindo. Depois, virou-se para o irmão, ainda ignorando a noiva do pai, e lançou:

— Papai não disse que nossa nova mãe tinha uma filha da nossa idade. Cadê o noivo? — indagou de forma sarcástica. — Não vai me dizer que ele foi nos encontros às escondidas com Izildinha.

Quando saiu da sala, ouviu o irmão se desculpando com Evelyn, o que a irritou sobremaneira.

Mesmo com os protestos de Adriana, aliás, todos ignorados, o casamento de Luciano e Evelyn aconteceu. A noiva, ao contrário do noivo, não parecia feliz, e Adriana foi investigar, descobrindo essa verdade por meio de Salete durante a festa.

— Coitada da minha irmã, não está nada feliz com esse casamento. Não é do gosto dela — Salete prosseguiu, pois mesmo em silêncio Adriana parecia atenta às revelações. — Meu pai ofertou a filha como se estivesse vendendo um objeto de valor para o seu pai, como um gesto de gratidão pelo negócio.

— Ela também deve ter gostado disso tudo, pois disse sim e não vi nenhuma arma apontada para a sua cabeça, obrigando-a a se casar com meu pai. Desde que chegou à fazenda, Evelyn conheceu toda a propriedade, sabe muito bem o que vai herdar desde que disse sim. Agora, me dá licença, por favor.

Adriana se afastou e Salete ficou observando-a, enquanto pensava, profética: *Meu Deus! Como essa moça está tomada pelo ódio. Está fazendo mau uso do livre-arbítrio, escolhendo odiar Evelyn. Isso poderá gerar consequências terríveis e que, possivelmente, não serão resolvidas a tempo nesta vida. Não bastasse isso, vejo a troca de olhares entre Evelyn e Igor, e isso não é um bom sinal.*

Horas antes, quando Salete se percebera sozinha com a irmã, já pronta para o casamento, colocando os brincos para o retoque final, comentou sobre o quanto Igor gostava dela.

Sem jeito, Evelyn disse também simpatizar com ele e desconversou, comentando a chegada dos pais, dos primos. Salete, não satisfeita, deu o seu parecer:

— Percebi, acho que antes de você, logo quando chegamos, como Igor a olhava. Depois notei que a troca de olhares entre vocês era recíproca. Igor e você...

— Não estou entendendo suas insinuações, minha irmã — censurou Evelyn.

— Vejo o amor entre vocês. — Salete foi até a porta, passando a chave para ter certeza da privacidade. — Ainda tem tempo de desfazer esse casamento. Acha que será feliz casando-se pela vontade do papai? É isso que está fazendo ao se casar com um fazendeiro rico... Nem tudo é pautado pelo dinheiro, minha irmã. — Salete parou de falar ao perceber uma lágrima saltando levemente dos olhos de Evelyn.

— Igor me procurou, mas não o deixei falar. Eu já sabia o que tinha a dizer. Depois, tenho certeza de que é algo passageiro, não poderia me apaixonar assim, só por meio de uma troca de olhares... E seria uma vergonha para a nossa família — Evelyn disse, voz trêmula. Salete ainda tentou convencê-la de que mais valia o que ela sentia, mas não teve vez.
— Estou resolvida, vou me casar. E dará tudo certo. Percebo que não gosta de Luciano — observou Evelyn. — Desde que o conheceu, não sei, parece que implica com ele por gosto.

— Sim, acertou — concordou Salete. — Não gosto dele porque aceitou você como moeda de troca para fechar negócios vantajosos com o papai.

— Por esse motivo, tenho um sentimento de total desprezo pelo papai. Ele sempre foi assim, os negócios e o dinheiro em primeiro lugar. Vi a felicidade dele ao me jogar nos braços de Luciano, em nenhum momento reparou na minha dor, nos meus sentimentos. Ele simplesmente me fez sofrer, e confesso que gostaria de fazê-lo sofrer também, para ele sentir o mal que me causou. Desistir desse casamento o faria ficar furioso, atormentaria mamãe, mas, se bem o conheço, não sofreria.

— Evelyn, não diga isso. É o nosso pai!

— Eu sou filha dele, o que fazer? Por isso não reclamo do Luciano, me senti, de certa forma, aliviada de sair de casa. O casamento vai dar certo.

Salete era discreta, atenta, e logo percebeu que Adriana não tinha gostado de Evelyn e não estava satisfeita com o casamento do pai. Portanto, Salete considerou que contar a verdade para Adriana poderia, assim, sensibilizá-la, mostrando à filha de Luciano que Evelyn tinha se tornado um joguete nas mãos do pai e não era uma oportunista. Ocorre que o coração de Adriana era duro. E Salete percebia também o erro da irmã em se casar com Luciano, além de prever drásticas consequências.

A lua de mel não aconteceu porque Luciano, embora feliz por ter Evelyn ao seu lado, considerava o trabalho a sua prioridade. Estar longe dos negócios, para ele, era como deixar de ganhar dinheiro. Além do mais, tinha os filhos. Percebia a hostilidade de Adriana, mas considerava ser ciúme passageiro. Quanto a Igor, esse sim o preocupava, pois vinha agindo de forma estranha, distante, respondendo de forma ríspida, desenvolvendo um comportamento que não era típico dele. Num momento de reflexão, Luciano chegou à conclusão de que seu casamento tinha abalado os filhos, mas, noutro momento, já sorrindo, pensando na beleza e juventude de Evelyn, acreditou ter feito o certo. E, de mais a mais, Adriana já era noiva de Hiago, e logo Igor conheceria uma moça, iria se casar e seguir a vida... e ele, como ficaria? Luciano não queria se casar com a solidão e passar o resto de seus dias sozinho naquele casarão, implorando pela presença dos filhos para ter um mínimo de companhia.

Foi logo no terceiro mês do casamento que Luciano percebeu a falta do dinheiro no local onde costumava guardar parte da reserva. Embora gostasse, não era de ficar contando e recontando cada valor conquistado. Ocorre que por aqueles dias, prestes a fechar um bom negócio, percebeu que havia algo errado.

Sem alarde, com cautela para não ser injusto e culpar um inocente, inclusive um dos empregados, compartilhou com Igor o que estava acontecendo. O rapaz foi fiel à irmã, pois sabia ser Adriana a autora do sumiço de dinheiro. Ao sair da biblioteca, Igor foi conversar com Adriana, que não demonstrou, em nenhum momento, preocupação.

— O valor é alto. O que você fez? — indagou ele, assustado. — Eu disse, desde o início, que não queria ser cúmplice disso. Está roubando o nosso pai!

— Quanto drama. Bom que ele já tenha notado. — Adriana fez uma pausa e se divertiu com o espanto do irmão. — Você ainda vai me agradecer por isso. Pode esperar e logo vai ver.

Agradecer não era bem a palavra, mas sem dúvida logo algo aconteceu.

Igor acordou durante a madrugada em meio a um bate-boca que o fez sair do quarto. No corredor já encontrou Adriana encostada à porta e se juntou a ela, que fazia gestos, entre eles, para ele não se manifestar.

— Papai e Evelyn estão brigando. O que aconteceu? — ele perguntou a ela, baixinho, ainda sem entender o que estava acontecendo.

Lá dentro a briga do casal seguia em volume alto. Tudo porque Luciano, facilmente, encontrou maços de dinheiro numa gaveta da cômoda, em meio aos pertences de Evelyn, e reconheceu o dinheiro que faltava nas suas reservas, aquele que guardava na biblioteca. Não só a quantia, mas a forma como o elástico envolvia as cédulas, a disposição da primeira nota virada — não tinha como negar que os maços eram seu.

Evelyn, prontamente, negou, no entanto, também não conseguia explicar como o dinheiro tinha ido parar no meio dos seus pertences. A palavra "ladra" foi o termo mais carinhoso que ouviu do marido, que não se sensibilizou nem com as lágrimas sinceras da moça.

Quando o falatório no quarto silenciou, Adriana afastou-se da porta do quarto do casal e foi puxando o irmão para longe, já temendo que a porta se abrisse e eles fossem surpreendidos ali, espiando.

— Esse dinheiro, Adriana, por acaso não é o mesmo do papai, é?

— Igor, se nem Evelyn soube explicar, quem sou eu, essa hora da noite, para saber? Agora vamos dormir — Adriana determinou, quase empurrando o rapaz para o quarto dele, e depois seguiu para o seu, jogando-se na cama, satisfeita.

No dia seguinte, logo pela manhã, Adriana foi surpreendida por Salete tomando as dores da irmã, que se recusava a sair do quarto.

— Está me acusando, é isso? Então, prove! — desafiou Adriana, confiante, tanto que fez Salete por alguns segundos se arrepender de apontá-la como pivô da briga do casal. — Bom, natural que eu poderia fazer isso. Sabe que não simpatizo com sua irmã. Agora, eu é que deveria estar aborrecida com tudo isso. Afinal, ela roubou o meu pai.

— Não consigo entender o motivo gratuito de odiar Evelyn assim. Se for ciúme do seu pai, saiba que são amores diferentes — disse Salete.

— Tudo que não preciso a essa hora da manhã é da sua conversa fiada. Não gosto e pronto, acabou — Adriana bramiu, querendo pôr fim à conversa.

No entanto, assim que deu as costas para sair da sala, Salete considerou:

— Eu a vi segurando um pacote nas mãos e entrando no quarto do casal. Eu pensei se deveria ou não entrar, mas, quando resolvi ir, notei você saindo, sem o pacote. Só não imaginava, nunca passaria pela minha cabeça, que você estivesse armando algo tão cruel contra Evelyn. Não tenho como provar, mas sei que você fez algo para prejudicar a minha irmã, e conseguiu.

— Eu?! Deve ter me confundido com alguma criada — Adriana respondeu com ar de deboche. — Depois, quer saber, acredito sim que ela tenha furtado o dinheiro do meu pai da biblioteca.

— E como sabe que o dinheiro estava na biblioteca, Adriana? — perguntou Luciano, que estava por perto, ouvindo parte da conversa. — Esse pacote que levava para o meu quarto...

— Não acredito, papai, que dará crédito para uma desconhecida que conheceu faz poucos meses.

— Você não respondeu a minha pergunta.

— O que quer ouvir de mim? Que fui eu mesma quem fez isso, como Salete diz? Quem colocou estranhos dentro de casa foi o senhor, não eu. Está mesmo acreditando que eu... papai! — exclamou Adriana, fingindo indignação.

— Salete, pode nos dar licença? — pediu Luciano. — Peça para Evelyn encontrar-me na biblioteca, preciso falar com ela. — Luciano falava lentamente, sentindo um calor no corpo, o lado esquerdo formigando, algo estranho no peito. E, quando se viu a sós com a filha, questionou-a e, diante das saídas ligeiras de Adriana, reagiu, depois de um curto silêncio. — Acho que se esqueceu de que sou seu pai, que sei bem quando mente, aprendi isso vendo aprontar das suas e apontar o seu irmão como autor. Pode enganar quem quiser, mas não a mim.

Ainda assim, Adriana não admitiu nem baixou a cabeça. Era assim, mesmo não tendo razão, ela era de afrontar, sustentar uma mentira, comportamento que trouxera da infância para a vida adulta. Era no gestual da moça que o pai encontrava a sua fragilidade. Foi durante essas observações que Adriana, sentindo-se incomodada com os comentários do pai, virou as costas para sair, mesmo ele tentando detê-la com a voz alterada. Como Adriana não o obedeceu, Luciano saiu em passos largos, apressados, na direção da filha, conseguindo mantê-la na sala.

— Tenho mais o que fazer do que ficar aqui sendo julgada. Claro, age assim para garantir a inocência da sua jovem esposa.

Luciano, já farto, levantou a mão para dar um tapa no rosto da filha, quando sentiu o braço pesado, não obedecendo ao seu comando. Não demorou e, morosamente, levou a mão ao peito, sentindo uma pressão forte. Depois disso, foi tudo muito rápido, inclusive a sua queda no chão da sala. Adriana, debruçada sobre seu corpo, aos prantos, tentava reanimá-lo, pedindo perdão, mas em vão. E ela só entendeu o que tinha acabado de acontecer quando ouviu Igor, cujo momento em que apareceu na sala ela não soube precisar, talvez atraído pelos seus gritos, dizer, emocionado, já com as lágrimas banhando o rosto:

— Papai nos deixou, minha irmã...

O enterro aconteceu numa tarde chuvosa e fria, mas que não impediu o comparecimento de quase toda a cidade. Adriana, Evelyn e Igor ficaram lado a lado, recebendo os cumprimentos. Os comentários eram diversos:

"Tão jovem e já viúva. Acabaram de se casar. Ele praticamente morreu na lua de mel."

"Jovens e ricos. O fazendeiro deixou uma fortuna, capaz de se estender por gerações."

"Igor é bonito e moço, vai ter muitas pretendentes desejando ficar com esse rapaz. Ainda mais que está rico. O mais novo herdeiro."

"Adriana casar-se-á com meu Hiago e ele está feito na vida."

"Mesmo que Adriana tente me expulsar da fazenda, não vou deixar minha irmã sozinha nessa situação. Evelyn precisa de mim por perto. Viúva como eu. Que sina a nossa!"

Adriana voltou da cerimônia determinada a mudanças, a começar por Salete, de apontá-la como causadora da tragédia. Ela a queria fora da sua casa, como Salete já imaginava que aconteceria. Disse mais: que fosse e levasse Evelyn com ela e seus pertences. Estava tão determinada, que ordenou a Álvaro recolher tudo o que fosse delas e jogar fora da casa. Foi Igor quem apaziguou a situação. Num tom conciliador, convenceu Adriana de que, antes de tomar qualquer atitude, teriam que esperar a leitura do testamento, que estava marcada para dali a três dias.

Adriana, já temerosa com as surpresas que aquele testamento pudesse trazer, propôs um bom acordo para Evelyn, oferecendo-lhe uma quantia em dinheiro que representava um terço da fortuna que Luciano deixara. A viúva estava tão cansada e querendo pôr fim às brigas e discussões, que estava disposta a aceitar; contudo, mais uma vez, Igor, com a ajuda de Salete, impediram Evelyn de firmar o acordo.

— Está contra mim, é isso, meu irmão? — Adriana estava indignada.

— Ela é casada no papel, é lei... e papai deixou testamento. Vai saber, pode não ter nem alterado, mas ainda assim deve prevalecer o desejo do nosso pai.

A atitude de Igor apenas deixou Adriana enfurecida.

Na véspera da leitura do testamento, Adriana já começou a experimentar as mudanças que se perpetuariam por toda sua vida.

Hiago apareceu no meio da tarde, para surpresa de Adriana. Bonito, mas sério, sem o sorriso de antes, sem o brilho apaixonado no olhar; nada disso estava com ele naquele momento. Convidou Adriana para caminharem pela fazenda e assim abriu o coração, ao dizer o quanto a via distante, sempre tramando em separar o pai da madrasta, o quanto se revelava ambiciosa.

— Eu confesso que estava preocupada com o meu pai. Vi aquela mulher e...

— Não precisa continuar — pediu Hiago. — Eu já sei o que vai dizer e não me agrada. Você deixou de pensar em nós dois, de falar dos nossos sonhos. Passou a se distanciar e, quando me via, fazia de mim depósito para suas reclamações, planos mirabolantes. Não foi essa a mulher por quem me apaixonei. Está se tornando amarga, ressentida, simplesmente porque seu pai optou por ser feliz.

— Você nunca falou assim comigo. — Ela estava surpresa.

— Paramos por aqui — Hiago falou, tirando a aliança do dedo.

Adriana não podia acreditar no que ouvira e tentou ver naquilo algum gesto de brincadeira, mas percebeu que Hiago estava decidido. Mesmo diante daquela situação, ela o admirou, porque sabia o quanto era fiel ao que sentia, e também por essa razão o amava e não admitia que estivesse fora do seu coração. Agarrou-se a ele, sem se preocupar com quem estivesse por perto. Chorando, Adriana deslizou pelo corpo esguio, forte, com ele se desfazendo do seu abraço, até que ela ficou de joelhos e depois caiu no chão.

Hiago, sem deixar de ser cavalheiro, ajudou-a a se levantar e, antes de partir, finalizou:

— Livre-se desses sentimentos ruins que adotou e seja feliz.

A perda do pai e o compromisso com Hiago desfeito deixaram Adriana arrasada, e, no dia da leitura do testamento, isso ficou claro para os presentes, quando a viram entrar de preto, cabelos presos, parecendo ter envelhecido anos em poucos dias.

Todos acomodados na biblioteca, começou a leitura do testamento. Entre as revelações que o documento trazia, havia a de que uma boa quantia em dinheiro e a fazenda, incluindo a casa, a partir daquele momento passariam a ser de Evelyn. Isso por si só causou um rebuliço, inclusive para a viúva, que um pouco antes já arrumara seus pertences com o intuito de deixar aquela casa, aquela cidade e voltar para a casa dos pais. Na cabeça de Evelyn passava a cena em que o pai, decepcionado, recebia as duas filhas, ambas viúvas, voltando para casa.

Adriana só se conteve porque aguardava a leitura integral do testamento. Igor manteve-se calado, tentando compreender o que o pai desejava ao fazer tudo aquilo. Igor não era ambicioso, mas o lar onde nascera agora era de Evelyn, e isso o deixou triste, ainda que a amasse em silêncio. Entendeu que o pai quisesse assegurar um bom futuro a Evelyn, como se tivesse certeza de que a deixaria viúva muito jovem, contudo, mexer diretamente naquele patrimônio que representava tanto para a família era demasiado zelo. Seus pensamentos foram interrompidos quando anunciou-se que sua parte seria composta de lotes de terras e casas que Luciano tinha espalhados pelo município. Só que havia um detalhe: esses bens seriam divididos com Adriana. Ocorre que Luciano deixou claro que Adriana teria o controle de tudo. Isso amarraria Igor, era como se ele não tivesse herdado nada. Mais tarde, questionou a irmã, e dela ouviu:

— Papai temia que uma interesseira se apoderasse dos seus bens, sem imaginar que ele mesmo fizera isso ao ceder parte do nosso patrimônio para Evelyn. — Adriana fez uma pausa, tentando conter a cólera. — Por me conhecer, já que

era noiva de Hiago, papai tinha a certeza de que eu pudesse estar casad... — Ela ainda sentia um nó na garganta ao lembrar-se de Hiago e não o ter em seus braços. — Nosso pai estava certo, é para o seu bem, vou fazer cumprir o desejo dele.
— Uma ladra! — disparou Igor. — Isso que você é. Ele não sabia disso. Errei em não ter contado. Não é pelo meu bem, como frisa, é pelo dinheiro — Igor revelou sua revolta. — Eu nunca vou perdoar meu pai por isso, por não ter confiado em mim e me transformar num prisioneiro seu. Não esperava isso dele.

Evelyn foi quem ergueu a bandeira da paz para a enteada, para mantê-la em sua casa, mas foi impossível, pois as provocações de Adriana foram tantas que Evelyn, cansada de tantas injúrias, expulsou-a da fazenda. Fez isso com o coração partido, pois, contra a sua vontade, perderia Igor também. Se dependesse dela, não o deixaria partir, mas Salete antecipou os comentários maledicentes que poderiam surgir, pois já era conhecedora dos sentimentos dos dois e, para proteger a irmã, afastou dela a possibilidade de ele ficar.

— Estou indo embora, não por você ou pela vontade do meu pai, mas somente por conta da lei. — Adriana, querendo deixar marcadas as últimas palavras, saiu de cabeça erguida, segurando as lágrimas e exalando os piores sentimentos. Além de seus pertences, Adriana arrastou Álvaro, considerando-o seu objeto de estimação.

Sem opção, Igor acompanhou a irmã. O seu desejo era se instalar em uma das casas herdadas, seguir a sua vida, mas a carência e o controle de Adriana o limitavam, obrigando-o a trilhar o caminho na sombra da irmã.

Aqueles últimos acontecimentos endureceram Adriana. A saída de Hiago da sua vida a deixara numa tristeza profunda, sentindo o peito sempre apertado. Por tudo isso, ela se fechou, eternizou-se no luto, envolvida por uma amargura que espantava quem dela se aproximava. Foi também por esse tempo que descobriu-se grávida. Chorou a noite toda, contudo, deu-se conta de que essa novidade poderia trazer Hiago de volta. Ao procurá-lo, antes mesmo de chegar à casa dele, soube por Izildinha que ele não estava na cidade. Izildinha, empolgada com a infelicidade de Adriana, acrescentou mentiras, suposições, inventando que Hiago já estava noivo de uma mocinha que morava em outra cidade e que já havia, inclusive, marcado a data do casamento.

    Adriana não estava com equilíbrio para questionar Izildinha e acreditou em tudo o que a mulher lhe dissera. Assim, Adriana fechou-se ainda mais e se lamentou, indagando a si mesma como seguiria grávida e solteira. Ela passou a mão na barriga e voltou a chorar, pois começava a sentir a transformação do seu corpo, e, em seu íntimo, não desejava aquilo. Adriana queria ardentemente voltar no tempo e apagar os momentos de amor que a haviam conduzido àquela situação.

    Foi por esses dias, voltando para casa, que Adriana encontrou Salete. Embora tivessem brigado, Salete não deixara de cumprimentá-la. Ela logo percebeu que Adriana estava abatida, mais magra, e puxou conversa. Adriana sabia que não eram amigas, mas estava tão desesperada, tão sufocada por guardar aquele segredo, que refletiu por instantes e, tomada por um impulso, abriu seu coração, revelando a gravidez, a vergonha que sentia, o arrependimento de ter se entregado a Hiago.

    — Você não precisa ter vergonha ou sentir arrependimento — disse Salete num tom conciliador. — Posso ajudá-la com... isso — ela sugeriu baixinho, colocando a mão no ventre de Adriana.

    Aquela frase foi o bastante para Adriana se agarrar num fio de esperança e considerar que tinha acabado de encontrar a solução dos seus problemas. Voltou para casa com as ervas, receita de Salete, e contando com a promessa do seu sigilo. Já em casa, depois de tomar a mistura, deitou-se e falou baixinho, antes de dormir:

— Meu menino... tenho certeza de que seria um menino.

Adriana teve a pior semana da sua vida. Ficou de cama, febril, sentindo as piores cólicas e dores pelo corpo. Quem cuidou dela foi Igor, pois Adriana passou a maior parte do tempo inconsciente, nem chegou a ver ou falar com o médico que o irmão chamou às pressas. Depois de vê-la, o médico conversou com Igor e o alertou sobre o procedimento arriscado de Adriana. Receitou um tônico e um remédio para ser manipulado, e desejou sucesso em sua recuperação.

Quando Adriana despertou, já melhor, mas ainda com os olhos embaçados, pôde ver o sorriso do irmão, vibrando pela sua melhora. Conversaram um pouco. Em determinado momento da conversa, e notando que Adriana estava bem melhor, Igor compartilhou sua felicidade ao revelar os últimos acontecimentos enquanto ela estivera acamada.

— Vou me casar com Evelyn! — Havia um brilho nos olhos de Igor que Adriana invejou. O seu rosto se contraiu em dor, mas Igor estava tão feliz que mal notou o rosto carrancudo e continuou: — Faz tempo que nos gostamos! Evelyn foi resistente a esse sentimento, que é tão grande, forte, a ponto de transbordar de nossos corações. Não temos mais por que esconder isso.

Adriana fingiu um sorriso, ainda sentindo muitas dores pelo corpo, e fechou os olhos. Foi quando pensou, não prestando mais atenção no que Igor lhe dizia: *Jamais, meu irmão. Não vou permitir isso. Não sei como, mas vou impedir o seu casamento. Custe o que custar.*

Logo que se viu recuperada, já transitando pela cidade, Adriana descobriu um jeito de afastar Igor de Evelyn. A ideia tomou forma quando reencontrou Noélia, filha mais velha e solteira cujos pais eram vizinhos das terras de Adriana. Noélia cuidava da mãe acamada. Os patriarcas da família tinham, há gerações, uma rivalidade por conta da nascente que cortava as terras, mas a amizade entre as mulheres da família não foi abalada pelos assuntos dos cavalheiros. A ideia que Adriana teve foi de colocar Noélia no caminho de Igor. Isso não só afastaria o irmão da rival como traria a nascente para dentro da família, caso Igor se casasse com Noélia. Meia hora de conversa foi o suficiente para Adriana seduzir Noélia, extremamente carente, com seus planos.

— Seu irmão tem interesse em mim, Adriana? — Noélia mal podia acreditar. — Nossa, é jovem, bonito, viril. Fico até lisonjeada com essa possibilidade, mas eu simpatizo com o Álvaro. Já trocamos olhares. Sei que é impossível...

— Álvaro?! — indignou-se Adriana. — Ele é pobre, trabalha para mim. O que ele poderia lhe oferecer? Depois, tenho certeza de que sua família não aceitaria essa união. Realmente, acho impossível.

— Não sei... — Noélia mostrou-se insegura.

Adriana, firme, não dando importância aos sentimentos da outra, sentenciou:

— Pode tirar o enxoval do baú e o colocar no sol para tirar o mofo. Prepare o seu quarto para recebê-lo. — Adriana falava com segurança, ignorando os comentários infantis de Noélia, que não combinavam com a mulher que estava a um passo da maturidade, já deixando à mostra os fios de cabelos brancos. — Já sei como fazer. As casas, claro!

— Casas, quais? Não entendi.

— Por ora, não precisa entender nada. Estou com uma ideia. De você, Noélia, só vou precisar que confirme o que Igor vier lhe perguntar. E fique tranquila, porque será um assunto nosso.

Noélia riu empolgada, considerando que não faria mal algum contar uma pequena mentira ou confirmar qualquer coisa que

Adriana quisesse para se livrar da solteirice e, assim como as irmãs, arrumar um marido.

O plano que Adriana arquitetou não abalou Igor, o que a deixou apreensiva, pois levava em conta que Igor raramente duvidava dela.

— O que eu tenho com as dívidas deixadas pelo nosso pai? — Igor indagou. — Nem sabia disso. Eu fiquei muito magoado com ele e, por isso, estou pouco me importando. Além do mais, você sabe que estou prestes a oficializar minha união com a Evelyn. Agora, me diga uma coisa — Igor estava reflexivo —, como ele negociou as casas com o vizinho se as deixou no testamento?

— Deve ter feito o negócio pouco antes de morrer, sem tempo de alterar o testamento. — De maneira dócil, Adriana aproximou-se do irmão como um lobo em pele de cordeiro, pronto para atacar: — É um valor enorme, meu irmão. Se formos levados aos tribunais e tivermos de pagar as dívidas, perderemos tudo o que nos resta. Ficaremos pobres.

Adriana falou com tanta convicção, que Igor deixou-se envolver pela insegurança.

— Evelyn sabe disso? — A voz dele saiu depois de um pigarreio. — Tenho certeza de que ela nos ajudaria.

— Creio que não, meu irmão. — Adriana procurava imprimir um tom preocupado na voz. — O que ela herdou não cobre essa dívida. Eu também não chegaria a tanto, humilhando-me aos pés dela, implorando por ajuda. Além de tudo, é um assunto nosso, como filhos, zelar pela memória do nosso pai. Nem eu sabia do negócio com o vizinho. — Ela fez uma pausa e rapidamente retomou, tentando convencer o irmão de uma vez por todas: — Eu lhe dou a minha palavra: casando-se com Noélia, o assunto dar-se-á por encerrado. Se você aceitar se casar com ela, eu prometo, juro que passo as terras que restarem em seu nome.

— Evelyn é o meu amor, pode você gostar ou não.

— Também foi esposa do nosso pai — Adriana fez questão de frisar. — Já parou para pensar na repercussão negativa desse romance, Igor? O escândalo? As línguas afiadas e maldosas como a de Izildinha iriam se unir e afirmar que já tinha um caso com ela antes mesmo da viuvez, isso se não começarem a espalhar que vocês tramaram contra o papai, levando-o à morte. — Por fim, dramática, Adriana concluiu: — Ou isso, ou ficará sem nada. Ou, pior, acredita que Evelyn vai querer tê-lo ao seu lado por amor, sem nada? Ela é uma mulher de luxos, não se contenta com pouco. Por que acha que ela se casou com papai?

— Não sabe o que está dizendo, Adriana — ele rebateu.

— Meu irmão, tão cego de amor, incapaz de ver quem essa mulher realmente é. Evelyn não vai querer se unir a um homem falido. Por outro lado, tenho certeza de que você não se sentiria feliz sem ter nada a lhe oferecer. E não me venha com isso de amor!

— Não vou fazer esse sacrifício. Nunca!

O casamento de Igor e Noélia aconteceu um mês depois dessa conversa. Não foi uma decisão fácil para ele. No entanto, e mais uma vez, a concretização desse casamento teve a participação de Adriana. Ela procurou Evelyn e insinuou o caso amoroso de Noélia com Igor. Insegura, preocupada em ser julgada caso assumisse o compromisso com o enteado, Evelyn resolveu romper. Ouviu também de Salete que Igor estivesse querendo oficializar o romance para se apropriar da fazenda. Uma vingança, quem sabe. Evelyn achou essa possibilidade tão viável que se esqueceu de que o amor dos dois tinha nascido quando chegara à fazenda, antes do seu casamento com Luciano. Esse misto de suposições colaborou para a inesperada decisão de Evelyn, de arrancar Igor da sua vida. Quando ele partiu, Evelyn sentiu-se como se o seu coração tivesse ido com ele. Não foi fácil, as palavras saíram duras, secas, com muitas lágrimas.

Álvaro, depois de anos trabalhando para a família Paes Landi, pela primeira vez ousou demonstrar seu descontentamento, inclusive com o casamento de Noélia e Igor, armado por Adriana. Em protesto, Álvaro passou a não realizar os mandos de Adriana. Enfurecida, e para mostrar quem mandava, certo dia deu um tiro na direção dele, mas, ruim de mira, acertou o pé do rapaz, que carregou as sequelas do tiro até os fins de seus dias. Para a sociedade, com o poder e dinheiro que tinha, Adriana convenceu todos de que tinha sido um acidente. Álvaro, quando voltou a trabalhar, manco, ouviu de Adriana:

— O que vou fazer com esse imprestável? — Ela lhe deu uma boa quantia em dinheiro. — Não preciso mais de você.

Álvaro partiu, decidido a viver longe daquela cidade, daquela gente, já que até o amor da sua vida não mais teria, então, por que ficar ali? Muito triste e desiludido, ele subiu no trem, mastigando seu ressentimento. No meio da viagem, um grave acidente aconteceu, e foi dessa maneira trágica que Álvaro despediu-se da vida.

Igor foi o mais infeliz desse casamento arranjado. Adriana, sempre que surgia uma oportunidade, convencia o irmão de que ele fizera o certo:

— Recuperou as casas, inclusive as suas estão agora sob sua autonomia, como prometi, embora eu tenha agido contra meus princípios morais e passado por cima dos desejos de nosso pai. E não se esqueça de que, como marido de Noélia, parte dessas terras é sua. Imagine o patrimônio que está construindo.

— Dinheiro, poder, patrimônio — Igor falou num tom triste. E finalizou: — O amor não cabe nisso tudo.

O sorriso sumiu definitivamente quando, meses depois, Igor descobriu que Evelyn estava sendo cortejada por Hiago. O romance estava indo tão rápido que não demorou a receber o convite para a festa de noivado.

Ao abrir o envelope e ler o que estava escrito, Igor agiu de maneira impulsiva. Nervoso, ele amassou o papel e foi procurar Evelyn. Fazia meses que não se viam, e, ao reencontrá-la, viu como a amava, sentindo no olhar dela que era correspondido. Propôs fugirem, largarem tudo, recomeçarem a vida em outra cidade, longe dali.

— Não podemos fazer isso. — Evelyn foi sensata. — O desgosto que causaria para a minha família, o que as pessoas iriam pensar... Além de tudo, você está casado. Quando tomou Noélia nos braços como sua mulher, perante Deus, assumiu um compromisso por toda a vida.

— Como vou ser feliz, se é ao seu lado que tenho esse sentimento, esse amor? — Igor estava emocionado. — Não me importo com o que vão falar. Tenho certeza de que Deus, o maior conhecedor do que se passa nos nossos corações, vai nos abençoar.

Evelyn se entregou aos beijos e abraços de Igor, mas depois, arrependida, aos prantos, pediu que ele fosse embora. O moço foi, sorrindo, certo de que ela o amava, mas com lágrimas nos olhos, por saber que não haviam conseguido viver juntos aquele sentimento.

Querendo sufocar o que sentia, Evelyn aceitou antecipar o casamento com Hiago, como havia proposto dias antes. Para concretizar o enlace, ela contou com o incentivo e apoio de Salete.

Foi depois do jantar que Igor ouviu de Noélia a leitura do convite de casamento. Em silêncio, sentindo um nó na garganta, escondeu sua tristeza, contrastando com a euforia da esposa, que contava os planos para o casamento, o vestido que usaria, calculando qual modelo escolheria se fizesse sol, chuva... Igor já não ouvia mais a esposa excitada com a festa do ano; apenas esboçou um sorriso e, com o olhar perdido no chão, enquanto balançava o copo quase vazio que tinha numa das mãos, ele teve a certeza de que não teria mais nos braços Evelyn, o amor da sua vida.

Adriana, logo após o casamento do irmão, sentindo-se vitoriosa, entregou-se ao trabalho, administrando as terras, multiplicando seu dinheiro. Como mecanismo de defesa para tratar de igual para igual com os homens que trabalhavam para ela, tornou-se uma mulher rústica, dura nos sentimentos. Vivia alheia aos acontecimentos ou fuxicos de sociedade, até o dia em que foi visitar Igor e ouviu da cunhada sobre o casamento de Hiago e Evelyn. A cada detalhe que Noélia contava, o rosto de Adriana endurecia, desaparecendo o sorriso, o brilho dos olhos.

Por um momento pensou ser invenção de Noélia, com o intuito de vê-la triste, já que a cunhada sabia que ela tinha sido noiva de Hiago. Contudo, ao sair da casa do irmão e passar em frente da porteira da fazenda de Evelyn, Adriana a viu de mãos dadas com Hiago. Foi rápido, mas o bastante para ela entender que estavam felizes. Como aquela cena a feriu!

Adriana passou a noite em claro. Chorou como não fazia desde a época do falecimento do pai. Conseguiu cochilar no finzinho da madrugada e logo despertou com os raios do sol pelas frestas da janela.

Aquele dia foi diferente para Adriana. Não percorreu as terras para dar ordens, cobrar o trabalho, como seu pai costumava fazer. Aprontou-se decidida a encontrar-se com Hiago, até por saber que ele estava com casamento marcado com Evelyn. Estava disposta a abrir seu coração, e só a ideia de poder contar a ele sobre seu amor a fez abrir um sorriso. Adriana tinha certeza de que poderia reconquistá-lo. Lembrou-se do filho que carregara no ventre. Isso ele nunca poderia saber. Nunca. Foi o que pensou. Já estava montada no cavalo quando parou e olhou para as mãos. Estavam maltratadas, as unhas grandes e marcadas, a pele manchada. Passou as mãos pelos cabelos ressecados, olhou para o vestido simples, surrado e sentiu-se envergonhada. Aquela não era a Adriana que havia se apaixonado.

Sentindo-se inferior, achando não ser merecedora do amor de Hiago, Adriana desceu do cavalo e voltou para casa. Foi até o seu quarto, abaixou-se ao lado da cama, tateou e apanhou a arma que guardava embaixo do colchão, a mesma que usara para atirar em Álvaro.

Saiu de casa, montou no cavalo e cavalgou até a cidade. Duas, três perguntas aqui e ali foram o bastante para descobrir que Hiago estava na casa de Evelyn e para lá ela foi, sem ser convidada. Passar pela porteira e adentrar as terras onde nascera não foi bom. Conforme cavalgava fazenda adentro, Adriana teve ainda mais ódio de Evelyn, pois a via como responsável por todas as suas perdas: o pai, as terras, Hiago, o distanciamento de Igor. Aquela mulher era responsável por tudo de ruim que lhe acontecera nos últimos tempos.

Adriana entrou na casa pisando duro. Ao vê-la, Evelyn e Hiago se assustaram. Levantaram de um salto, e a discussão começou. A briga escalou tons e o clima foi se tornando cada vez mais tenso. Num piscar de olhos, Adriana tirou a arma de uma das botinas que calçava. Mirou em Evelyn. No seu pensamento, matá-la era como a sentença irrevogável de que não teria mais Hiago, por isso, mexeu o braço e apontou para ele. Concluiu que assim, matando Hiago, ele não seria nem dela, nem de Evelyn.

Com a arma apontada na direção de Hiago, tudo ficou silencioso. Adriana só via os dois na sua frente, gesticulando. Parecia que tudo, naquele momento, estava em câmera lenta. Foi assim que Adriana, tomada pelos piores sentimentos, apertou o gatilho. O impacto foi tão forte que o corpo de Adriana recuou um passo para trás e a desequilibrou, mas não deixou de atirar, justamente no momento em que Evelyn jogou-se na frente de Hiago e a bala atingiu sua cabeça.

Lágrimas começaram a escorrer no rosto de Adriana. Com o braço estendido, rente ao corpo, começou a tremer, e a arma caiu no chão. Em seguida, ela se ajoelhou e levantou a cabeça, atordoada. Daquele ângulo, a alguns metros de distância, viu Hiago chorando desesperado sobre o corpo de Evelyn, tentando ressuscitá-la, mas em vão. Não havia mais nada a fazer. Hiago encarou Adriana com olhos injetados de ódio e explodiu:

— Olha o que você fez! Satisfeita, agora?

Capítulo 19

Plano reencarnatório

— Plano reencarnatório? Que lance é esse, vó? — Jeferson manifestou curiosidade e, na sequência, mordeu um pedaço de pastel.

Salete sorriu e apreciou o neto. Agradeceu aos bons espíritos pela intuição, por ter ido até o ponto de ônibus e esperar. Logo um ônibus chegou, e ela, aliviada, viu Jeferson descendo. Estava acelerado, por certo angustiado para ter as respostas de uma vida. Ela, paciente, de um jeito especial, contornou seu ombro e o conduziu até a padaria que tinha ali perto, repleta de opções, em que o menino pediu um pastel e refrigerante.

De início, Jeferson, ansioso, queria somente a verdade. Salete o tranquilizou e também quis mantê-lo ali, distante de casa, porque tinha esperança de que Hiago, Evelyn e Adriana se acertassem. Ela, em silêncio, numa prece, pediu orientação ao plano espiritual para saber como prosseguir na conversa com Jeferson, e não demorou a entrar no assunto de reencarnação, na qual acreditava, vendo o interesse do neto.

— Plano reencarnatório faz parte do processo natural no caminho da nossa evolução espiritual. Depois que morremos, o nosso espírito, livre do corpo físico, vai para uma outra dimensão, conhecida como mundo dos espíritos. Assim que tomamos consciência e refletimos sobre a vida que tivemos, sobre as experiências boas ou ruins, somos orientados por espíritos superiores a planejar a nossa volta à Terra. De modo geral, cada um de nós pode escolher, por exemplo, a família em que vai reencarnar.

— Que barato, mano... — Jeferson olhou para Salete e, como se Adriana tivesse por perto, anulou a gíria. — Minha mãe já contou uns lances assim. Que a gente volta para o planeta para pagar o que fez de ruim.

Salete riu, se divertindo, depois deu o seu parecer:

— Gosto de dizer que voltamos e, por vezes, rodeados de desafetos, pessoas que foram próximas e com as quais não nos demos bem, a fim de exercermos o amor e o perdão. Esses são os verdadeiros sentimentos que nos ajudam a evoluir com menos dor e sofrimento, afinal, são sentimentos tão bonitos, tão nobres. No fim das contas, a reencarnação é uma oportunidade que a vida nos dá para retornarmos à Terra e vivermos melhor conosco e com os outros.

— E o que se ganha com isso? — Jeferson interessou-se pelo assunto. — Por que deveria perdoar quem me fez mal, demonstrar esse amor? Não entendo isso, não.

— Com isso, com essa demonstração nobre, evoluímos, e muito. — Ao perceber o rosto do neto incrédulo, Salete prosseguiu: — Por exemplo, imagine que, numa vida passada, eu tenha impedido o seu nascimento, impossibilitando-o de retornar à Terra para cumprir suas tarefas, de viver em paz e em harmonia consigo, de evoluir. Pois bem. Depois de ter feito tudo isso, quando eu retornasse ao mundo espiritual, seria orientada a ajudar você, que, por meio das minhas escolhas, fora impedido de nascer. Podemos ter a chance de reencarnar na mesma família, a fim de que eu possa lhe transmitir sentimentos nobres que, bem assimilados, ajudem-no a ter uma vida melhor e evoluir com mais amor e menos dor.

— Então a senhora poderia escolher o melhor jeito de me ajudar na próxima vida, é isso?

Salete abriu largo sorriso.

— Exatamente. Por exemplo, por que eu e você vivemos hoje como avó e neto. Entende? Sempre haverá um bom motivo para a vida unir as pessoas. Além disso, devo admitir que amo demais você, meu neto.

Jeferson não quis demonstrar a emoção que sentiu, mas respondeu, amável:

— Eu também amo a senhora, vó, *pow*!

— Viu só? Já evoluímos em exercer o perdão e o amor. — Salete fez uma pausa. — Mas nem sempre é assim. Tem quem volte, ou seja, reencarna alimentado pelo ódio, pelo ressentimento, e por outros sentimentos ruins que ultrapassam o tempo, e continua a se ferir e ferir o outro.

— Ué, então lembram do que aconteceu?

— Não temos equilíbrio emocional para nos lembrar da vida passada, meu querido. Deus, sabiamente, lança sobre nós, ao reencarnarmos, o véu do esquecimento. É uma interrupção temporária e necessária para que possamos conviver em harmonia com a nossa consciência e, principalmente, com nossos desafetos. Imagine se, por exemplo, eu o tivesse magoado profundamente em outra vida. Se você não fosse abençoado com o esquecimento, será que estaria aqui, na minha frente, à vontade, comendo tranquilamente o seu pastel, bebendo o seu refrigerante?

— Isso é verdade — concordou Jeferson.

— E assim, a cada nova jornada na Terra, se percorrermos o caminho do bem, do amor, do respeito por nós e pelos outros, terminaremos melhores.

— Então não é a primeira vez que estou por aqui?

— Não, meu querido, já nascemos e renascemos muitas vezes. Deus nos fez simples e ignorantes, e nos concedeu a oportunidade de nos tornarmos ainda melhores.

— É como uma escola? — quis saber Jeferson, curioso. — Eu me esforço, estudo, faço tudo direitinho e passo de ano.

Salete sorriu. Jeferson era um garoto admirável.

— Sim. Aprender a praticar o perdão e o amor durante a vida nos ajuda a subir a um nível maior na escala da evolução espiritual. Seria como passar de ano na escola.

— A senhora passa uma paz, sempre tão amiga de todo mundo, com palavras boas, deve ser uma boa pessoa desde sempre.

Salete voltou a rir e observou:

— Todos nós, sem exceção, estamos vindo para cá porque já aprontamos poucas e boas. Inclusive eu. Agora, o importante é nos darmos conta de que temos o conhecimento e os bons sentimentos ao nosso alcance. O mundo, ainda que esteja cheio de pessoas agindo como selvagens, egoístas e prepotentes, de pouco a pouco, vai melhorando.

— Acredita mesmo nisso? Acho que tem muita gente ruim no mundo.

— E muita gente boa — avaliou Salete. — Aliás, tem muito mais gente boa do que perturbada. Do mesmo modo, acredito também que muitos estão tendo aqui a última oportunidade de reencarnar neste planeta, mas isso é outro assunto, e não quero deixar sua cabecinha confusa.

Os dois riram. Depois, sério, como se tivesse despertado de um transe, Jeferson fez perguntas sobre o pai.

— Sim, ele está vivo e já te viu. — Salete fez uma pausa. — É tudo o que posso dizer. Considero esse assunto delicado e íntimo, que deve ser discutido entre você e seus pais.

— Então vamos falar com eles! — Jeferson empolgou-se. — Minha mãe deve estar na sua casa, vó. Ela tentou me ligar algumas vezes, mas não quis atender porque ela ia me enrolar de novo.

— Jeferson, lembra-se do que acabamos de conversar, sobre o plano reencarnatório? — perguntou Salete.

— Claro!

— Por algum motivo, que só Deus sabe, foi permitido que você tenha acesso à verdade. Portanto, quando for conversar com seus pais, peço-lhe que seja tolerante, ouça sem julgar.

— Oportunidade de exercer o amor e o perdão — ele disse, sério.

— Isso mesmo, meu neto.

— Fico aqui pensando... o que será que aconteceu na vida passada em que estivemos juntos, se é que tivemos uma?

— Isso não tem importância, pode acreditar. Lembrar-se do passado resultaria num atraso imenso em nossas vidas. Apenas imagine que, durante o seu planejamento para uma nova vida, você tivesse pedido para nascer filho deles. Eu posso lhe assegurar que sua mãe e seu pai amam você demais, pode acreditar. — Salete percebeu Jeferson emocionado e continuou: — Viu só a importância do véu do esquecimento sobre a nossa consciência? Fica mais fácil o reencontro entre os afetos e, principalmente, entre os desafetos.

— Hiago! — Adriana chamou, quando o viu entrando no táxi, assim que acomodou Evelyn no banco traseiro, ainda atordoada depois de voltar do desmaio. — Assim que possível, me dê notícias.

Nem ela acreditou no que tinha acabado de dizer. Hiago assentiu e entrou no veículo. Antes, quando vira a prima desmaiada nos braços de Hiago, não acreditou que Evelyn estivesse passando mal. No entanto, diante dos comentários de Hiago ao revelar que a prima realmente estava desacordada, suando frio, Adriana ficou em silêncio. Depois Evelyn despertou com as mãos na cabeça, reclamando da dor insuportável que sentia. Hiago, rapidamente, resolveu levá-la ao pronto-socorro e determinou que Adriana ficasse.

Agora, Adriana estava ali sozinha, esperando notícias de Hiago e de Jeferson. Ao se lembrar do filho, pegou o celular para ligar para Salete, mas imaginou que Jeferson estivesse com ela e também confiou no dom da mãe de acalmá-lo.

Salete e Jeferson logo chegaram. Quando a porta se abriu, Adriana correu para abraçar e beijar o filho. Ele foi paciente, amoroso, mas logo se desfez do apego exagerado.

— O meu pai está vivo? — ele perguntou, sem rodeios.

Adriana ficou muda, vendo a mãe atrás de Jeferson olhando ao redor, querendo entender o que havia se passado ali. Onde estavam Hiago e Evelyn?

— Meu filho, vai lavar as mãos. Eu fiz um lanche e estava esperando vocês. Assim poderemos conversar melhor.

— Acabei de comer um pastel.

— Vai deixar de comer o meu lanche? — enfatizou Adriana. — Fiz com carinho.

— Tá bom, *pow*.

Ao se ver a sós com a filha, já na cozinha, Salete foi logo questionando. Adriana, falando baixo para que Jeferson não a escutasse, resumiu a conversa que tivera com eles, que Hiago tinha levado Evelyn ao hospital depois de ela ter passado mal.

— Meu Deus! Será algo grave? Minha filha, não me esconda nada. Fez alguma coisa?

— Não fiz nada além de despejar tudo o que estava represado há anos, mas não, fica tranquila. Ela acordou com uma dor de cabeça insuportável, fazendo cena. — Ao ver o rosto da mãe sério, Adriana mudou o rumo da conversa. — Hiago ficou de dar notícias.

— Ótimo! Vou ligar para ele também, ver se precisa de alguma coisa.

Logo Jeferson chegou na cozinha e elas mudaram de assunto. O rapaz tinha urgência em saber a verdade. A conversa não foi fácil; vez ou outra, Salete precisou intervir, apaziguar o conflito.

— Então o meu pai está vivo! Escondeu de mim todo esse tempo, *pow*! Isso não se faz, *tá tirando, mano*... Dizer que estava morto!

— Se insistir nesse dialeto — criticou Adriana, nervosa —, vai ficar mais um tempo sem saber. — Ela olhou para Salete e tomou coragem. Respirou fundo e continuou: — Fiz o melhor para você, por você...

— Que melhor? — Jeferson interveio. — Fez eu me sentir triste, sozinho, desprotegido. Sabe o que senti ao pensar que nunca poderia ter o meu pai presente?

— Fiz tudo para te proteger, meu filho.

— Proteger?! Foi para alimentar o seu egoísmo. Só porque ele não te quis, achou que tinha o direito de tirar ele da minha vida também.

— Se soubesse a verdade, quem ele foi... — disse, receosa.

— Não sei, você tirou de mim essa possibilidade, minha mãe, uma mentirosa.

Nesse ponto, se Adriana estivesse perto, teria lançado um tapa no rapaz, mas mais uma vez Salete interveio para manter a conversa amistosa:

— Ninguém amou mais você do que sua mãe, meu filho — Salete argumentou. — Quando omitiu a verdade sobre o seu pai, foi por amor também.

— E vai ficar nessa ladainha? Vai insistir na mentira? Uma mentirosa, como sempre foi a vida toda.

— Chega, chega! — Adriana gritou e se exaltou: — Não vou falar. Se sou a mentirosa, como diz, a injusta, por que acreditaria na revelação? Seu pai vai fazer isso. É dele que vai ouvir a verdade e espero, sinceramente, que ele seja honesto, que lhe conte tudo nos detalhes. Agora, chega, vamos para casa.

— Não vou para casa, vou ficar aqui com a minha avó.

Adriana sentiu saudade de quando pedia e Jeferson a obedecia, sempre a respeitava. Olhou para Salete, que fez um gesto para que aceitasse a decisão do menino. Adriana apanhou a bolsa e, antes de sair, emocionada, virou-se para Jeferson e disse:

— Espero que um dia você entenda o que fiz e me perdoe. Te amo muito, meu filho.

Antes de ouvir qualquer coisa, saiu apressada.

— Meu amor, que bom que chegou. Estava preocupado com você. — Foi o que Adriana ouviu de Luciano, logo que abriu a porta. — Minha mãe me contou o que aconteceu, estava querendo notícias de vocês. Disse que ligou no seu celular e nada de você atender.

— Encontrei a Marieta na calçada e já falei com ela. — Adriana jogou a bolsa sobre a mesa. Estava exausta, querendo tomar um banho e ir para a cama a fim de esquecer aquele dia. Pensou em contar para Luciano sobre Hiago, que era mais do que ele conhecia, que era o pai de Jeferson, mas não viu motivo naquele momento. Ela prosseguiu: — Marieta não gostou que o Jeferson ficou na minha mãe, disse que tinha planos com ele. Não entendi...

— Não sabe como minha mãe gosta do Jeferson como neto? E o ciúme, como fica? — Luciano comentou divertido, tentando fazer graça para diminuir o clima tenso.

Adriana foi para a cozinha preparar o jantar, como de costume, mas Luciano a impediu e lhe mostrou pratos prontos e guardados. E, diante da surpresa dela, pois durante todo o casamento ele esperou dela as refeições prontas, anunciou mais novidades:

— Está diante do mais novo corretor de imóveis da região. — Luciano percebeu a surpresa de Adriana, incrédula, mas prosseguiu: — Ainda sou capaz de surpreendê-la.

— Como foi isso? Pelo que sei precisa fazer curso para corretor de imóveis, depois tem que passar na prova para obter o registro profissional. Houve um tempo em que eu quis tanto que você fizesse, mas...

— Foi um amigo quem me indicou — explicou Luciano. — O dono da imobiliária gostou de mim, mesmo sem curso me colocou em campo e tive sorte de já vender um imóvel. Ganhei uma comissão. — Ele tirou da carteira umas notas, exibiu-as: — O resto está na conta. E as despesas, a partir de agora, estão por minha conta.

— E o curso? Não vai poder...

— Já estou vendo isso — disse Luciano baixinho e aproximou-se de Adriana; viu nela os mesmos olhos de quando tinham se conhecido, como eram apaixonados. Em que momento haviam se perdido?, ficou se perguntando. Aproximou-se para beijá-la, mas ela se esquivou sutilmente, mas com ar de riso no rosto, o que o animou.

— Fico muito feliz pela sua conquista. Não tem ideia de quanto...

Ele a cortou, corrigindo-a, amável:

— Nossa conquista. E ainda vou reconquistar você, sua confiança, Adriana, fazer você feliz, como sempre mereceu. Ainda quero que sinta o meu amor por você.

Nesse ponto, ela não resistiu e se deixou ser abraçada.

O espírito de Igor estava no canto do cômodo, assistindo a tudo em silêncio e, ao vê-los abraçados, disse baixinho, tomado pelo ódio:

— Que lábia a desse cara! E ela acreditou nesse mentiroso. — Igor começou a rir. — Ela merece.

Por aqueles dias, Adriana estava radiante. Via Luciano bem-arrumado, saindo para trabalhar, disposto, sem reclamar. Como sonhara em vê-lo assim. Por alguns momentos, nem acreditava que fosse real. Tanto que compartilhou com Noélia, durante o expediente no mercado.

— Nem eu acredito nisso. Só vendo, amiga. Bom, espero que Luciano tenha tomado juízo. Já fez você sofrer tanto.

— Às vezes me pego pensando nos ensinamentos da minha mãe, reflito sobre o que foi que eu fiz para passar por tudo isso na vida. A felicidade nunca completa. Está tudo bem com o Luciano, estou me acertando com ele, ainda com receio, pisando naquele terreno devagar, com medo de alguma coisa. E também não contei para ele do Hiago.

— E sua prima, está melhor?

— A Evelyn está melhor, fazendo exames. Minha mãe ficou emocionada quando perguntei pela minha prima. Confesso que aquele reencontro com ela e o Hiago me deu uma leveza. Acho que o fato de ter dito tudo o que estava entalado há anos ajudou nesse processo de me proporcionar uma leveza aqui — levou a mão ao peito.

— Quando você se perdoa, se liberta do passado e assim caminha mais leve pela vida. — Noélia riu ao ver no rosto de Adriana a surpresa com a frase. Logo contou a autoria: — Salete me falou isso uma vez e não me esqueci.

— Também me preocupa a resistência de Jeferson. Não quer vir para casa, está hospedado na minha mãe. Isso está deixando Marieta nervosa. Não sabia que gostava tanto dele. Acho que acostumou-se com a presença dele, ocupando há tanto tempo o quarto de Luciano.

— Ela o adotou como neto. — Noélia mudou de assunto. — E o Hiago, já voltou da tal viagem?

— Não. Agora que deixei nas mãos dele contar para o menino, ele apareceu com essa viagem. Tenho falado com ele, está ansioso também com essa revelação. Aos poucos, tudo vai se resolvendo.

— Quando Jeferson souber de tudo, vai olhar você de outra forma.

— Tomara, minha amiga. É o que peço a Deus. — Adriana abriu um sorriso e também mudou de assunto: — E o seu príncipe, como está a história de amor?

— Maravilhosamente bem. Aliás, estamos bem com os nossos príncipes. Só que o meu é de verdade, claro!

— Príncipe de verdade, como assim? — A curiosidade de Adriana revelou preocupação.

— Sim, de verdade. Saudista, herdeiro e riquíssimo, minha filha. Estou poderosa.

— Ele é comprometido?

— Sim, lá é permitido, já me contou. E eu fui a escolhida para ser a esposa brasileira. — Noélia falava convicta, nem se importando com o rosto apreensivo de Adriana. — Ele me diz cada coisa. Ao menos, me faz feliz. Sabia que encontraria o homem da minha vida no aplicativo.

— Já falou com ele? Viu? Como se comunicam, o idioma...

— Nos falamos por mensagens, fotos... Ele usa um aplicativo de tradução automática e está aprendendo português. Tem um erro ali e outro aqui, mas um charme. — Noélia notou o rosto da amiga e quis saber: — Agora você ficou preocupada.

— Sim, claro que fiquei.

— Será que vou ter que aprender o idioma dele? — interrompeu Noélia, ignorando os questionamentos de Adriana, e falou, antes de sair, olhando o relógio: — Falou que vai me levar para lá. Preciso correr, tenho uma reunião daqui a pouco.

Adriana ficou observando a amiga se afastar e pensou o quão carente Noélia estava para acreditar naquela mentira.

A resistência de Jeferson em voltar para casa manteve-se firme. Não deixou de falar com Adriana, que ligava todos os dias para ele e ainda conversava com Salete, que a tranquilizava.

— Está bem, minha filha. A gente tem conversado muito.

— Ele pode não falar, mas sei que só voltará para casa quando souber quem é o pai.

— Acho que complica as coisas demais, minha filha. Por que não diz de uma vez e acaba com isso?

— Porque sei que Jeferson não vai acreditar na minha versão. Diante de toda e qualquer justificativa minha, ele vai me acusar de mentirosa. Tenho comigo que, se o Hiago falar, sendo leal à verdade, fará ele entender... Estou ansiosa para ele voltar e acabar logo com isso.

— Em meio a toda essa história, tem uma coisa que me agrada — confessou Salete. — A sua aproximação com Hiago. Sua prima está aqui em casa também e seria muito bom visitá-la.

— E como está Evelyn?

— Bem, você a conhece, já está saindo, fazendo estripulias. Fez exames, voltou ao médico, tudo sozinha, e voltou radiante, dizendo que está tudo bem. Eu queria acompanhá-la, mas só fiquei sabendo quando voltou. — Salete fez uma pausa diante do silêncio da filha. — Fico feliz por perguntar por ela, mas minha felicidade seria concreta se você estivesse aqui também, de forma presencial. Não tem vindo aqui, mesmo sabendo que Jeferson está comigo.

— Um passo de cada vez — pediu Adriana. — Quem não está gostando dessa falta do Jeferson é Marieta.

— Eu sei, filha. Ela liga direto para ele, que já nem quer atender. Ela insiste para ele voltar para casa. Conversei com ela. Eu a achei um tanto...

— Preocupada, mãe?

— Desesperada — observou Salete.

— Dramática, mãe. Dramática! — repetiu Adriana. — Essa é a palavra para definir a minha sogra.

As duas riram e a ligação acabou na sequência. Salete pousou o aparelho no aparador, quando ouviu uma voz conhecida chamando seu nome. Foi atender e se deparou com Hiago.

Salete o recebeu sorridente e com forte abraço. Tinha carinho por ele, como se fosse um filho, desde quando o conhecera, quando entrara naquela sala, tímido, de mãos dadas com Adriana. Tão bonito, jovem.

Conversaram sobre a viagem urgente, que Hiago resumiu, visivelmente feliz, ser um assunto de trabalho que havia conquistado: ser treinador de um time de futebol no exterior. Por outro lado, confessou que estava prestes a revelar para o filho sobre a paternidade e que seria tenso deixar Jeferson. Ainda que fosse sua vontade levá-lo com ele ao exterior, não faria Adriana passar por esse distanciamento.

— Muito obrigado, meu filho. Sempre soube que contaria com sua sensatez. — Salete se colocou na frente do rapaz, estendeu os braços e pegou os de Hiago; enérgica, apertou-os, para encorajá-lo, e disse: — Está na hora da verdade. Jeferson está no quarto que foi da Adriana. — Salete parou de falar e percebeu os olhos com brilho de lágrimas acumuladas. — Vocês têm muito o que conversar. Não será fácil, eu sei. Como gostaria de ter a receita para que desse tudo certo. Mas posso pedir algo. — Ela sorriu. — Que os bons espíritos estejam presentes e os ajudem com boas inspirações e paz. Enquanto isso, vou preparar um café fresquinho.

Hiago a beijou no rosto e saiu em direção ao quarto. Andando pelo corredor de acesso ao cômodo, sentiu uma forte emoção. Há quantos anos não passava por ali? Difícil não se lembrar dos bons momentos vividos naquela casa.

Jeferson o recebeu muito bem, surpreso e feliz. O abraço foi desfeito a certo custo, pois Hiago queria sentir mais o filho; por segundos quis imaginá-lo em todas as fases da vida que não compartilhou.

A conversa foi amistosa, divertida, descobrindo afinidades, além de torcerem para o mesmo time, de não gostarem das mesmas comidas, de sonhos, planos.

— Como veio parar aqui na minha avó? Aposto que Marieta deu o endereço daqui, slc. A veia tá com medo de morar sozinha lá? — Riu alto e ficou sem graça ao ver Hiago estudando o seu rosto.

— Pode ser, quem sabe. Agora, me conta você: por que esse ato de protesto? Sim, por que ficar aqui na sua avó Salete? Não acha que está há um bom tempo longe da sua mãe?

— Essa aí aprontou uma, *tá ligado*? Cara, para você vou contar. — Jeferson foi até a porta certificar-se de que estavam a sós. — Meu pai está vivo e ela escondeu de mim a vida toda, mano. Meu pai, vivo, e ele sabe de mim. Trairagem dela fazer isso.

— Ouviu dela o motivo de ter feito isso? Poderia...

— Egoísmo — emendou Jeferson. — Minha mãe está ressentida porque ele não a quis. Sei por cima, porque é assunto proibido, tá ligado? Nem minha avó conta o lance. Ele largou minha mãe para fugir com a prima Evelyn, por isso me isolou do meu pai. Não deixou a gente se conhecer. Ela me usou para atingir ele, usou da maldade.

— Foi essa a versão que ouviu dela? — indagou Hiago, curioso.

— Não, mas é isso, certeza, *pow*.

— Sua mãe fez o certo, o melhor para você.

— Logo vi... — Jeferson resmungou. — É do time dela também. Se veio aqui para me fazer mudar de ideia, esquece, mano. Cara, ela decidiu e mentiu para mim. Uma mentirosa. Foi trairagem.

Jeferson começou a remoer os anos passados sem a presença do pai, culpando a mãe por isso. Hiago silenciou, virando-se de costas. Sentia um nó na garganta, queria abraçá-lo, protegê-lo, fazer com que Jeferson pudesse esquecer toda aquela mágoa. Esmurrou rápida e levemente a parede, como se com o gesto pudesse conter seus sentimentos.

Jeferson continuou:

— Ela sempre disse que ele tinha ido para o Nordeste e morrido lá. Não tinha fotos, nada. Destruiu tudo e qualquer lembrança que eu pudesse ter dele, não deixou nenhum rastro...

— E, se ele estivesse vivo — tornou Hiago, a voz já embargada, embora, como permanecia de costas, o menino não percebeu sua emoção —, por que será que ele não o procurou? Fácil falar que sua mãe mentiu e colocar sobre os ombros dela toda a culpa, mas seu pai poderia ter ido atrás de você e facilmente descobri-lo, revelado a você a verdade.

— Pow, sei lá! Ele pode ter sido ameaçado pela minha mãe... Ter mentido para ele que eu tinha morrido.

Hiago virou-se com lágrimas rolando pelo rosto quando revelou:

— Não, Jeferson, porque eu estava preso e longe daqui. Não poderia ver você. Sua mãe mentiu porque queria protegê-lo.

— O que disse? — Jeferson arregalou os olhos. — Eu...
— A emoção chegou nele e o deixou confuso, num misto de sentimentos.

— Sua mãe estava certa em protegê-lo, afastando-o de mim. Eu estava preso, entende? O que eu poderia oferecer para o meu filho? Eu não gostaria que ela o levasse naquele lugar para me ver.

— Que brincadeira é essa? — perguntou Jeferson, esmorecendo conforme se apoiava na beira da cama.

— Jeferson, eu sou seu pai.

Capítulo 20

Queira nos acompanhar

Adriana, depois de falar com Salete, desligou o celular e o guardou na bolsa. Como de costume, passou na padaria, comprou pães e seguiu para a casa da sogra. No trajeto pensou nos últimos acontecimentos, na possibilidade de aproximar-se de Evelyn. A lembrança dos bons momentos juntas a fez rir sozinha.

Já na rua onde morava, para sua surpresa, pôde ver o carro de polícia na frente da casa de Marieta. Tomada pela preocupação, apressou os passos até lá. Sentiu o coração aos saltos. O que teria acontecido? Algo com a sogra, com Luciano? Tentou se manter calma e afastar os pensamentos ruins para longe.

Quando Adriana foi avistada por Marieta, ouviu dela os lamentos com lágrimas, que a princípio não entendeu, mas aos poucos foi compreendendo e ficando boquiaberta. Tudo isso no portão da casa, paredes iluminadas pela luz piscante do carro da polícia, com os vizinhos curiosos formando plateia.

— O que houve, Marieta, pelo amor de Deus? — Adriana lembrou-se de que Jeferson estava bem, na casa de Salete, fazia poucos minutos que tivera notícias dele. — Algo com Luciano?

— Meu filho está no trabalho. Já liguei para ele.

— Minha senhora, mora aqui? — perguntou um dos policiais a Adriana.

— Não, perto, mas sou da família. Ela é minha sogra e...

O policial fez sim e prosseguiu:

— Recebemos uma denúncia anônima. Já expliquei para a senhora Marieta...

— Deve ser algum engano. Não pode ser aqui, na minha casa — interrompeu Marieta, atravessada no portão, aos prantos.

O policial confirmou com Adriana o nome da rua, número, tudo conferia com os dados recebidos pelos policiais, que, sem cerimônia, entraram no imóvel sem revelar mais detalhes. Adriana não viu por que impedir a polícia de adentrar o imóvel, mesmo sob os protestos de Marieta, que ficou dois passos atrás, ao lado da nora. Ela especulou com a sogra qual a denúncia e ouviu:

— Não sei quem pode ter feito essa maldade, Adriana. — Marieta falava baixinho e de um modo confuso, porque misturava sua fala com lágrimas, o que deixava Adriana sem entender direito.

Elas pararam na sala e ficaram estáticas, como se fossem visitas no local, com receio de seguirem para outro cômodo, só observando a movimentação dos dois policiais pela casa, vasculhando.

— Que denúncia é essa, Marieta? Não entendi bem.

Marieta estava trêmula e sem condição de falar. Adriana a colocou sentada no sofá e aproximou-se dos policiais, que revistavam a casa. Foi um deles que entrou no quarto de Jeferson e, poucos minutos depois, gritou pelo outro.

Adriana seguiu o policial até o quarto. Logo que passou pela porta viu os dois policiais trocando olhares.

— O que diz disso? — perguntou um deles.

Adriana, espantada com o que via, além do quarto revirado, levou a mão à boca. Sentiu algo tão forte, que as pernas falsearam e teve que encostar na parede.

— Sabe quem é a pessoa responsável por isso?

— Eu... — Adriana respondeu baixinho, depois de uma pausa, sentindo a lágrima quente rolar pelo rosto.

— A senhora queira nos acompanhar até a delegacia. Poderá...

Depois que Hiago revelou a paternidade, formou-se um silêncio que, aos poucos, foi cortado pelo choro de Jeferson. O menino tentava reprimir, mas era mais forte que ele; passava as mãos pelo rosto, tentando esconder as lágrimas, mas o que sentia era algo muito forte.

Hiago, também tomado pela emoção, tentava conversar, achar as melhores palavras para confortá-lo. Jeferson apresentava resistência em aceitar as descobertas. Quis sair do quarto, mas Hiago o impediu, fechou a porta e o jovem voltou a sentar-se na cama.

— Então, por todos esses anos, vivi uma mentira, *pow*! Enganado, não sabia da minha própria história. Como isso?

— Não foi para te enganar, foi para te proteger.

— Que mundo inventado é esse em que me colocaram? Era melhor ser filho de viúva? É sobre isso, então? Melhor do que ser filho de mãe solteira com pai preso? Ela fez isso para não ficar feio para ela também. Não vem com essa de me proteger — resmungou Jeferson.

— Claro que ela agiu assim para não expor você, ou acha que os seus coleguinhas da escola iriam querer seu autógrafo por ter um pai preso? É você quem não quer entender. — Hiago abaixou-se na altura do rapaz, que permanecia sentado na beira da cama, e falou: — Ninguém ama mais você do que sua mãe e eu. E saiba que ela fez tudo pelo seu bem.

— Que bem é esse? Minha mãe me fez sofrer durante esses anos todos, inventando uma grande mentira, jurando que eu não tinha pai. Fui o bobo, o coitadinho, todos em volta sabendo a verdade e eu vivendo na história criada.

Hiago, encorajado pelo amor, passou a mão pelo braço de Jeferson, e assim o silenciou. Vendo que não havia resistência do filho, Hiago pegou sua mão. Ele a manteve aberta; depois, com o gesto de carinho do pai, apertou-a e voltou a chorar.

— Pode não entender tudo isso agora, assim, em meio às revelações, mas o tempo lhe dará maturidade para compreender. Espero que nos perdoe.

Hiago o levantou e o abraçou. Jeferson resistiu, depois correspondeu ao carinho. Agora, pela primeira vez, sentindo o pai, fechou os olhos e sentiu as lágrimas escaparem pelo rosto.

Nesse momento, ouviram o telefone tocando.

Desfeito o abraço, ficaram se olhando, rindo entre lágrimas. Eram tão semelhantes, como se fossem a mesma pessoa, passado e presente.

— Minha mãe poderia ter contado a verdade. Teria ido te ver...

— Diz isso agora, já quase um homem — tornou Hiago. — Antes, pequeno... Precisamos conversar, quero contar o que aconteceu comigo, como fui parar na cadeia.

— Nunca vou perdoar minha mãe por isso, anos roubados em que eu poderia ter ficado do seu lado.

Hiago começou a falar em defesa de Adriana, quando a porta se abriu. Era Salete, revelando tensão na voz, algo inusitado, porque quem a conhecia nunca a tinha visto dessa maneira.

— Era da delegacia. — Salete respirou fundo e prosseguiu: — Adriana foi presa.

A mobília da sala do delegado não tinha nada de diferente de cenários parecidos: mesa, cadeiras e armário com aspecto antigo e empoeirado. Também havia alguns livros ao lado de um computador de modelo obsoleto. As janelas estavam fechadas por conta da chuva repentina, o que tornava o lugar sufocante e irritante pelo barulho do ventilador de pé, cansado de funcionar durante horas consecutivas e com defeito.

Além do policial, que parecia plantado na porta, mudo, tinha o escrevente e o delegado, que era um jovem claramente vaidoso, bem-vestido, um contraste com o cenário local. Álvaro, o delegado, carinhosamente apelidado de Neto pela família, era tão moço que dava a impressão de ter saído direto do primeiro ano da faculdade para aquele posto.

Em meio a tudo isso estava Adriana, assustada, temendo o que estava por vir. Olhava toda a novidade com medo, tentando assimilar o que havia acabado de descobrir e assumido.

O delegado então começou a falar aceleradamente, sendo nítida a sua vontade de acabar logo com aquele depoimento, que julgava flagrante diante de denúncia.

— Sabe que a sua situação não é das melhores, não é mesmo? — questionava o delegado e, sem esperar resposta, emendou: — A acusação pode ser feita pelo aplicativo "Denúncia ambiente" ou, no caso de emergência, ligar para o número 190. No seu caso, recebemos a denúncia por meio de aplicativo. — O delegado pausou e apalpou os bolsos em busca de cigarros, mas não poderia fumar ali, então virou-se para o policial na porta e ordenou: — Rapaz, um café quente pra mim. Se chegar frio, vai tomar. — Riu sozinho.

— Será que posso esperar alguém da minha família? — Adriana quis saber.

— A senhora não está em um hospital precisando de acompanhante — ironizou o delegado Álvaro. — Não sei se entendeu, está em uma delegacia prestando depoimento referente a um crime ambiental e grave. — Ele parou e viu Adriana baixar a cabeça; por algum tempo não sentiu estar diante de alguém com características do crime. — Fabricar, vender, transportar ou mesmo soltar balões é crime ambiental.

Álvaro levantou-se e caminhou puxando um pouco a perna. Foi quando Adriana percebeu algo sutil, mas diferente no andar dele. Ela não poderia saber que ele fora vítima de atropelamento numa cidade do interior, onde passava férias com a família, em que o motorista tinha fugido sem prestar socorro. E os dois, Álvaro e Adriana, não poderiam saber que o motorista cometera essa imprudência quando a filha pequena, sentada no banco do passageiro, tinha gritado para que ele visse um balão. Diante da ausência de dias sem vê-la, o pai quisera direcionar o carro para a menina ver o balão no horizonte, flutuando no céu, divertindo-se com o sorriso da menina, quando sentiu o carro em movimento perder a estabilidade após um solavanco. Pelo retrovisor, pôde ver um menino no chão, gritando e com a mão na perna. Assustado, o motorista acelerou e fugiu.

— Acredito que possa ser um mal-entendido — Adriana falou, tímida.

— Mal-entendido? Quer dizer que o que encontramos naquele quarto é um mal-entendido? Suponho que para encobrir o crime usava o quarto do seu filho, menor de idade, para não levantar suspeita? Tem ideia do que os meus policiais encontraram naquele cômodo? — Adriana fez que não e Álvaro prosseguiu: — Materiais para a fabricação caseira de balões, alguns já montados, com cangalha de fogos de artifícios. A legislação brasileira proíbe isso, por esse motivo a senhora está aqui.

Adriana, confusa, tentou justificar algo, que saiu como um murmúrio inaudível. O delegado refletiu se estava realmente diante de uma conhecedora do assunto. Não era possível que ela fizesse tudo aquilo e não soubesse das consequências.

— Sabe as consequências desse seu crime? Não deve saber as consequências desse ato. — Álvaro riu e depois, sério e em pé, apoiou as mãos sobre a mesa, prosseguindo: — Incêndios de grandes proporções em florestas, centros urbanos, casas, hospitais. Sem contar o risco de colidir com aeronaves, atingir as turbinas... Além dos prejuízos materiais, vidas ficam em risco, pois, caso uma pessoa seja atingida por um balão, poderá viver o resto da vida com sequelas ou até mesmo chegar a óbito.

Adriana, por algum tempo, fixou o olhar num canto da sala, e seus pensamentos voltaram ao tempo em que era menina, quando andava pelas ruas do bairro de braços dados com Evelyn. Em época de festas juninas, era natural as duas disputarem para saber quem via mais balões colorindo o céu.

— Olha lá, Evelyn! — Estendia o dedo indicador para o céu, encantada. — Que lindo! — gritava Adriana logo que avistava mais um balão iluminado, desfilando ao sabor do vento pelo céu estrelado.

Por vezes a ignorância permite vivenciar os acontecimentos sem perder a poesia da vida.

A voz grave e irritada do delegado Álvaro a trouxe de volta para o presente.

— Para esse crime é prevista a detenção de um a três anos ou multa, ou ambas. Isso de acordo com a Lei de Crimes Ambientais...— Ele parou de falar ao ver Adriana chorando compulsivamente, pois para ela as palavras dele a tinham ferido como uma sentença. A partir daí, não conseguiu falar mais nada. Ele, impaciente, gritou:

— Tira essa mulher da minha frente. Quando estiver mais calma e em condições de responder, poderemos conversar.

Cadê meu café? Foi colher os grãos em alguma fazenda do século passado?

— Como isso? Adriana, presa? — foram as palavras que Noélia falou ao ouvir Salete pelo telefone. Havia dormido tarde, conversando com o seu suposto príncipe, e se esbaldado no vinho; por isso, às duas da manhã, quando o telefone tocou, demorou para atender, e bruscamente despertou com a notícia da prisão da amiga.

— Não sei ao certo o que aconteceu. Parece que foi uma denúncia de fabricação de balão. Não conversei com a minha filha, mas algo está estranho e tenho minhas suspeitas — contou Salete.

— Adriana, jamais! Coloco minha mão no fogo. Eu saberia disso, porque, nesses anos de amizade, nunca soube do seu apreço por balões. Lamento não poder ajudar com dinheiro, porque o que tinha disponível eu transferi para o meu príncipe.

Salete estava tão atordoada que não conseguiu questioná-la sobre o príncipe. Noutra ocasião, é certo que conversaria a respeito, aconselharia, mas o assunto de Adriana estava esgotando todo e qualquer pensamento que tinha.

Noélia prosseguiu:

— Tenho um advogado excelente para nos ajudar. Vou conversar com o doutor Valdir, ele é da zona sul. Sempre tão prestativo, não demora e estará logo na delegacia.

— Muito obrigada, Noélia. Essa situação nos pegou tão desprovidos de recursos. Evelyn, Hiago e Jeferson foram para a delegacia. Até onde soube, não conseguiram falar com Luciano, que, com esse novo emprego, pouco tem ficado em casa. O delegado, com custo, autorizou Evelyn a entrar e falar com Adriana por cinco minutos. Tenho certeza de que ela me poupou de detalhes. Preciso tanto saber como Adriana está, ficar perto da minha filha.

— Claro! Ela precisa da gente por perto. Vou agora para a delegacia. De lá eu ligarei para o advogado. Já me diz onde fica.

— Não adianta, minha filha, já queria ir também, mas Hiago me convenceu de que não adianta, não vamos conseguir ver Adriana. De tudo isso, a única coisa boa tem sido a aproximação de Adriana, Evelyn e Hiago. Ainda assim, Adriana não quis a ajuda financeira deles, pediu para a prima conversar com você. Ela chegou tão abatida com tudo isso, que eu tomei a frente em ligar. Desculpe-me pela hora.

— Não tem do que pedir desculpas, Salete. E pode ter certeza de que vou fazer por vocês o que fariam por mim. E o Jeferson, como está?

— Só chora. Estava num momento feliz e delicado, a descoberta do pai, e agora veio essa bomba. Ele está comigo aqui em casa. Marieta queria vir com Luciano buscá-lo. Não aceitei, claro.

— Fez bem. Agora é capaz que Luciano saiba da paternidade de Jeferson da pior forma, ou da forma que Adriana não gostaria que fosse.

— Mentiras são como sujeiras mal-escondidas, uma hora alguém descobre. Minha filha, vou desligar, já tomei muito do seu tempo. E, mais uma vez, desculpe-me pelo horário.

— Não tem do que, e já vou acordar o doutor Valdir. Dará tudo certo.

As palavras de Noélia foram certeiras. Logo nas primeiras horas, o doutor Valdir seguiu os trâmites legais necessários para libertá-la.

Adriana, em depoimento, acompanhada pelo doutor Valdir, assumiu toda a responsabilidade pelos materiais encontrados no quarto de Jeferson, mas deixou lacunas, como dizer para quem fornecia, os nomes dos envolvidos. Deu respostas vagas, disse até que desconhecia alguns fatos. Por vezes, doutor

Valdir interferia em favor da sua cliente, que, sensibilizada, chorou muito. Álvaro foi implacável, a questionou muito e a todo momento ressaltava as consequências do seu ato.

Ainda pela manhã, Adriana teve visita concedida por Álvaro, e foi Salete a primeira a entrar. Levou com ela produtos de higiene pessoal, conforme Hiago orientou, e também frutas e um bolo que estava retalhado, resultado da perícia feita nos pertences para entrarem no local.

A conversa foi rápida, em pé, num abraço ligeiro e monitorado pelo guarda. Tinha tanto para conversar, mas ficaram boa parte se olhando, emocionadas. Salete passou uma fortaleza energética que conseguiu recuperar ao sair de casa. Aproveitou a oportunidade que o guarda estava distraído numa conversa com uma colega da delegacia e questionou a filha:

— Isso é coisa do Jeferson, não é, Adriana? Tentei tirar dele, mas ele se fechou, de forma que não consigo...

— Sim, todo o material apreendido estava no quarto dele, mãe.

— E assumiu como autora. Sei do seu amor por ele, mas, ainda que menor de idade, ele deveria se responsabilizar pelos atos. Aprender que toda decisão tem consequências...

— Mãe, eu sei, mas não faz muito tempo que ele foi pego com arma, lembra-se? Não é mais primário. Fiquei com medo do que iriam fazer com o meu filho. Menor de idade e, de novo, envolvido com questões da Justiça. Poderia perder a guarda dele. Fiz o melhor para proteger o meu filho. Posso de novo estar fazendo errado, mas naquela hora não consegui ver outra forma de fazer — Adriana falou e, em seguida, pediu, chorosa: — Mãe, por favor, mantenha o Jeferson por perto, não o deixe fazer nenhuma besteira maior. Agora, preciso ter uma conversa séria com Marieta. Não é possível que não tenha visto isso acontecer dentro de casa. Eu fui, sim, relapsa por confiar, não ver mais de perto meu filho.

— Não é momento de se culpar, minha filha. — Salete observou a volta da atenção do guarda para as duas e mudou de assunto: — Falando em Marieta, ela está lá fora, aos prantos, tecendo elogios. Parece presidente do seu fã-clube.

— Tudo que não quero é ver Marieta com seus dramas. Peça para não entrar. Não gostaria nem que a senhora tivesse vindo aqui, mãe. Fã-clube foi boa, viu.

Naquele momento, pela primeira vez depois do acontecido nas últimas horas, Adriana conseguiu sorrir.

— Isso, assim que quero: vê-la sorrindo — alegrou-se Salete. — Tenho certeza de que dará tudo certo.

Salete apertou o braço da filha num gesto compreensivo. Abraçaram-se e logo o guarda sinalizou o fim da visita.

Horas depois, veio a boa notícia da liberdade de Adriana, condicionada a uma multa estipulada pelo delegado. E a maior surpresa veio em seguida, pois quem pagou a multa foi Luciano.

Capítulo 21

A sedutora

A notícia da prisão de Adriana não sairia despercebida no trabalho, por isso Noélia se adiantou em relatar a versão dos fatos para Marlon da melhor forma. E dele ouviu, num tom arrogante, com a mão na gravata alinhada sobre a camisa branca impecavelmente bem passada.

— Não quero essa presidiária no meu mercado. De jeito nenhum, nem sob protestos, abaixo-assinado... Peraí, isso dá justa causa — Marlon pensou em voz alta. — Não vou deixar que Adriana arranhe a imagem do meu mercado, ou que ainda leve um bom dinheiro achando que vou demiti-la sem justa causa.

— Justa causa? Do que está falando, foi um assunto particular! — espantou-se Noélia.

— Quem garante? — Marlon baixou a voz e aproximou-se de Noélia, que sentiu-se asfixiada pelo seu excesso de perfume. — Aquela cara de sonsa, toda certinha, educadinha demais, séria demais... veja o resultado.

— Tudo isso, e não pode negar que Adriana é uma funcionária exemplar! Veja quantos anos com a gente. Acredito que ela é inocente, isso tudo foi um mal-entendido.

— Ué, não disse que ela confessou? — indagou ele, desconfiado. — Noélia, não quero essa presidiária aqui.

— Está sendo cruel. Depois, já se esqueceu do seu passado, bonitão? — Noélia explodiu irônica, rindo.

Marlon a pegou pelo braço e saiu puxando-a até um corredor mais tranquilo.

— Se está se referindo àquilo, àquele acontecimento, saiba que faz parte do passado mesmo. Outra vida, praticamente. Nem me lembraria se você não falasse.

— Pois vou falar, sim. Sei bem que me mantém aqui, mesmo depois das confusões que fiz, por conta disso.

— Não, está aqui com a gente — corrigiu ele — por ser uma excelente profissional. E não sou ingrato, isso é certo. Você me ajudou muito naquela noite. Para quem ligaria, para a minha tia? Eu era inocente naquele episódio.

— Como Adriana é e sei que você também foi. Posso me enganar, e facilmente, com alguns homens, mas amigos sei quem são, por isso os defendo.

— Conceda a ela umas férias de quinze dias para o povo esquecer desse assunto. Depois pensaremos no retorno dela. — Marlon disse isso e saiu apressado, mas Noélia o deteve, só para provocá-lo.

— Um detalhe: o mercado não é seu, meu bem, você é funcionário, como eu e o resto do pessoal aqui. Sugiro dar uma olhada no seu holerite para se lembrar desse detalhe. — Noélia riu. — *Meu* mercado! Parece torcedor de time de futebol quando diz *meu* time.

— Não me amola, posso mudar de ideia a respeito da sua amiga.
— Obrigada por tudo.

Noélia, sem se importar com os outros funcionários, beijou Marlon no rosto, gesto que o deixou sem graça e o fez sair quase correndo.

Quando saiu da delegacia, Adriana sentiu-se protegida ao lado de Luciano. Sentimento semelhante de quando o conhecera no mercado. A força da mão dele segurando firmemente a sua, com passos largos um pouco à frente, conduzindo-a. Tudo em silêncio, ora com um gesto de carinho dele, demonstrando presença, o quanto se preocupava, o quanto a queria bem.

Tomaram um táxi. Adriana foi contra de início, mas ele abriu um sorriso e a convenceu de que merecia ainda mais. No interior do carro, a caminho de casa, com a cabeça apoiada no ombro de Luciano, Adriana sentiu-se em paz, mas até quando?

Ao saltar do veículo, ela notou alguns olhares na sua direção, de vizinhos, alguns conhecidos de cumprimentos cordiais. O fato é que todos tinham presenciado o ocorrido: carro de polícia, o show à parte de Marieta enquanto ela era colocada no carro da polícia, que saiu em disparada, com luzes e sirene. Era óbvio que eles a olhavam com curiosidade. No entanto, Adriana fez questão de apagar quase tudo pelo que passara naquela noite, com vagas recordações.

Já no quintal, entrou abraçada com Luciano, e pôde ver Izildinha no andar de cima, na escada, já perto da porta de acesso a sua casa. Como de costume, não só a cumprimentaria como lançaria algum comentário sobre o tempo, o custo de vida, lembrar pela enésima vez que era dona do imóvel, mas, naquele dia, Adriana viu a dona da casa percorrer seu corpo com um olhar frio, virar as costas e, sem dizer nada, bater a porta da casa. Adriana percebeu a irritação de Izildinha, mas não deu importância. Estava exausta, querendo tomar um banho e ir para a cama.

Luciano, gentil, a ajudou. E, depois de acomodá-la na cama, vendo-a pegar no sono, saiu do quarto sem fazer barulho.

— Bancando o bom moço para reconquistá-la. Se soubesse o que ela te fez... — Igor começou a tagarelar. — Adriana só o roubou, armou contra seu casamento e o fez ter um infarto fulminante. Essa foi a sua agora amada. — Igor começou a rir. — Se você tivesse deixado a minha parte devida da herança, eu não teria ficado refém das armações de Adriana. Tudo teria sido diferente. Tudo. Agora, bancando o bom moço para reconquistá-la? Você? É malandro; se sua Adriana descobrir o que está fazendo, que está mentindo descaradamente para ela, acabou pra você, seu otário.

Com sentimentos de medo, insegurança de perder Adriana, Luciano conectou-se ao espírito de Igor. Foi uma vibração forte, que fez Luciano passar as mãos pela cabeça, andar pela cozinha apressado e, antes de sair de casa, dizer baixinho, conforme captava os pensamentos de Igor:

— Adriana não vai descobrir nada. Não vai!

Marieta estava ansiosa. Desligou o telefone esperançosa com a volta de Jeferson. Ela o fez prometer retornar para a casa dela no dia seguinte. Disse sentir sua falta, que agora, com Adriana de volta, ele teria que estar por perto, apoiando-a; só restou a ele acatar. Ele confessou ter medo de enfrentá-la, da verdade.

— Até quando acha que vai se esconder de Adriana? Deixa de ser covarde. Já é um homem! Menor de idade, mas um homem. Acho até melhor vir para cá, enfrentar logo essa situação. Conhecendo bem minha nora, não duvido de que logo ela vai bater na casa da Salete.

— Pow, ela vai encarnar na minha, *tá ligada*?

— Avisei para não trazer esses negócios para casa. Sabe que vai sobrar para mim. Vou jurar que não sabia de nada, que fez tudo escondido. Como deveria ter feito — disparou Marieta. — Eu bem que te avisei... e agora a casa caiu, melhor, desmoronou, e com você dentro.

— Tô sabendo, e meu pai não vai aliviar. Está *bolado* comigo por causa desse lance.

— Mais essa, descobriu seu pai. — Marieta aumentou o tom de voz. — Não sei como o meu filho vai reagir ao saber dessa novidade. Não tenho coragem de contar e ser apontada como pivô de separação. Deus me livre, não sou dessas.

— Acho que até você sabia do meu pai e não me contou.

— Eu?! De jeito algum, esconder isso de você, Jeferson. Estou do seu lado. —Marieta mudou de assunto, com receio de dizer algo e se denunciar. — Volte para cá; qualquer coisa, vou defender você. Só conto com a sua parceria em não falar que era sua cúmplice.

Marieta disse mais meia dúzia de palavras para convencê-lo e desligou o telefone certa de ter conseguido. Não demorou e o celular tocou novamente. Marieta atendeu sorridente, chamando por Jeferson, mas, ao ouvir a voz do outro lado da linha, seu sorriso desapareceu. Afastando o fone do ouvido para aliviar os gritos, disse, procurando manter a calma:

— O material será enviado amanhã, dou-lhe a minha palavra. — Pausa. — Sim, prometi, mas tive um imprevisto. A minha nora... sei que não quer saber disso, não interessa, mas... Está certo, envio sem falta. Como esquecer da minha dívida, você não me deixa esquecer... sei que é um homem de negócios... sei também...

Marieta desligou o celular e o jogou no sofá. Ainda com o tom de ameaça que ouvira, não permitiu que isso abalasse o seu bom humor. Foi para a cozinha, fez café e, depois de saboreá-lo sentada no sofá, envolvida pelo silêncio da casa, deixou a xícara sobre a mesa de jantar e correu para o quarto. Ela fechou a porta e, lá dentro, fechou também a janela.

Quem estivesse na sala olhando para o quarto de Marieta, poderia ver por baixo da porta a luz acender e a ouvir rindo, andando pelo cômodo.

Luciano chegou nesse exato momento, sentindo-se aliviado do peso que o envolvia em casa, por conta da influência de Igor, embora desconhecesse o causador. Marieta estava tão entretida que não o viu chegar nem chamar por ela. Luciano viu o café, se serviu. Depois, ao ouvir a felicidade da mãe no quarto, cantarolando, viu pela fresta da porta que a luz estava acesa, então, curioso, deu passos até o local, ouvindo a voz da mãe mais próximo, forte, alegre. Nem pensou em bater na porta, apenas tocou a maçaneta e ela abriu.

— Luciano?! — gritou Marieta para o filho, ao ser surpreendida.

Ele ficou ali, estático, apenas os olhos percorrendo todo o quarto e parando na mãe. Ficou em silêncio, alheio, inclusive, à voz dela. Depois de um tempo, findado o transe, disparou:

— O que é isso, mãe? Que loucura é essa?!

Anos antes.

Zé Paulo era baixo, barriga saliente, desprovido de beleza, mas era o homem mais influente do bairro. Era considerado rico, isso por ter um salão onde exercia o ofício de farmacêutico, duas casas de aluguel, além da que residia com a mulher e duas filhas.

Respeitado, procurado em diversas situações, generoso, Zé Paulo estava sempre pronto para auxiliar. Tão cheio de virtudes, homem exemplar, mas com fraco por jovenzinhas, e Evelyn percebera isso na missa, quando o olhar do farmacêutico percorrera seu corpo, o decote da sua camisa. Tinha dado um sorriso inocente, lembrando-se de Salete brigar com ela horas antes de sair de casa.

— Isso não é roupa para ir à igreja, menina.

— Ué, não falou que tenho que colocar minha melhor roupa? Então, estou com ela e pronta para arrasar... com a igreja, claro. — Evelyn manteve-se séria mesmo com Adriana por perto, rindo alto. — Tia Salete, o padre vai se inspirar no sermão ao me ver, vai por mim.

— Que blasfêmia! Que Deus a perdoe.

— Ainda bem que a senhora não proíbe a gente de ir para a igreja — observou Adriana.

— Somos livres para escolher como e onde a palavra sagrada tem o poder de tocar nossos corações. Eu me descobri num centro espírita, um espaço que me trouxe ensinamento, conforto e que me ajuda a solidificar a minha fé. Foi lá que vivenciei, na prática, os verdadeiros ensinamentos de Jesus.

— Prefiro a igreja — tornou Evelyn.

— Eu também — concordou Adriana.

— Por esse motivo — ajuntou Salete, conciliadora —, tenho certeza de que é na igreja que vão ouvir o padre proferir as palavras de Jesus e trazer boas inspirações para a vida de vocês.

— É isso aí, tia. Gostei do discurso — disse Evelyn, sem ter dado muita importância à conversa da tia. — Vamos, Adriana, quero sentar na frente.

O interesse de Evelyn não era a igreja, o padre, nada disso; era o rapaz que tocava violão, mas na celebração ele parecia em transe, olhos fechados, tocando o instrumento e cantando com louvor, alheio a sua presença; tanto que ela pensou em ir embora no meio da missa. Adriana foi quem a segurou pelo braço. Acontece também que, ao olhar para o lado, lá estava Zé Paulo, disfarçando, mas de olho nela; Evelyn, interessada, ali ficou até o fim da celebração, jogando o seu charme.

— Vi o Zé Paulo de olho em você e bem que retribuiu — Adriana comentou, após a celebração, de volta para casa.

— Já que o meu pretendente só tinha olhos para o violão, eu não poderia perder a viagem. Bom ver aquele babão me secando. E nem me olhou tanto assim, afinal, Zé Paulo é casado e muito velho pra mim. Não gosto e nem quero.

— Ele patrocina o caminhão com as dançarinas que circula pelo bairro, sabia? Minha mãe me contou. Faz isso escondido da família e da igreja, que não aprovam.

— Não acredito que tem o dedo do Zé Paulo! Bom demais saber disso. — Evelyn revelou um sorriso e, empolgada, já pensou no que poderia fazer para participar. Era o seu sonho naquele momento: dançar no caminhão-propaganda que passava pelas ruas do bairro, com direito a um megafone, anunciando as novidades, as ofertas, inauguração de lojas.

O caminhão-propaganda era de pequeno porte, adaptado com barras de ferro verticais pelas bordas da carroceria, que serviam de apoio para as dançarinas se exibirem, como se fosse um palco de *pole dance*. Era organizado e patrocinado pelos lojistas do bairro, e funcionava assim: enquanto o rapaz falava no megafone, as dançarinas rebolavam para cativar a atenção das pessoas e conseguiam, principalmente dos homens, que paravam o que estavam fazendo para apreciar as mulheres se exibindo no alto do caminhão.

As dançarinas eram moças jovens, entre dezoito e vinte anos, com poucas roupas e cheias de gestos sensuais. Era algo que não agradava as esposas ou as senhoras das igrejas, por isso Zé Paulo fazia o seu patrocínio, um dos maiores, às escondidas. Quando sua farmácia era anunciada no megafone, justificava à esposa que tratava-se de troca de favores, e assim era aceita a sua participação.

Apesar de alguns protestos, o trio elétrico da juventude desfilava pelo bairro, agradando à maioria. Claro que Evelyn queria fazer parte desse acontecimento. E já sabia o meio pelo qual iria conseguir uma vaga.

Na semana seguinte, Evelyn teve dores abdominais, enxaquecas, cólicas horríveis, dores no dedão do pé, tudo pretexto para ir à farmácia e conversar com Zé Paulo. Chegou a ir duas, três vezes à farmácia, só para vê-lo. Quando passava pela porta e via a mulher dele com cara de cansada, atrás do balcão, voltava da calçada. Quando era ele com aquele sorriso murcho, com a mão sobre a barriga mole, ela respirava fundo, abria o sorriso e entrava.

— Acho que a pressão... — Evelyn começava com voz dengosa, tendo dele toda a atenção e cuidado.

Do que conquistou pela vida, Zé Paulo não era de ignorar ofertas, por isso não demorou em se envolver com Evelyn atrás do balcão. A moça, ágil, logo saía do beijo com frases prontas, que "aquilo não poderia ter acontecido", "que ele era casado", mas que ela "sentia algo por ele que não sabia explicar". Zé Paulo, já apaixonado, vibrando por voltar a sentir algo nele adormecido, retribuía de forma sincera o afago da moça.

Daí por diante, não demorou para que ele seguisse Evelyn como um cachorrinho preso à coleira, obedecendo os pedidos dela, inclusive dando-lhe a oportunidade de fazer parte do grupo seleto de meninas que dançavam no caminhão.

— Zezinho... — Evelyn o chamava dessa maneira e ele se derretia. Somente a mãe o chamava assim, e ouvir esse nome dela foi como se sentir acarinhado novamente. — Sabe que subir no caminhão é o meu sonho secreto. Adoro dançar!

No dia seguinte, Evelyn fez a sua estreia no caminhão e foi a sensação e alvo de comentários pelo bairro. No início era sigilo, pois Evelyn só contou para Adriana, mas logo Salete ficou sabendo por terceiros e conversou com a sobrinha, mostrando-se contra a sua participação no caminhão do bairro, e dela ouviu:

— Coisa boba, tia. Pura diversão — Evelyn falou num tom diferente diante da preocupação de Salete.

— Estou preocupada com a sua reputação, com o que vão falar de você. Sabe bem o que dizem dessas meninas que sobem nesse caminhão. — Vendo a sobrinha rir, Salete completou, firme: — Estou falando sério, menina.

— Eu também, tia! Estou até dolorida de tanto me dobrar nas barras. O povo fala demais. Deixa falar, ficam lá, sem viver suas vidas, só de plateia; enquanto isso, eu passo, eu vivo. Vou descansar para logo mais. — Evelyn beijou a tia e foi para o quarto.

Adriana estava com o livro aberto e o olhar distante quando Evelyn entrou sorridente. Ela se sentia realizada e convicta de estar no caminho da sua felicidade.

— Eu nasci para dançar. Sério. Nunca me senti tão observada. O Zezinho quase teve um infarto quando me viu, reparei. — Ao perceber a distração da prima, Evelyn a chamou para a realidade.

— Desculpe-me, estou distraída aqui, preocupada. — Adriana observou Evelyn, esfuziante, colando roupas e mais roupas sobre o corpo, pedindo opinião sobre qual usar. Ela estava tão eufórica que sua felicidade não permitiu ver algo estranho com a prima, que ainda assim procurava dar atenção à nova estrela do momento. — Isso tudo tem a participação do Zé Paulo. O que fez para conseguir tanto destaque?

— Eu?! Nada de mais. Por quê?

— O Hiago me contou que ele costuma sair com as meninas que sobem no caminhão. Todo mundo sabe, mas se faz de desentendido por conta da influência dele em determinados negócios, além de ele ser generoso e profissional exemplar.

— Já foi falar para o Hiago! Não posso contar nada para você — Evelyn reclamou. Em seguida fez uma pausa e refletiu na possibilidade de Hiago sentir ciúme dela ao saber de seu envolvimento com Zé Paulo. — Bom, foram só uns beijinhos atrás do balcão. Nada mais que isso. Como beija mal. Me conta, o Hiago vem aqui em casa hoje?

Evelyn viu a confirmação da prima e virou as costas, quando abriu um sorriso. Ela desejava Hiago com a mesma intensidade que desejava ser dançarina. Só tinha um detalhe: Hiago era o namorado de Adriana.

Nada impediu Evelyn de continuar dançando no caminhão. Salete chegou a trancar a porta e esconder a chave. A moça se trancou no quarto e, com a ajuda de Adriana, saltou a janela. Desfilou sorridente, como se nada tivesse acontecido. E assim fez por várias vezes. O dinheiro que recebia, ou cachê, como ela gostava de frisar, usava para maquiagem, renovar algumas peças do guarda-roupa, já que o seu dinheiro, herança dos pais, era administrado pela tia e só lhe seria entregue quando Evelyn chegasse à maioridade.

Sua ascensão como dançaria, rápida como um cometa, logo deu a Evelyn matéria de destaque no jornal do bairro. Em seguida vieram mais olhares para sua beleza, e a popularidade na escola explodiu.

A essa altura, ela já ignorava Zé Paulo, que, sedento dos seus beijos, carinhos, corria atrás da moça. Tanto que chegou a ameaçar tirá-la do caminhão. Ela riu.

— Um favor que me faz. Era o trampolim de que precisava e já saltei. Não me vejo mais lá.

Zé Paulo, para surpresa dela, começou a chorar, abrir seu coração, dizer o quanto a queria, passou a se humilhar. Evelyn, com um sorriso frio no rosto, o fez se lembrar da família que tinha, da sua reputação.

— Largo tudo para ficar com você — confessou Zé Paulo, sincero. — O que me importa ter tudo isso se você não está presente na minha vida? Não vou desistir de você.

Evelyn sentiu-se enojada com o abraço apertado que recebeu dele, a cabeça suada e sem cabelos, colada na altura dos seus seios, a barriga saliente colada ao seu corpo. Ela o empurrou com força.

— Que piegas, Zezinho. Nossa história foi linda, mas acabou.
— Evelyn estava bela, roupa grudada como se tivesse sido

costurada no corpo, salto alto, cabelos presos no alto da cabeça, brincos sutis, embora longos, contornando o rosto belíssimo.

— Você me usou. Está me fazendo sofrer — ele disparou, raivoso. — Foi isso, eu que por amor fiquei cego. Vou acabar com você, menina. Não vai dançar nem aqui nem em lugar algum...

— Estou fazendo você, Zé Paulo, sofrer? — Evelyn perguntou com satisfação. — Sou menor de idade, para seu conhecimento, esqueceu?

— Você mentiu para mim! Disse que tinha dezoito. Eu só coloco no caminhão meninas com mais de dezoito anos!

— Bobinho, pediu para ver a minha identidade? Bom, não importa. O caso é o seguinte. Se as pessoas ficarem sabendo desse detalhe da idade, não ficará bom para o seu lado. Eu, uma menina indefesa, seduzida. — Evelyn fez voz melosa, que ele bem conhecia e pela qual era fascinado. — O que vão dizer? Quem usou quem? — Ela abriu um sorriso e finalizou com voz natural: — Espero não tê-lo como pedra no meu caminho, porque adoro chutar pedras.

Não se falaram mais. Ele bem que tentou, mas ela o ignorou.

Foi por aqueles dias também que Evelyn deparou com acontecimentos que mudariam os seus planos e, consequentemente, a sua vida. A felicidade de se sentir reconhecida pela dança, ainda que a tia sublinhasse que não lhe daria um bom futuro, a fazia procurar mais oportunidades. O teste na TV para ser dançarina de um grupo alimentou ainda mais seus sonhos, e neles incluía Hiago, o namorado da prima.

Quando passou na primeira fase dos testes, que fez com o apoio incondicional da tia, agora fascinada com o universo da televisão, Evelyn sentiu-se encorajada em abrir o coração para o rapaz.

Claro que Hiago sabia do interesse dela, notava as insinuações, os olhares, as roupas provocantes, seu charme sobre o caminhão quando o via na plateia. No começo, Hiago achou divertido, com o ego em alta, sendo desejado pelas primas, e, mesmo que ainda bem jovem, conseguia perceber que o coração se inclinava para Adriana.

Disposta a conquistá-lo, sem dar importância à amizade que tinha com a prima, Evelyn roubou um beijo, que notou ser correspondido, mas não demorou e o rapaz a empurrou, caindo em si e recusando a oferta da insistente moça.

— Não me faz perder a amizade que tenho por você. Depois, também... — Hiago parou de falar e mudou o discurso. — Acho que nem gosta de mim assim, deve ser um capricho, um tipo de disputa, e quer ganhar da Adriana só para erguer o troféu, no caso, eu.

— Pretensioso!

— Que você encontre alguém especial, Evelyn, mas esse alguém não sou eu. — Hiago foi sincero e saiu, deixando a moça arrasada.

No caminho de casa, Evelyn pensava em várias ideias para separar o casal e ter Hiago livre para ela. Não se conformava e estava determinada a conquistá-lo. Ao chegar à casa, encontrou Salete feliz da vida com a novidade: Evelyn havia sido escolhida a nova dançarina do grupo musical.

Depois dos festejos com a tia, ainda com Hiago na cabeça, Evelyn perguntou por Adriana, sentindo sua falta naquela comemoração. Soube pela tia que a prima estava no quarto, indisposta.

— Na cama?! Pode levantar agora, vamos sair, comemorar. Fui selecionada, sou a mais nova contratada do grupo. — Evelyn, festiva, contava a novidade à prima, que tinha um sorriso forçado e estava muito pálida. — Ei, o que aconteceu? Aliás, faz tempo que tenho notado você estranha. Já sei, brigou com o Hiago? Menina, deixa de bobagem, outros virão — ela comentou, já torcendo para Adriana terminar o namoro. Evelyn pensava nisso quando viu Adriana se levantar, fechar a porta do quarto e falar baixinho:

— Nem te conto o que aconteceu; melhor, preciso contar. Algo que aconteceu e não sei...

— Deixa de rodeios, Adriana! — determinou Evelyn. — O que aconteceu? Gastou mais do que devia, é isso? Agora vou ganhar uma nota com o grupo, dinheiro não vai faltar.

— Você vai ser madrinha. — Houve um silêncio enquanto Adriana analisava o rosto da prima se transformar. — Estou grávida.

Sinceramente, Evelyn só não gritou mais alto porque Adriana pediu para ela se conter. Por aqueles momentos, as duas se abraçaram, fizeram festa, planos. Depois, de repente, Evelyn se deu conta de que naquela situação, com Adriana grávida, perderia Hiago de vez.

— Hiago já sabe? — Evelyn perguntou de forma impaciente.

— Sabe, sim. Na verdade estamos os dois assustados. Não estava nos nossos planos, mas ao mesmo tempo já faz parte das nossas vidas. Já vejo minha mãe dizendo que fomos duas crianças e irresponsáveis. E fomos...

Dito e feito, foi o que Hiago e Adriana ouviram de Salete ao revelarem que esperavam por um novo integrante. Salete, diante do silêncio dos dois, fez todo o discurso bem preocupada e, como mãe, não deixou de falar que deveriam ter se cuidado, mas depois, já emocionada, vendo que havia amor entre Adriana e Hiago, declarou apoio.

Tudo perfeito, mas não ao gosto de Evelyn, por isso tratou logo de planejar o afastamento do casal. Ela se aproveitou da insegurança que permeava o namoro dos dois para colocar um contra o outro, inventando recados.

Em meio às conversas com Hiago, longe de casa, Evelyn o fazia acreditar que Adriana não gostava tanto dele a ponto de querer se casar, ter aquele filho.

— Não é o que diz comigo. Fizemos planos — Hiago dizia, ouvindo de Evelyn mais meia dúzia de palavras capazes de convencê-lo do contrário, e, como resultado, Hiago dizia o que ela queria ouvir. — Pode ser que tenha razão.

— Claro que tenho. Acha que estou mentindo? — Evelyn fingia estar indignada.

— Talvez Adriana esteja precisando de um tempo para refletir sobre os últimos acontecimentos, essa mudança... Posso estar sufocando-a com o meu amor.

Quando estava com Adriana, Evelyn destilava o veneno restante do frasco. Divertia-se com a fraqueza da prima.

— Ele não tem vindo aqui todos os dias como antes, quando vem fica muito pouco — percebeu Adriana.

— Tem que entender que ele é jovem e, de uma hora para outra, descobre que será pai. Tem ideia disso na cabeça do menino? Somos tão jovens, não é mesmo?

— Sim, jovens — repetiu Adriana.

— Ele passou na peneira e tem promessa de titular num grande time.

— É verdade, Evelyn. Hiago foi entrevistado num programa de esporte. Gravou o vídeo e me trouxe. Fez uma homenagem — disse, passando a mão na barriga.

— Lindo como é, aposto que Hiago deve ter muitas meninas no pé dele. Difícil vai ser engolir o seu ciúme. — Vendo o rosto triste da prima, já sabendo ter causado o efeito desejado, Evelyn mudava o tom: — Ele não vai trocar você por essas marias-chuteiras. Mas, do jeito que ele domina a bola, todo bonitão, com aquele corpo atlético, já viu... As meninas não perdoam, vão se atirar nele.

— Ele vai ser pai! — Adriana dizia mais para não deixar o ciúme corroendo-a por dentro.

— E isso é impeditivo para deixarem de dar em cima dele? Acorda, Adriana. Prepare-se para ter uma vida de muita perturbação. — Evelyn incitava a insegurança da prima, principalmente quando Adriana passou a esconder o corpo em transformação em roupas largas.

Em paralelo a isso, Evelyn ganhava destaque como dançarina do grupo musical, aparecendo em capas de revistas, dando entrevistas em programas de auditório, com close na sua desenvoltura quando anunciado o seu nome. Rebolava, mão para cima e tocando no chão, quadris indo de um lado para o outro, o sorriso no rosto, cabelos ao vento... E foi em um trio elétrico, gritando "Alalaô" numa versão por ela adaptada, cantando de maneira sensual, que ela ganhou notoriedade. Com autorização de Salete, Evelyn começou a viajar pelo país e contava os dias para sua maioridade, para herdar o seu dinheiro, voar nos seus planos, que incluíam Hiago.

Dois dias depois de completar dezoito anos, Evelyn recebeu um convite do grupo para uma excursão pela Europa.

O nome de Hiago também vinha conquistando não só a torcida, mas um clube da primeira divisão que o contratou. Foi por aqueles dias que Adriana, grávida de sete meses, teve a primeira grande decepção da sua vida.

Capítulo 22

A presença de espíritos amigos

De volta ao presente.

Evelyn estava sentada à mesa, com o olhar perdido, enquanto Salete recordava, divertida, algum episódio de quando as meninas eram pequenas e viviam correndo pela casa. Estava de costas, preparando café, quando se voltou e viu a sobrinha distante.

— Evelyn, estou falando com você — Salete a chamou para a realidade.

— Desculpa, tia, estava aqui pensando no mal que fiz para a Adriana e o Hiago. Poderia ter sido tão diferente. Se tivesse a cabeça de hoje, faria tudo diferente.

— Tudo foi como tinha que ser, de que adianta agora remoer? Você apenas colhe o resultado das escolhas que fez.

— Gostaria de mudar algumas coisas, ou fazer outras escolhas. — Evelyn estava pensativa.

— Tem tempo para isso. — Salete alisou os cabelos da sobrinha. — Temos, sim, o presente, o agora, para fazer novas escolhas, traçar outros caminhos que nos levem à conquista da paz interior, nos ajudando a viver melhor.

— Sempre fala que temos por perto um anjo da guarda, um amigo protetor, um guia, um mentor. Onde ele estava quando tomei as decisões erradas?

Salete sorriu.

— É verdade, você disse tudo: temos um por perto.

— E como esse espírito protetor permite que a gente faça besteiras?

Salete puxou a cadeira e sentou-se próximo da sobrinha. Ali começou a falar enquanto saboreava o café.

— Gosto de chamar essas entidades tão queridas de amigo espiritual, mas tem quem prefira chamar de anjo da guarda. — Ela fez uma pausa e estudou o rosto atento de Evelyn, que a fez voltar no tempo em que a menina, quando interessada, parava o que estava fazendo para ouvi-la. — Não importa o nome que damos a eles. São espíritos mais adiantados, com grande habilidade para lidar com as dores humanas. Eles estão ao nosso lado intuindo, aconselhando a termos bons pensamentos, tomarmos atitudes mais sensatas. Ficam por perto torcendo para que nossas escolhas nos levem a subir um degrau na escala evolutiva.

— Não interferem, não impedem que a gente erre? — Evelyn perguntou um tanto indignada.

— Como disse, eles se conectam aos nossos pensamentos, mas para isso temos que estar dispostos a melhorar, sintonizados com o bem. Perceba que, vez ou outra, nos pegamos entre fazer o certo ou o duvidoso.

— Sim, e acabamos...

— Justamente, fazemos uso do livre-arbítrio ao decidir, às vezes insistindo e tendo a clara sensação de que não deveríamos seguir por esse ou aquele caminho. Ouvimos o conselho do nosso amigo espiritual, mas a escolha de seguir adiante é nossa. Deus, generosamente, nos concedeu o poder da decisão e da responsabilidade dessa consequência.

— Livre-arbítrio... — repetiu Evelyn. Ela viu a tia confirmar com a cabeça, sustentando um sorriso confiante, e questionou: — Eles poderiam também impedir e...

Salete a cortou de maneira doce:

— Como um super-herói, se colocando na nossa frente, se estendendo no chão para a gente não tropeçar, não cair, ou até mesmo segurando a nossa língua para não falarmos demais?

— Exatamente! — confirmou Evelyn. — Nos impedir de agirmos de maneira desagradável com as pessoas que nos são caras, que amamos. Seria perfeito!

— E a nossa evolução? Não se esqueça de que ela se faz por meio do acerto e do erro, da tomada de consciência de que o bem sempre será a melhor solução para todo e qualquer problema. Isso só depende da gente. Os espíritos protetores são nossos amigos conselheiros, agora, cabe a nós senti-los, fazer uso dos seus bons conselhos. Qual a intenção da nossa passagem pela Terra? Somos espíritos em aprendizagem, e aqui temos a oportunidade de reencontros, de experimentar novas situações e ter o discernimento do melhor caminho a percorrer. Nós nos edificamos com as escolhas corretas, alinhadas ao nosso coração, e o resultado de tudo isso torna-se mérito nosso, o que significa um passo gigantesco na nossa evolução.

— O meu amigo espiritual deve ter fugido de mim e faz tempo, tia.

— Não acredito nisso — tornou Salete, sorridente. — Eles são os mais fiéis dos amigos. Podem, sim, se distanciar, mas sem nos perder de vista, diante do comportamento que temos, mas não são de se ausentar. Vejo como um gesto de respeito diante de nossas escolhas, ainda que possam ser equivocadas.

Eles podem nos intuir com boas ideias até o momento em que tomamos uma decisão. A partir disso, eles nos respeitam, mesmo que as consequências nos sejam danosas. É preciso que também façamos a nossa parte.

— E qual seria? — quis saber Evelyn, interessada.

— Silenciar alguns minutos ao acordar ou antes de dormir, refletir sobre a vida, sobre os caminhos que estamos seguindo, pedir proteção e, antes disso, algo importante: agradecer a Deus por todas as oportunidades que Ele nos dá todos os dias, a fim de ficarmos melhor conosco e, consequentemente, com os outros ao nosso redor.

— Entendi — disse Evelyn, profundamente emocionada. — Nossa, agora me lembrei das suas orientações quando íamos dormir, de fazermos uma prece que poderia ser simples, do nosso jeito, sincera. Por vezes, lá do outro lado do oceano, saudosa, eu fazia isso, e lembro-me de como o sono era tranquilo. No dia seguinte, acordava bem-disposta.

— Que bom que teve esse efeito — ajuntou Salete. — Quando temos dúvidas, temos que silenciar, ouvir o coração, sintonizar com a nossa essência. — Ela pousou a mão sobre a da sobrinha. — Por essa razão, não tem que se punir pelo que passou, apenas trate de fazer o melhor agora. A maturidade, independentemente da idade, faz com que passemos a fazer escolhas mais sensatas para o nosso crescimento emocional e espiritual.

— Fico tão feliz que Adriana comece a querer me perdoar — tornou Evelyn. — Isso me dá um alívio tão grande.

— A aproximação com ela e com Hiago tem mexido muito com você, não é mesmo? Tenha paciência, pois terão muito tempo para restaurar e retomar essa amizade.

Evelyn abriu um sorriso, ainda emocionada. Lembrou-se do médico, meses antes, lançando as palavras fatais que não combinavam com sua juventude, atestando que o seu problema não teria um tratamento eficaz para prolongar a vida.

Por isso, ela apertou a mão da tia entre as suas e pensou na urgência que tinha.

— Luciano! — gritou Marieta ao ver o filho na porta do seu quarto. — Como entra assim, sem bater?
— Mãe, o que é isso, pode me explicar?
O quarto parecia uma loja. Sobre a cama, esparramadas pelo chão, dentro do guarda-roupa com as portas abertas, as prateleiras todas preenchidas. Várias bolsas, de modelos e cores diferentes, com e sem alça, grandes, médias e pequenas.
— São minhas! — falou Marieta com voz infantil, desistindo de escondê-las, até porque levava uma em cada ombro. Não só isso, ela estava bem-vestida, de salto alto. — Gosto de ficar aqui, andando pelo quarto com elas... Não me olhe desse jeito, não sou maluca.
— É o que estou achando. Nunca vi algo assim.
— Coleção, ué. Todo mundo tem, o que tem de estranho ter a minha?
— Já vi mulheres apaixonadas por sapatos, ter vários pares, até de números diferentes do que costumam usar, só por ter, mas bolsas? Isso pra mim é maluquice.
— Quando criança... — começou Marieta a falar, emocionada, indiferente ao ar de riso do filho, que debochava da situação, com os olhos percorrendo o quarto. — Quando criança, minha tia, irmã do meu pai, vinha em casa nos visitar. Ela era bem de vida, sabe? Sempre bem-vestida, maquiada, não repetia bolsas. Um dia a bolsa desapareceu da sala, o que colocou a casa toda para procurar. Encontraram a bolsa comigo no quarto. Eu estava de salto alto e a bolsa da tia no ombro, imitando-a. Tão pequena, ingênua. — Marieta parou para conter a emoção, em vão; as lágrimas surgiram com aquelas lembranças. Observou o filho atento ao que ela dizia e continuou: — Minha tia e minha mãe riram, mas meu pai não teve o

mesmo olhar para aquela menina com urgência em ser adulta e ter do bom e do melhor como minha tia. Meu pai, ríspido, tirou a bolsa do meu ombro e me empurrou para sair dos saltos altos bem maiores que meus pés. Eu me desequilibrei, mas a parede me salvou de cair. Meu pai me puxou, gritando palavras fortes, e me deu um tapa que me levou ao chão.

— Mãe, nunca me contou isso. — Luciano deu um passo para abraçá-la, mas Marieta recuou e prosseguiu:

— Nunca me esqueci da força do meu pai para romper o meu sonho. — Ela abraçou o próprio corpo. — Fúria do meu pai que levei comigo pela vida. Eu era uma criança! Ele não podia ter sido tão cruel.

— Tem muita coisa aqui. — Luciano mudou de assunto para não demonstrar sua emoção. — Agora entendi por que mantinha a porta trancada, quase não deixava ninguém entrar no seu quarto. Dizia que o quarto era muito pessoal, um cômodo de muita intimidade, que não podia ser compartilhado.

— Acredito nisso — Marieta disse, convicta.

Luciano abriu um sorriso e, para descontrair, brincou:

— Tudo isso aqui dá para montar uma loja. E uma loja grande!

— Nem brinca. Na minha coleção ninguém mexe. E não tem nada falsificado aqui, tudo verdadeiro e caro — Marieta se gabou.

— Tudo verdadeiro? Não entendo muito disso, mas sei que o original é realmente caro. — Luciano fez uma pausa e apalpou algumas das bolsas que estavam ao seu alcance, reconhecendo algumas marcas, isso com Marieta tomando-as da mão do filho, tirando as que podia do seu alcance, como uma irmãzinha escondendo as bonecas do irmão maldoso. Ele quis saber: — Mãe, me diz uma coisa: como é que consegue dinheiro para comprar essa bolsas, alimentar sua coleção?

— Faço economias!

— Que economias, mãe? — perguntou Luciano, desconfiado. — Vive chorando miséria, reclamando do preço das coisas, que o que ganha não dá para as despesas. Deixar de comer sei que não deixou. E o que ganha de pensão não daria para comprar nem meia bolsa.

Marieta sentiu-se afrontada pelo filho, que a pressionava. Luciano queria entender de onde vinham os recursos para sustentar a tal coleção. A mulher, nervosa, inventava uma e outra desculpa, mas não conseguia convencê-lo. Por fim, disse que tinha vendido um relógio do falecido marido. Valiosíssimo!

— Que relógio é esse do pai que vendeu? Quer me dizer que com o dinheiro do relógio comprou essas bolsas?

Marieta explodiu:

— Chega com esse interrogatório sem propósito! Não devo satisfação da minha vida para ninguém, muito menos para filho. Onde já se viu. E saia daqui. Já me aborreceu demais. Nunca questionei o preço das suas tatuagens.

— Não tem comparação, mãe. Está desconversando. E não pode me explicar como consegue comprar?

— Já falei, mas não acredita, o que quer que eu faça? Olha, podia parar de se ocupar com a minha vida e cuidar da sua com a sua mulher.

— Estou bem com a Adriana, estamos nos aproximando. — Luciano fez uma pausa e deu um passo em direção à mãe. — Você sabia que o Jeferson estava escondendo no quarto esses balões, os materiais inflamáveis.

— Eu?! Jamais! — defendeu-se Marieta. — Eu entrava no quarto para arrumar a cama, isso às vezes, porque a Adriana tinha dado ordens para o Jeferson fazer esse trabalho. Ele escondeu de mim, claro. Também não ficava bisbilhotando as coisas dele. Como saberia de uma coisa dessas?

— E essa denúncia? Tem ideia de quem poderia ter feito uma coisa dessas?

— Outro mistério — Marieta falou. — Deve ter sido algum vizinho que viu o menino saindo ou chegando de madrugada.

— Então sabia que Jeferson saía à noite?

— Vez ou outra, sim, eu via. Não eram todos os dias. Queria que eu amarrasse o menino dentro de casa? Já teve a idade dele, Luciano.

— Mãe, ele é menor de idade, poderia ter falado comigo, com a Adriana.

— Eu não sabia de nada, meu filho. Jamais acobertaria algo errado aqui.

— Quero acreditar que não sabia de nada, que não estava acobertando o moleque. Acho que está escondendo algo de mim, assim como não engoli essa história da compra das bolsas.

Rapidamente, para deixar de ser o centro da atenção, Marieta, que havia prometido não se envolver no assunto, ser pivô da separação do filho, despejou com doses de maldade:

— Você deveria se preocupar com os seus problemas. A menos que não seja para você a volta do pai do Jeferson.

— Pai do Jeferson? Morreu, Adriana contou. Está maluca?

— Hiago Cezar está vivíssimo, meu querido, e na área. Como assim, não sabe?

Marieta foi contando os detalhes que sabia, vendo o rosto do filho se transformando em pura preocupação.

— Não é possível isso. Eu vi o Jeferson e o Hiago juntos na delegacia, mas, para mim, aquela aproximação era de amizade num momento difícil.

— Pai e filho! — sentenciou Marieta. — Adriana nos enganou. E você, pelo visto, está sendo o último a saber.

Luciano nem ouviu o final da provocação. Saiu do quarto agitado, onde Marieta manteve-se rindo, de onde também pôde ouvir a porta da sala batendo. Sentindo-se novamente no silêncio da sua casa, sussurrou:

— Nem Luciano nem ninguém vai descobrir como eu compro minhas bolsas. Não tem como, nunca vão saber. Duvido que alguém descubra.

Em seguida, Marieta riu alto e voltou para o seu universo das bolsas. Ria e conversava com elas do mesmo modo como tagarelava com as suas bonecas quando era criança.

— Muito feliz por você estar em casa e bem —Noélia comemorou ao telefone com Adriana.

— Estou em dívida contigo, mais uma. Obrigada por me indicar o doutor Valdir, pela licença do trabalho para eu me recompor. Preciso desse tempo para refletir sobre tudo o que tem acontecido na minha vida. Essa aproximação com a Evelyn, com o Hiago... Confesso que estou me sentindo bem mais leve.

— A força do perdão tem dessas recompensas, mas não pelo fato de ter perdoado, mas por você se permitir se sentir bem. Você vinha arrastando esses acontecimentos por anos. Era bem capaz de adoecer por isso.

— Minha mãe sinalizava essa possibilidade. — Adriana fez uma pausa e passou os olhos pelos móveis, querendo descobrir onde estavam os fones de ouvido. Depois de não encontrá-los, acomodou o celular sobre a pia e o colocou no viva-voz. Com isso, foi cuidar dos afazeres da cozinha. — Preciso falar com Luciano sobre o Hiago.

— Ainda não falou?! — Noélia estava surpresa. — Seria melhor se soubesse por você, a sua versão, já que foi quem viveu a situação. Agora, se me permite falar, precisa conversar seriamente com o Jeferson. Como assim, armazenar balões no quarto, e ainda escondido?

— Não vi outra saída a não ser assumir a culpa no lugar dele. Jeferson já tinha passagem pelo episódio da arma. Ele é menor de idade e temi perder a guarda dele. Eu até merecia, não fui a mãe ideal, entreguei ele aos cuidados de Marieta, precisei trabalhar.

— Fez o melhor, e é uma excelente mãe, sim — Noélia confirmou, colocando Adriana para cima. — A culpa, agora, não vai adiantar em nada. E, afinal, sabe quem fez a denúncia?

— Não faço ideia. Não conversei com Marieta ainda, mas acho que ela pode saber.

— Muito me admira ela, praticamente avó do menino, morando sob o mesmo teto, não ter reparado no que estava acontecendo. — Noélia estava um pouco exasperada. — Bom, filho também é uma caixa de surpresas, ainda mais nessa idade. Ah, desculpa eu me meter. Falando em filho, combinei com meu príncipe e decidimos que não queremos filhos.

— Seu príncipe? — perguntou Adriana, com ar de riso, já curiosa. Então ouviu de Noélia os últimos acontecimentos e ficou surpresa com o adiantado daquele romance. Adriana preocupou-se ao saber das quantias de dinheiro que Noélia vinha dando para o então novo namorado.

— Já o conheceu, foi até o seu apartamento?

— Nada, menina, ele não pode se expor e eu entendo. Na posição dele... — Noélia suspirou como uma colegial ao revelar: — Sou a escolhida na América Latina, fique você sabendo.

— Como assim?! Ele já não é comprometido? Pelo menos pelo pouco que sei, que me contou.

— Justamente. Lá no país dele é permitido que tenha várias mulheres. Ele me elegeu a mulher dele do lado de cá do mundo. Me diz cada coisa...

"Cada coisa" era tudo o que Noélia queria ouvir para preencher o vazio da sua vida afetiva e solitária.

— Fiz empréstimo para dar dinheiro a ele. Atitudes de uma mulher apaixonada.

— Não acredito! — Adriana, depois da surpresa, tentava aconselhar, mas Noélia não percebia o tom preocupado da amiga, apenas revelava a total falta de noção do que vinha fazendo.

— Sabe o que é, amiga, ele precisou de dinheiro para liberar uns produtos que ficaram presos na alfândega. Não sei ao certo, mas ele explicou tudo direitinho. Eu que sou atrapalhada para entender, imagine, empresário do ramo petrolífero. Teve problemas com o funcionário, representante dele aqui no Brasil. Tão importante ele. Por isso a urgência do empréstimo. Ele ficou tão agradecido com o dinheiro, precisava ver.

— Mas vai devolver o dinheiro, o príncipe? Já devolveu? — Adriana estava boquiaberta do outro lado da linha.

— Então, era algo que não queria falar por telefone, queria contar pessoalmente, mas, já que estamos tocando nesse assunto... — Noélia fez uma pausa, num suspense que deixou Adriana ainda mais apreensiva. — Acho que você vai perder a sua amiga.

— Que brincadeira é essa? — questionou Adriana séria, contrariando o tom divertido de Noélia.

— Vou embora para o país dele. Meu príncipe está construindo um centro cultural em seu país com o meu nome. Acredita nisso, amiga? Estou tão feliz!

— Otária! — gritou o espírito de Igor presente na cozinha, se divertindo.

— Não acredito que você acreditou! — Adriana não sabia mais o que pensar ou o que dizer.

Noélia estava tão empolgada, certamente dominada, seduzida e todas as outras palavras que pudessem traduzir o envolvimento com o tal príncipe, que não via o alerta que Adriana tentava emitir.

— O espaço é imenso, pelo que ele me contou. Tudo surpresa, mas já consegui extrair alguns detalhes. Passo a noite pensando nesse centro cultural com o meu nome. E, por tradição, como ele me disse, e tenho que cumprir, preciso pagar pela placa. Não é barata.

— Placa? Noélia, não posso acreditar que você... Amiga! Por Deus! Está sendo enganada.

Igor rangia os dentes, raivoso, mas sentindo certo gosto de vingança.

— É pouco pelo que ela fez comigo. Aliás, o que as duas tramaram contra mim. Elas me separaram do meu amor.

— Sim, a placa em que vai meu nome escrito. É de ouro, então, é cara — Noélia continuou, desconsiderando o comentário de Adriana. — Vou contar outro segredo: coloquei o meu apartamento à venda, amiga. Com o dinheiro, pagarei a placa e ainda vai sobrar para eu comprar a passagem para encontrar o meu príncipe. Já fiz as contas. Dá justinho. Vou chegar lá na inauguração do meu centro cultural, quando também serei apresentada para a sociedade como a nova esposa do príncipe. Estou com pressa de vender o apartamento e mandar o dinheiro para ele providenciar a placa. Estou ansiosa!

— Noélia, estou atordoada, sério, tudo isso que me contou...

— E eu, Adriana, estou mais atordoada ainda. Eu sabia que o aplicativo iria me trazer uma pessoa especial. Errei algumas vezes? Sim, mas insisti, e agora estou com o meu príncipe.

— Como é ri-dí-cu-la — soltou Igor sorrindo, atento aos detalhes da conversa.

— Minha mãe, se estivesse aqui, diria que, diante das nossas escolhas, quando não são as certas, o espírito protetor se afasta — disse Adriana, recuperando a paciência. — Ele se afasta mas não fica longe, apenas vibra e torce para que possamos tomar decisões acertadas, que nos conectem com nosso espírito, nossa essência. Noélia, pelo amor de Deus, tenho a nítida sensação de que o seu anjo protetor está do outro lado da rua, com um megafone nas mãos, tentando alertá-la.

— Queria que você fosse a madrinha — Noélia revelou emocionada, sem prestar atenção em Adriana, mais uma vez ignorando os sinais de alerta da amiga. — Queria muito, mas o meu príncipe falou que não pode, tenho que respeitar as tradições de lá. Agora, quero que se sinta como a minha madrinha, como sempre sonhei.

Adriana começou a falar, já pronta para trazê-la para a realidade, quando Luciano entrou alterado, visivelmente enfurecido, nem se importando com Adriana ao telefone. Ele tirou o telefone da mão dela, desligou-o e jogou sobre a mesa.

— Então o Hiago não era somente o treinador de futebol, o olheiro; era muito mais na sua vida. Pai do seu filho? Confirma, Adriana?

Igor sentiu um prazer indescritível ao dizer, encostado na parede e de braços cruzados:

— Chegou a sua vez, minha irmãzinha Adriana.

Capítulo 23

E foi assim que tudo aconteceu

Anos antes.

Igor saiu de casa com livro e caderno embaixo do braço, já estava no portão, com Izildinha na janela, acenando, como sempre fazia, cumprindo o papel de mãe zelosa.

— Que bom encontrar com você — Luciano comentou, logo que o viu na calçada, e já compartilhando a novidade: — Consegui a minha carta de alforria! Sou um homem livre!

— Desempregado de novo? — questionou Igor num tom baixo, pois sentia o olhar vigilante e curioso da sua mãe, mesmo distante, na janela do sobrado. Sabia ainda o quanto Izildinha desprezava seus amigos, insistindo que o filho merecia gente melhor. — Cara, não estava precisando para ajudar sua mãe? Estava todo empolgado.

— Estava, mas não era para mim, não. — Luciano estava de regata, deixando à mostra a tatuagem no braço. Passou a mão sobre o desenho e disse, sorrindo: — Era só para terminar a minha *tatoo*. Gostou?

— Você não tem jeito — Igor disse andando, depois de acenar mais uma vez para a mãe, que do alto da janela, cara fechada, fazia gesto para ele se apressar, com o indicador apontando para o pulso.

Igor apenas ria. Havia herdado do pai a paciência para lidar com a mãe protetora, esnobe, possessiva, que sempre arrumava uma maneira de enaltecer o único filho, elencando suas qualidades. Izildinha colocara Igor num pedestal.

— Saí de lá porque o cara era um explorador — explicou Luciano. — Queria que eu fizesse café! — desabafou em seguida, acompanhando o amigo pela calçada, até o ponto de ônibus.

— Queria que fosse copeira? — indagou Igor, sorrindo.

— Então, e ainda exigia que eu varresse a loja. Era para eu ser vendedor, entendeu? Além do mais, o fixo era muito baixo, teria que vender muitos sapatos para ganhar um acréscimo. Lá na loja só entram curiosos. Imagina que, em três dias, só vendi um par de rasteirinhas, e das mais baratas! E, pior, ainda teve devolução.

Os dois começaram a rir.

— Você até tem sorte com emprego, mas não tem cabeça para se manter por mais tempo — observou Igor.

— Sei lá. Não nasci para isso mesmo. Bora comemorar com o dinheiro que recebi? — convidou Luciano, se colocando na frente do amigo, impedindo-o de continuar andando. — Vamos para Mairiporã? O Cebola está com o carro da irmã dele. Ele está morando no Rio de Janeiro, mas veio de férias e vai passar aqui para me pegar. E você vai com a gente.

— Não posso — disse Igor. — Depois do curso, isso quando chegar em casa, vou estudar.

— Antes de escurecer estará de volta, vamos nos divertir. Tem umas meninas que ficamos de encontrar lá. — Luciano falava de maneira empolgada, na tentativa de seduzi-lo, e aumentou a oferta ao perceber o interesse de Igor. — Podemos dar um mergulho, depois pescar e assar uns peixinhos. Você precisa se divertir também, porque a vida está passando e você só fica estudando.

— Vou nada. Tenho que estudar mesmo — rebateu Igor.

Uma e meia da tarde, o carro de Cebola parou na frente da casa de Igor e buzinou. Luciano colocou a cabeça para fora do veículo e gritou o nome de Igor. O jovem apareceu na janela e avisou que já estava indo.

— Meu filho, não sei por que tem amizade com essa gente.

— São meus amigos, mãe — Igor justificou, colocando alguns pertences na mochila, andando pela casa, e Izildinha acompanhando, na missão de fazer o filho desistir do passeio.

— Esses garotos são todos perdidos, desocupados. Marieta contou que Luciano perdeu o emprego porque ficou cantando as clientes. Saiu com uma delas que voltou lá, fez escândalo. Que pouca-vergonha!

— Ele falou que estava sendo explorado, o chefe exigia que fizesse café, varresse a loja, que fizesse coisas que não eram da função. Aposto que ele deve ter mentido, ou aconteceu tudo isso — concluiu, rindo.

— Um mentiroso! Viu só? Você sabe, não é para o seu nível. — Izildinha se agarrou nesse detalhe como argumento para convencer o filho a desistir. — Vai sair com o mentiroso? Podia ficar em casa. Fiz aquela torta salgada que tanto adora. E tem também aquela musse de maracujá.

— Coloca na geladeira, mãe. Vou comer depois. Acho que peguei tudo — Igor disse, olhando ao redor. Em seguida olhou para a mãe, parada e encarando-o, entristecida. Ele sorriu e ponderou: — Dona Izildinha, toda vez que vou sair, a senhora faz isso. Preciso relaxar um pouco, mãe. Preciso sair desse aquário.

— Volta logo! Fico preocupada com você na rua com esse Luciano e com esse outro, o Batata. De onde é esse menino que nunca vi?

— Cebola, mãe! — Igor a corrigiu. — Do bairro aqui perto, estudou com a gente. — Já estava na porta quando voltou e disse a frase que sempre falava quando se apartava da mãe, que ela adorava ouvir: — Está sempre comigo, sempre. — Na sequência, Igor acrescentou, acompanhado de um beijo: — Te amo.

— Não mais que eu — Izildinha declarou emocionada, depois, séria, falou: — Vai logo, já que quer tanto passear.

Igor ajeitou a mochila nas costas e partiu. Izildinha correu tentando alcançá-lo, mas não conseguiu. Quando chegou ao portão, o carro já tinha dado partida e estava distante para o filho se dar conta de suas recomendações, seus acenos.

Em Mairiporã, tudo correu como prometido por Luciano: mergulho, pesca, meninas. Luciano estava deitado sobre uma toalha quando comentou:

— Aquela menina não tira os olhos de você, Igor. Reparou não? Fica aí bebendo e não se liga. Ela até se parece com a sua musa.

— O cara tem musa? — perguntou Cebola, interessado.

— Tem. Conta aí, Igor. A Evelyn, aquela dançarina do grupo musical, qual o nome mesmo? O cara é fissurado nela, tem até pôster dela pendurado na parede do quarto.

Os dois começaram a rir e Igor, sério, justificou-se, tímido:

— Ela é gata. Quando me conhecer, vai ficar comigo. — Ele acabou rindo com os dois.

Encorajado pela bebida, Igor resolveu investir na moça que estava na represa. Avisou para os amigos que iria até ela. Cebola já estava cochilando e Luciano foi contra:

— Vai não. Bebeu muito e não pode cair na água. Essa combinação não é boa, fera.

— Sei nadar, anos de natação.

— Eu sei. Mas a gente já nadou. Comemos e você está bebendo.

Igor não quis saber.

— A menina está dando mole, vou ficar aqui parado?

— Melhor dar um tempo — sugeriu Luciano.

— Deu para ser a dona Izildinha? Querendo ser meu pai, Luciano? — Igor riu e foi andando de costas, distanciando-se, e, já na beira da represa, virou-se para água e se lançou num mergulho.

Luciano fechou os olhos e não saberia dizer por quanto tempo, somente que despertou com gritaria, com alguém puxando seu braço. A primeira coisa que viu, diante da represa, foi Cebola desesperado, pulando no silêncio daquelas águas misteriosas.

— Igor, cadê o Igor? — gritou Luciano, olhando para os lados.

— Afogamento. Chama o Corpo de Bombeiros! — gritava um, demonstrando desespero na voz.

Três horas depois desse fato, o carro retornou para São Paulo. Cebola na direção, Luciano ao lado, ambos tomados pelo silêncio. E Igor no banco de trás, falante.

— Gostei de lá, precisamos voltar mais vezes. Acho que não peguei o contato da menina. Ela até se parece mesmo com a minha Evelyn.

— E agora, o que vamos fazer? — perguntou Cebola, numa voz triste.

— Não sei, cara, não estou conseguindo nem pensar. Fecho os olhos e só vejo... — Luciano sentiu as lágrimas correrem pelo rosto.

— Que clima é esse? — questionou Igor, feliz, com os olhos fechados, sentindo o vento leve tocar seu rosto.

— Bora, cara, lá a gente vê o que faz — falou Luciano, meio inseguro.

O resto da viagem falaram uma ou outra coisa, mas estavam completamente sem energia. Já Igor estava vibrando com o passeio.

Antes de Cebola estacionar o carro na frente da casa de Izildinha, ainda em movimento, Luciano saltou, estava aos prantos. Izildinha estava amparada por Marieta, que havia recebido o telefonema com a notícia. Alguns vizinhos, amigos, estavam próximos.

Izildinha, que parecia frágil, ao ver Luciano, correu em sua direção. Alterada, começou a esmurrar o peito do jovem, que chorava compulsivamente.

— Como isso, meu filho morto! Deus não pode ter feito isso comigo, não pode... — Izildinha falava num tom de desespero. Logo, sentiu-se cansada, deixou o corpo desfalecer, e Luciano a amparou e a ajudou a manter-se de pé. Ficaram se olhando, num silêncio doloroso, e por fim se abraçaram.

— Guardou minha musse, mãe? — Igor perguntou, mas, vendo a cena, parou. — Que brincadeira é essa? — Ele estava chocado com a revelação. Pela primeira vez se dava conta do que tinha acontecido. Tentou falar com um e com outro, mas não tinha retorno. Ninguém o via, ouvia, aumentando o seu desespero. Olhou para o lado em busca de ajuda, quando viu um jovem, como ele, com ar sorridente em meio àquela tristeza.

— Não, isso não é verdade. Estou vivo! — Igor correu até o jovem e o rapaz sumiu, desapareceu na sua frente. — Ninguém vai me tirar daqui, ninguém! — berrou, desesperado.

Feita a promessa, durante anos Igor ficou ali, mergulhado na amargura. Com o passar do tempo, entre os períodos de amargura e desespero, passou a ter lembranças do passado, isto é, de sua encarnação anterior na Terra.

Houve uma ocasião em que Igor estava tão triste que percebeu uma luz surgir na sala. Dela saiu Felipe, um espírito amigo, espécie de protetor de Igor quando estava encarnado.

— Quem é você?

— Felipe, um amigo — apresentou-se o espírito.

— Não sei quem você é. Além do mais, o espaço está tomado. Não tem vaga para outro. Eu já briguei e já afastei alguns desajustados que tentaram invadir a minha casa.

— Estou aqui em paz. Vim te convidar para partir comigo.

— Partir? Para onde?

— Um pronto-socorro. Fica aqui perto.

— Eu morri — Igor gargalhou. — Acha que eu vou cair nessa de ir a um pronto-socorro?

— Do astral. Acha que não haveria pronto-socorro ou hospital nesta dimensão em que nos encontramos? Pois existem. Vários. Vamos, você precisa de tratamento adequado, reestabelecer-se emocional e espiritualmente. Eu posso te ajudar nesse processo.

— Não vou, não quero — bradou Igor. — Esta é a minha casa. E não vou deixar a minha mãe. Não vou!

"Um jovem de vinte anos foi vítima de afogamento em Mairiporã nessa tarde de sábado. Os amigos gritaram por ajuda, e alguns rapazes pularam na represa para tentar salvar o jovem. Houve várias tentativas para reanimá-lo. Os bombeiros estiveram no local e confirmaram o falecimento."

Izildinha, por anos, lia e relia aquela triste notícia que guardava, cujo recorte de jornal já estava bem amarelado pela ação do tempo. Depois, sempre muito abalada, colocava numa pasta aquele pedaço de papel, com a delicadeza de uma mãe deitando o filho recém-nascido no berço.

— Está sempre comigo, sempre — ela repetia ao guardar a pasta no guarda-roupa.

Foi o que disse depois de apagar a luz do quarto do filho, que ela manteria intacto por anos, deixando tudo do jeito que era quando Igor lá vivia.

Izildinha fechou a porta.

Adriana não estava preparada para ser confrontada. Acreditava, inclusive, que aquela verdade jamais voltaria com a força do passado para assombrar o seu presente. Sim, era alertada por Salete e, no seu íntimo, sabia que Hiago sairia da cadeia e não tardaria em procurar por Jeferson, e que essa revelação respingaria nela.

Esconder de Luciano a identidade do pai de Jeferson foi uma escolha corajosa, pois ela sabia que a verdade surgiria com o reaparecimento de Hiago, como de fato aconteceu. Nem assim Adriana teve coragem de revelar a verdade ao marido. Sentia-se covarde, pois tivera várias oportunidades de compartilhar aquele capítulo da sua história, mas reviver o passado era-lhe muito triste. Além do mais, ao longo dos anos, Adriana convencera-se de que agarrar-se à sua mentira não faria mal a ninguém, principalmente ao filho.

— Meu marido morreu no Nordeste, depois de ter me deixado grávida. — Luciano revivia a fala de Adriana, imitando sua voz. Ele estava muito irritado.

Igor, habituado a conectar-se ao pensamento de Luciano, por conta da baixa frequência de sentimentos, sugeriu:

— Ela deve ter se encontrado com ele todos esses anos.

— Deve ter se encontrado com ele todos esses anos. — Luciano esmurrou a mesa, assustando Adriana, que mantinha-se em silêncio, triste, sentindo as lágrimas querendo saltar dos olhos. — Certeza de que me traiu todos esses anos com ele. Pode dizer a verdade. Por que mentir? Agora já sei de tudo.

— Não! Eu não vi o Hiago durante todos esses anos. Eu o apaguei da minha vida todo esse tempo — defendeu-se Adriana.

— Quer mesmo que eu acredite nisso? O que aconteceu para ele aparecer nas nossas vidas agora? Estava cansado de ser o outro?

— Hiago estava preso por todos esses anos e eu não o vi.

Depois de um breve silêncio, Adriana viu o rosto de Luciano se transformar, sorrindo, quando ele disparou, manipulado por Igor:

— Então fez visitas íntimas com seu amante?

— Está sendo injusto! — ela exclamou, indignada.

— Você me trai, mente, esconde esse relacionamento e o injusto sou eu? — Luciano explodiu, repetindo as palavras de Igor, que vibrava com a briga, incentivando a fúria de Luciano. — Minha mulher tendo um caso com um presidiário, não posso acreditar.

— Não fiz nada disso! Tem que acreditar em mim!

— Por que deveria, Adriana? Estamos há anos juntos e, do nada, descubro pela minha mãe que o pai do Jeferson está vivo.

— Marieta. Claro!

— Minha mãe, sim. Por quê? Ao menos, ela é a única pessoa do mundo em quem posso confiar, que sempre me diz a verdade, que não faz joguinhos, não me faz de idiota.

— Sua mãe, uma pessoa confiável? — Adriana pensou na chantagem de Marieta, mas preferiu não contar.

Luciano, ofendido, bravo, aproximou-se de Adriana. A discussão foi intensa, trocaram palavras como flechas, que resultaram em mágoas, dos dois lados. Igor, feliz por vê-los tristes, incentivava cada vez mais a discórdia, colocando um contra o outro.

Já cansados, quando o silêncio se formou, Luciano caminhou em direção à porta.

— Espera, aonde você vai? Não quero que saia assim... — pediu Adriana.

— Não esperava isso de você — finalizou Luciano, saindo e batendo a porta.

Adriana foi para o quarto, deitou na cama e ali começou a chorar.

— É pouco! — comentou Igor, enquanto assistia ao seu sofrimento.

✺

O atrito do casal serviu como um tônico para Igor. Quanto mais Adriana e Luciano se exaltavam, mais ele se fortalecia, alimentando-se daquela energia perniciosa que tomara conta do ambiente.

Assim que Luciano saiu e Adriana adormeceu na cama, chorosa e cansada, Igor voltou ao seu lugar preferido da casa, a cozinha. Ajeitou-se no canto, saboreando os últimos acontecimentos. Nesse momento, Felipe, o espírito amigo, ressurgiu.

— De novo você? Não desiste? — Igor irritou-se ao vê-lo.

— A pergunta é minha. Até quando? Faz anos que atormenta seus entes queridos.

— Entes queridos? — Igor zombou. — Eles só me trouxeram dor e sofrimento. O que aconteceu hoje não é nada comparado ao que fizeram comigo.

— Que lembrança guarda e ainda machuca, que tanto custa à sua paz?

— Acha pouco o que fizeram comigo? — Igor forçou o riso ao recapitular: — Quando meu pai, Luciano, não confiou em mim, praticamente me deserdou e deixou a minha parte da herança nas mãos de Adriana, minha irmã amada e querida, que me manipulou e, junto com Noélia, me afastaram de Evelyn, o amor da minha vida.

— Esqueceu desta última experiência, quanto era amigo de Luciano?

Mais forte que o tempo

— Belo amigo, me levou para o fim, para perder a minha vida no lago.

— Não, ele não teve culpa. Queria que você se divertisse, fazia questão da sua amizade. Luciano tentou impedi-lo de entrar na água. Esqueceu? Ninguém o obrigou a entrar na represa. Foi uma ideia sua. Portanto, é bom assumir a responsabilidade pelas suas escolhas.

— Não, ele não disse... — Igor parou, de repente, e emendou: — Está querendo dizer... Não. Além do mais, de repente agi assim para ele se sentir culpado, pagar pelo mal que me fez na outra vida.

— Acha que pensar assim atenua a sua responsabilidade por ter se atirado na água depois de se alimentar e beber aquelas latas de cerveja? Ora, Igor, chega de responsabilizar os outros pelas coisas ruins que lhe acontecem. Esse comportamento apenas revela o quanto é um espírito mimado e ressentido. E pensar que muitos encarnados vivem assim, planejando e fazendo o mal ao próximo, iludidos em fazer justiça com as próprias mãos, com o intuito de preencherem o vazio das vidas que têm. Esse comportamento estaciona a evolução espiritual.

— Essa não foi a vida que eu quis.

— Será? — indagou Felipe. — Creio que tenha pensado em viver a nova encarnação de outra forma.

— É verdade — concordou Igor. — Como sabe?

— Eu o acompanho desde que se preparou para retornar em última existência terrena.

— Não me lembro de você.

— Não tem importância — disse Felipe. — Acredito que você desejou reencontrar Adriana e, por meio de uma amizade sincera, ser apresentado à prima dela, a Evelyn. Quem sabe vocês pudessem viver o amor interrompido no passado?

— Era o meu desejo — declarou Igor, um pouco emocionado.

— Mas nada saiu como pretendia, não é mesmo?

— Simples assim? — questionou Igor, tocado. — Então o fato de eu estar aqui, morto, e não ter conhecido a Evelyn é culpa minha?

— Esqueça a culpa — tornou Felipe, num tom conciliador. — Fazer o mau uso das escolhas resulta nisso. Quando temos a chance de reencarnar, é importante que não percamos o objetivo maior dessa maravilhosa etapa: reencontrar afetos e desafetos, exercer a comunhão, viver o amor, praticar o perdão e sair vitorioso.

— Chatice...

— Será? O que tem sido a sua vida nos últimos anos, desencarnado? Está estacionado, sem se desenvolver, alimentando-se de energias perniciosas, prejudicando as pessoas, revivendo e remoendo o passado. Está preso a vidas que não lhe pertencem mais.

— Eu vivi essas vidas. Pertencem a mim! — bradou Igor.

— Pertencem às memórias do espírito.

— Chega! — Igor tampou os ouvidos, incomodado com a verdade lançada por Felipe. A tensão foi tanta que despertou Adriana do sono, como se tivesse saído de um pesadelo.

Felipe preparou-se para partir, mas antes disse:

— Há anos que eu tenho tentado te ajudar, estendendo a mão, paciente, aguardando o momento de sua redenção. Mas você se sente magoado e prejudicado, como se fosse a maior vítima do universo. Agora, um aviso.

— Que aviso? — Igor perguntou, amuado.

— Logo não terá mais a oportunidade de permanecer aqui. Recebi ordens de meus superiores de que seu tempo está se esvaindo. Você vai comigo pelo amor ou pela dor.

Assim que Felipe se foi, Igor quedou pensativo. Encolheu-se no canto da cozinha e chorou.

⊙⌀

— Pelo que acabou de me contar, filha, não vejo o que motivou o ciúme em Luciano — refletiu Salete, em conversa telefônica, logo pela manhã.

— Tudo bem que omiti o fato de Hiago ser o pai do Jeferson, mesmo depois de ele ter voltado para conhecer o filho, mas eu estava me preparando para revelar a verdade ao Luciano. Ainda estava digerindo o reaparecimento do Hiago, da Evelyn. Sabe como é, né, mãe? A volta deles despertou muitos sentimentos em mim. De mais a mais, não sei o que Marieta contou ao Luciano. E nem como despejou no filho essa revelação.

— Já conversou com Marieta depois que voltou para casa? — Salete quis saber.

Antes de responder, Adriana lembrou-se da conversa que tivera com Marieta, bem cedinho. A recepção da sogra não fora das melhores. Marieta tinha insinuado que não era horário para receber visitas. Adriana a sentiu fria e não tardou a descobrir que Luciano dormia lá, no quarto que fora dele e vinha sendo ocupado por Jeferson. A sogra sentiu-se ofendida pela nora em várias situações.

— Eu?! Sempre a apoiei nesse relacionamento — defendeu-se Marieta. — Nunca quis que se separassem. Jamais colocaria coisas na cabeça de Luciano. — E mentiu: — Apenas comentei e achei que ele soubesse, que isso não fosse mais o terceiro segredo de Fátima. Fiquei surpresa de ele não saber. Que todos já sabiam, menos meu filho, coitado.

Adriana não sentiu verdade, pois já conhecia Marieta o bastante por anos para desconfiar das suas palavras. Desde o incidente com a polícia, ela desconfiava de que a sogra acobertava Jeferson em suas traquinagens. Enquanto Marieta falava sem parar, ela a observava.

— Nunca nem desconfiei de que Jeferson fazia da minha casa esconderijo dessas coisas. Eu não apoiaria, de forma alguma — disse Marieta, imprimindo um tom exagerado na fala. — Se eu o tivesse acobertado, seria cúmplice. Sim, ele vivia aqui comigo, mas claro que fugiam dos meus olhos alguns atos dele, principalmente quando se trancava no quarto. Não poderia ficar vigiando o menino o tempo todo. Tenho minha vida também para cuidar.

— Ele saía à noite, Luciano comentou comigo que sabia, e você não fez nada para detê-lo, poderia ter comentado comigo. Principalmente depois que foi pego com arma. Menor de idade, merecia vigilância, mais atenção.

— Uma ou duas vezes, acho que ele saiu.

— Ele saiu debaixo do seu nariz e não fez nada! — Adriana estava irritada.

— Você é mãe dele, então teria que tê-lo levado com você, preso numa corda junto ao seu corpo, por onde fosse. Preso como as canetas amarradas por um fio nas lotéricas para não serem roubadas. Agora, tentar me responsabilizar pelas artes que seu filho comete é um pouco demais.

— Realmente, tem razão, Marieta. Na verdade, não sei em que momento tomei a insana decisão de deixar o Jeferson sob a sua responsabilidade. Fui relapsa. Não deveria ter transferido a responsabilidade para você. Vou mudar isso, porque amo meu filho demais e a partir de agora eu o quero mais perto de mim.

— Pelo amor de Deus, não tira o menino de mim! — implorou Marieta. A frase saiu com tanta verdade que Adriana acreditou. Sentia desespero na voz da sogra. — Ele já está acostumado a viver aqui, é o lar dele, tem o quarto dele, só dele... — O celular de Marieta tocou, ela sabia quem era e sentiu pavor. Desligou e justificou, mentindo para a nora que era da operadora de celular.

— Entendo seu ponto de vista — tornou Adriana. — Mas Jeferson terá que se adaptar à minha vontade. Não quero mais que ele traga aborrecimentos para você, e que continue morando na sua casa.

Adriana observava atentamente Marieta se justificando, e percebeu que se atrapalhava em alguns trechos. Enquanto falava com Adriana, ela não desgrudava os olhos do visor do celular; por fim, Marieta desligou o aparelho e o escondeu nas almofadas. Adriana fez mais algumas perguntas, que deixaram a sogra nervosa, e Marieta começou a chorar.

— É esse o pagamento que recebo por anos de dedicação, cuidando do seu filho como se fosse filho do Luciano e sem receber um mísero centavo? — Ela parou de falar e viu Adriana estudando-a. Se lesse pensamentos, Marieta descobriria o estranhamento da nora em não ouvir Marieta chamá-lo de neto. — Agora quer arrancar ele de mim. Isso não se faz, Adriana! Não se faz.

Adriana procurou acalmá-la, mas não deixou de perguntar o que também a angustiava. Afinal, quem havia feito a denúncia?

— É o que mais me pergunto depois de tudo o que aconteceu — Marieta comentou, levando a mão ao peito, voz sentida. — Quem fez isso para prejudicar o menino? Quanta maldade.

— Sim, mas quem poderia ter feito isso? Qual o interesse? Pode ter sido alguém com quem ele soltava os balões, um suposto amigo?

— Não! — Marieta disse, convicta. — Entretanto... bem, a sua prima descobriu o segredo do Jeferson no dia em que veio aqui. Ela entrou de surpresa no quarto e, pelo horário, ele estava sossegado, nunca poderia imaginar que seria surpreendido. Nesse horário eu também não ia lá. Sempre o deixei à vontade.

— Evelyn, minha prima? — Adriana questionou e viu a sogra balançando a cabeça, afirmando suas suspeitas.

Adriana entrou na casa de Marieta em busca de respostas e saiu cheia de dúvidas e preocupações, entre elas, sobre Evelyn, por isso ligou para a mãe a fim de desabafar e começou o bate-papo falando de Luciano. Depois, fez um resumo da conversa que tivera horas antes com a sogra.

— Sobre o Luciano. Bom, teríamos de saber como Marieta contou a ele a respeito do pai de Jeferson. Dependendo do jeito como falou, ela pode ter deixado Luciano angustiado com a revelação. Não gosto de levantar suspeitas sem ter certeza, mas, conhecendo Marieta como a conhecemos, não duvido de nada — comentou Salete. — Em todo caso, não me parece que a revelação tenha sido o estopim para ele discutir daquela forma com você. Por favor, filha, me responda: o Luciano está muito dedicado ao trabalho?

— Nossa, mãe. Estou surpresa — revelou Adriana. — Nunca, em todos os anos juntos, vi Luciano tão comprometido com o trabalho. Mal para em casa. Tem trazido dinheiro. Pagou a minha fiança, os honorários do advogado.

— Também confesso que fiquei surpresa — concordou Salete.

O espírito de Igor estava perto e ouvia a conversa de Adriana. Queria participar, instigar o assunto, mas não tinha a mesma facilidade com Adriana como a que tinha em sintonizar-se aos pensamentos de Luciano e assim conduzir, manipular, induzir. Foi nesse momento que Igor aproximou-se do telefone, com a intenção de que Salete o "ouvisse":

— Vocês não sabem o que Luciano é capaz de fazer. Como são inocentes! — disparou o espírito, rindo.

— O que disse, minha filha?

— Eu?!

— Sim, do que Luciano é capaz de fazer. Pareceu uma voz grossa, de homem, mas ouvi.

— Mãe, deve ter dado linha cruzada. Não ouvi nada — justificou Adriana rindo, despreocupada.

— Pode ser. — Salete fez uma pausa, ouviu a filha falar algo, depois a interrompeu: — Esse comportamento do Luciano. Será que ele não está sendo obsediado?

Adriana repetiu o que ouviu da mãe e, se tivesse mediunidade para perceber ou mesmo ver o espírito de Igor, o veria triste, recuando de costas, um pouco assustado.

— Lá vem, mãe, com suas teorias. Acho que, no caso do Luciano, ele se sentiu ameaçado, ferido. Deve ter passado pela cabeça dele que eu iria pedir a separação.

— E não passou pela sua cabeça essa possibilidade?

Adriana não ficou ofendida com a pergunta, e isso a pegou de surpresa também. Depois, a conversa fluiu sem a resposta de Adriana. E, do outro lado da linha, Salete tinha certeza de que a volta de Hiago havia mexido com os sentimentos da filha. Além disso, ela começava a desconfiar de que Luciano estivesse sob a influência de algum espírito obsessor.

Adriana tirou a mãe dos seus pensamentos quando compartilhou das suspeitas de Marieta sobre quem poderia ter denunciado Jeferson.

— Mãe, como posso confiar nessa mulher? Mais uma vez apareceu na minha vida para atrapalhar. No passado, fez o que fez, e agora voltou revelando para Jeferson sobre Hiago, melhor, insinuando que o pai estava vivo. Em meio aos acontecimentos, eu relevei. Pela primeira vez em anos, eu vi verdade nas palavras de Evelyn, me emocionei ao pensar que ainda poderia ter bons sentimentos em relação a ela, mas eu estava muito fragilizada pela situação e cedi. E olha o resultado...

— Não acredito nisso, que Evelyn tenha feito essa maldade.

— Claro, ela é sua protegida — resmungou Adriana.

— E prefere acreditar em Marieta, por quem não tem tanta confiança? Não posso, e não vou culpar Evelyn sem provas, acusando-a por conta de meras suposições.

— Está certa, mãe, mas sei lá... De tantas que a Evelyn já aprontou, eu não duvidaria de mais uma. Fico me perguntando o que fiz para ela ter me feito tanto mal.

— Em outra vida, você diz?

— Não sei. A senhora sempre diz que muita coisa que nos acontece de desagradável tem a ver com uma outra vida. Acha mesmo?

Salete abriu um sorriso acolhedor ao tecer seus comentários:

— Não creio que isso seja relevante no momento. Além do mais, se não temos permissão para ter conhecimento do passado, é sinal de que Deus quer que o passado fique em seu devido lugar, ou seja, no passado. O que importa é você se ocupar em fazer o melhor agora, no presente, e não ser injusta com a Evelyn. Isso inclui não apontar o dedo acusador para a sua prima como se ela fosse culpada por algo de que não tem certeza.

— Pensando assim — deduziu Adriana —, talvez Evelyn não tenha nada a ver com isso. No entanto, quem fez a denúncia? E por quê?

Capítulo 24

Meu príncipe, minha vida

O relacionamento de Noélia vinha interferindo, e muito, na sua vida, inclusive no âmbito profissional. Do nada, ela começou a chegar atrasada, pedir saídas, sair apressada durante o expediente e não voltar mais, e outras situações que vinham ocorrendo. Para Marlon, ela justificava reuniões com os fornecedores, quando, na verdade, tudo era feito para se adaptar aos horários do seu príncipe. Noélia chegou a se trancar no banheiro do mercado por uma hora, e quando saiu deparou com Marlon e os seguranças prontos para arrombarem a porta, preocupados com ela, acreditando que tivesse passado mal, desmaiado, mas o sorriso estampado em seu rosto dispensava qualquer tipo de preocupação com sua saúde. De forma alguma Noélia queria desapontar o seu amado, tanto que, às vezes, de madrugada, se conectava à internet para conversar com o seu príncipe. Dormia muito pouco e chegava ao trabalho cansada, com olheiras. O seu rendimento caiu drasticamente.

Ela estava tão fascinada, que se contentava com fotos e frases prontas assinadas como se fossem de autoria dele. Fatos da sua vida como príncipe, da sua infância, juventude, dos descontentamentos com as outras esposas... Era uma lenga-lenga que, infelizmente, realçava ainda mais a afeição que Noélia nutria por ele. E, quando ele frisava que as outras esposas tinham sido escolhidas pelo seu pai e que ela, por outro lado, era a preferida por ser escolha dele, pronto, ela se desmanchava, eufórica, sentindo-se a mais amada das mulheres.

Até os erros de português, quando ele escrevia, extraíam seu ar de riso, admiração e amor, pois, como ele próprio justificava, estava aprendendo o idioma da sua escolhida para ter mais aproximação com ela. Não diferente era o argumento quando ela pedia para conversar, ouvir sua voz; então ele justificava que era tímido ainda para se expressar, queria ter domínio maior do idioma. Por isso ela ficava encantada com seu esforço e o ajudava corrigindo os erros.

Foi numa tarde em sua casa, ausente do trabalho com a justificativa de uma enxaqueca obviamente inventada, conectada com o príncipe, que Noélia recebeu a ligação de Adriana. Não estava disposta a deixar o seu amado, mas pediu licença para atendê-la, sob os protestos dele, que insistia para ela ignorar a ligação e deixar a amiga de lado.

— Liguei no seu celular e ninguém atende. — Adriana estava preocupada. — No mercado falaram que não estava passando bem, aconteceu alguma coisa?

— Estou bem, precisava falar com o meu príncipe sobre a construção do centro cultural com o meu nome — revelou Noélia.

— Por isso é que estou ligando. Liga a televisão. Estão reprisando a reportagem sobre o golpe que estão aplicando em mulheres. Eles se infiltram nos aplicativos de relacionamento, apresentam-se como se fossem figuras importantes.

— Já vi, Adriana. — A voz de Noélia não foi das melhores. — Passou ontem à noite. Tudo intriga. Já falei com o meu príncipe. Ele já havia me alertado que isso acontece mesmo. São os inimigos dele que, por pura inveja, criam esses boatos que a televisão compra para ganhar ibope.

— Noélia, isso é sério! Não posso acreditar que considera isso uma bobagem, uma invenção.

— E quer que acredite nessas notícias fantasiosas, criadas para amedrontar as pessoas, para impedir que vivam suas vidas, que amem? — Noélia reproduzia as palavras do príncipe, implorando para que ela não acreditasse nas mentiras da TV.

— Isso é uma cilada, um golpe, minha amiga. Acorda, por favor. — Havia desespero no pedido de Adriana.

— Golpe é o seu casamento com o Luciano, um encostado, e você não se separa, pelo contrário, vem insistindo nesse relacionamento fadado ao fracasso por anos. O Jeferson, o seu filho problemático, isso, sim, é cilada. Se é para falar, vamos falar. Me liga no meio da conversa com o meu príncipe para me deixar insegura, despejando um monte de besteiras. Olha, Adriana, sinceramente, não esperava isso de você. No mínimo, eu tinha certeza de que torcesse por mim.

— É para o seu bem, não quero vê-la machucada. Só peço que me ouça, por favor. — Adriana gostava tanto de Noélia, que relevou as ofensas. — Deve ter uma quadrilha atrás desse computador, seduzindo, tirando dinheiro de você. Você zerou suas economias, fez empréstimos. Pôs à venda o seu apartamento. Eu me lembro o quanto foi difícil dar a entrada, juntar dinheiro de férias, de décimo terceiro para quitar o financiamento. Não pensa que está jogando tudo para o alto?

— O apartamento está quase vendido. Os papéis estão correndo e não vai demorar para eu assinar a transferência.

Para seu conhecimento, está tudo marcado no cartório. Daqui a pouco, adeus, mercado, e partiu outro país. Vida nova!

— Você não fez isso. Não é possível. Seu apartamento!

— Não devo satisfação para você nem para ninguém. Não sei por que estou contando isso. Hora de ouvir meu príncipe. Ele é que está certo.

— Ouvir...

— Isso mesmo, Adriana. Ouvir quem me ama, e não dar ouvidos para quem torce contra. Por ele, eu já deveria ter cortado a nossa amizade. Falei de você para ele, que, muito esperto, duvidou de que você gostasse de mim de verdade. Ele disse que só se aproveitou de mim, usando-me para despejar seus problemas. Ele está certo. Falou que não deveria confiar em uma ex-presidiária.

— Você sabe que foi um engano. Ouviu do advogado que tudo tinha sido um mal-entendido.

— Sim, eu acreditei, ajudei como pude — tornou Noélia. — Eu corri atrás do advogado, prestei solidariedade, consegui a sua licença no trabalho. Em troca, olha que surpresa! Enfim, o meu príncipe está certo. Eu deveria terminar a nossa amizade e me afastar.

Adriana tentou não entrar na sintonia, procurando mostrar que Noélia estava sendo vítima de uma armação, mas em vão. Queria tanto compartilhar com a amiga o seu encontro com Hiago. Tinha certeza dos comentários empolgantes e divertidos que Noélia lhe daria, sempre num tom festivo, que se dessem uma chance e recomeçassem de onde tinham parado. Mas Noélia estava completamente cega. Iludida, não era capaz de enxergar a verdade.

— Vou desligar — disse Noélia, voz fria. — Já fiz o meu príncipe esperar muito. Mais alguma coisa? Não? Então, até mais.

Ela desligou o telefone e Adriana ficou sem reação, com o aparelho na mão, mirando o horizonte. Depois, apanhou a bolsa e saiu. Tinha que fazer alguma coisa.

Pouco antes da ligação.

Hiago sabia que seu sentimento por Adriana estava vivo e teve prova quando foi até sua casa, no dia seguinte à prisão dela. O rapaz, antes, apanhou Jeferson na casa de Salete e o levou para a casa de Marieta. Hiago estava tão perto... e não resistiu em visitar Adriana.

A princípio, ele ficou surpreso com o lugar simples. Izildinha estava no quintal e o conhecia das conversas com Marieta, que incluíam ele ter sido um jogador de futebol famoso, o bastante para abrir a porta da sua casa. Não demorou, e ele logo estava na porta de Adriana. Duas batidas depois, ela apareceu com os cabelos molhados, soltos. Estava vestindo uma camiseta surrada, um jeans justo, descalça, e ele não deixou de apreciar, lembrar de quando tinham namorado.

— Descalça? Vai ficar resfriada — ele disse antes dos cumprimentos.

Os dois riram. Era uma mania dela ficar assim, com os pés descalços no chão, e ter dele essa advertência. O tempo havia passado, mas preservado bons momentos, como códigos entre as pessoas que se gostam. Adriana o convidou para entrar e a conversa logo foi embalada, descontraída. Passado o tempo de momentos difíceis, pareciam ter recuperado a sintonia, pois pela primeira vez Adriana e Hiago estavam sozinhos, podendo relembrar e rir do passado.

Evelyn foi relembrada em várias situações divertidas, quando estivera presente naquela amizade a três. Adriana lembrou-se de quando Hiago se passou por irmão de Evelyn para defendê-la, fato que ele já havia esquecido.

— Nossa, verdade! — Hiago concordou. — Engraçado como, em várias situações, eu a defendi. Não saberia dizer o motivo.

— Por isso fez o que fez.

— Gostaria que soubesse que tudo foi um mal-entendido, Adriana. Não sei se acreditaria.

— Não tem mais importância — ela disse, sincera. — Como diria minha mãe: o passado está no seu lugar, adormecido, e não deve ser incomodado.

Os dois riram. Adriana providenciou um café.

— Obrigada pelo apoio quando estive detida.

— Faria tudo de novo e mais por você. Sei também que era inocente, foi defender o Jeferson. Em sua defesa, tive uma conversa séria com ele, fique sabendo. — Hiago riu e ela se perdeu no seu rosto, nos gestos. O tempo havia sido generoso, preservado os traços de juventude do homem por quem tinha se apaixonado.

O espírito de Igor, sempre presente na casa, tentou se manifestar, provocar discórdia, que era sempre o seu propósito, mas não conseguiu. O amor dos dois gerou uma proteção energética, como se estivessem dentro de uma bolha, que Igor não conseguia ultrapassar ou furar, só assistir à distância.

Foram poucos os minutos juntos, mas o bastante para aproximá-los. Adriana em nenhum momento pensou em Luciano, que poderia chegar de repente e desencadear uma briga. Sentia-se como se o tempo não corresse.

— Bom, vou indo. — Hiago levantou-se da cadeira. — Só vim trazer o Jeferson. Bati um longo papo com ele e espero que a conversa entre vocês seja boa — ele disse enquanto caminhava em direção a Adriana, quando inclinou-se para beijar o seu rosto, e ela o virou de forma que os lábios se encontraram. Ele recuou um pouco, mas manteve-se perto. Houve um silêncio. Troca de olhares. Ele tocou os lábios dela levemente, foi retribuído no beijo. E não demorou para ele aproximar o corpo dela junto ao seu, sentir o calor. Gentilmente, como fazia quando namoravam, entrelaçou os seus dedos pelos cabelos de Adriana, acariciando a nuca e puxando-a para mais perto.

Foi um beijo longo, saudoso e com sabor de primeiro amor, com as mesmas vibrações e os corações aos saltos. O beijo foi desfeito lentamente, com um largo sorriso, uma singela troca de olhares. Como se tivesse sido o primeiro beijo, roubado na porta da escola. Ele ensaiou pedir desculpas, mas Adriana se adiantou a silenciá-lo levando o dedo aos seus lábios.

Emocionado, ele a puxou e a envolveu nos seus braços, de forma que a cabeça dela repousou sobre o seu peito. Ela, com os braços em volta da cintura dele, sentiu uma lágrima escorrer quando se percebeu envolvida por aquele momento, ouvindo o coração dele descompassado, do mesmo modo como estava o seu.

Desta vez foi Adriana quem desfez o abraço, estava tímida. Ficaram sem jeito; Hiago foi quem quebrou o clima, contando a novidade:

— Não sei se está sabendo. Acho que a Salete deve ter comentado. Bom, agora está tudo certo.

— Nossa, diz logo, Hiago, que suspense! — Adriana comentou rindo, mas, ao começar a ouvir a notícia, percebeu o sorriso se esvair, já sentindo que não seria algo bom.

— Fui convidado para ser técnico de um time. Já participei da última reunião, assinei o contrato. Estou retomando o meu sonho, a minha vida. Não sabe como estou feliz.

— Que bom! Estou muito feliz por você. Parabéns!

— Começo mês que vem — disse Hiago, alegre —, quando serei apresentado pelo clube aos jogadores. — Ele fez uma pausa, observou o rosto sério de Adriana, como se sentisse algo, e completou: — Viajo daqui a vinte dias. O clube não é no Brasil.

Adriana não queria e, contra a vontade, foi até a casa de Marieta conversar com o filho. No caminho, ainda abalada e sob o efeito do encontro com Hiago, ela recapitulava cada cena do reencontro, as palavras, o beijo, a recusa em dizer qualquer coisa ao saber que não teria Hiago por perto.

Conseguira somente se despedir num abraço e esperar que ele fosse embora para desatar em lágrimas.

Marieta abriu a porta e a recebeu sorridente, diferente do último encontro, inclusive como se fossem grandes amigas.

— Jeferson está de volta. Nosso menino! Estou tão feliz.

Adriana, indiferente, perguntou pelo filho e, ao saber que estava no quarto, caminhou para lá deixando a sogra falando sozinha. Marieta a seguiu, mas Adriana entrou no quarto de Jeferson e fechou a porta, deixando-a de fora, sem jeito.

— Liguei e não atendeu, nem retornou — Adriana mencionou carinhosa, querendo abraçá-lo, mas Jeferson se esquivou. Assemelhava-se a uma estátua de gelo.

— *Pow*, não vi. Estava descarregado, deve ter sido isso — Jeferson falou distante, mexendo no celular, sem olhar para ela.

— Não queria ter vindo aqui e esperava também que fosse me procurar. Precisamos conversar. — Adriana o percebeu distante, com os olhos no celular, mudo. Foi quando ela tirou o aparelho das mãos dele e o jogou sobre a cômoda.

— Que é isso, *mano*, quebrou o *bagulho*...

Adriana o puxou pelo braço, impedindo que ele recolhesse o aparelho.

— Isso é o que mereço, depois de tudo?

— Já vem com cobrança — bufou Jeferson. — Então, também vou cobrar os anos que me afastou do meu pai. — Ele observou a mãe sem jeito e, rindo, disparou: — Viu? Estamos quites. Depois, sobre os balões, não pedi que fizesse nada por mim.

— E não fiz. Foi por mim que assumi o seu lugar. Sabe por quê? Porque não queria perder você, meu filho. Você é menor de idade e não poderia se envolver pela segunda vez com a polícia ou com a Justiça. Eu sofreria muito em perdê-lo. Que juiz deixaria a sua guarda com uma mãe que supostamente permitiu tantas arbitrariedades?

— Meu pai falou que fazia o esquema em conjunto com o Cebola, um traficante que morreu faz pouco tempo. O "seu"

Luciano foi *safa*. Usou um amigo tombado, das antigas — Jeferson falou querendo mudar de assunto. — Antes que venha com perguntinha, faço o esquema com uns amigos. O pai de um deles que dá os *bizu*...

— Que é isso, *bizu*? — perguntou nervosa.

— A ideia, a dica.

— Eu deveria denunciar esse homem. — Adriana viu a cara do filho e logo percebeu que não era boa ideia mexer nisso; ameaças só a afastariam ainda mais de Jeferson. Respirou fundo e completou: — Nem sei se vale a pena. O que falei na delegacia foi porque fui questionada, não tive escolha.

— É boa na mentira. É diplomada. Não fez isso comigo, por anos?

— Pensei que a verdade, contada pelo seu pai, ajudasse você a entender os motivos pelos quais eu menti. Quis proteger você do ambiente carcerário.

Jeferson apresentava-se ainda mais revoltado, amargurado, culpando Adriana por tudo. De maneira paciente, ela tentou argumentar, mas não foi satisfatório. Não encontrou o filho carinhoso, prestativo, que pudesse afagá-la em abraços, agradecido, arrependido. Não!

— Quer saber? — Adriana perdeu a paciência. — Muitas coisas estão por acontecer. Vamos nos mudar daqui. Talvez voltaremos para a casa da minha mãe.

— Eu não vou.

— Vai, sim. Estou me separando do Luciano e não tem cabimento você ficar aqui.

— Então vou morar com o meu pai — Jeferson a desafiou.

— Não vai. Quer saber por quê? Não autorizo. Tenho certeza de que o Hiago vai concordar comigo. É um capricho meu agora. Você é menor de idade e, enquanto depender de mim para comer e se vestir à minha custa, vai ter que me obedecer.

— Mas eu...

— Não estou dando escolha, Jeferson, e acabou. Não quer ir comigo? Tudo bem, eu o entrego para o Juizado de Menores, sem deixar de fornecer a sua listinha de bom comportamento.

— Meu pai não vai permitir isso. Duvido.

— De que pai está falando? Não se esqueça de que em seus documentos só consta o meu nome. Sou a responsável por você, quer queira ou não. Que juiz vai dar credibilidade para um pai que abandona a mulher grávida para viver uma aventura? Antes que venha me atirar mais uma acusação, eu não mandei Hiago sair das nossas vidas, foi decisão dele se retirar e sumir. E ele já te falou isso, porque me contou.

Jeferson abaixou a cabeça, entristecido. Adriana caminhou até a porta e, com a mão na maçaneta, finalizou:

— Quando for maior de idade, independente, você poderá fazer o que quiser da sua vida, mas, enquanto for esse menor rebelde e egoísta, só preocupado com os seus sentimentos e banalizando os meus, sem ter a mínima consideração por tudo o que renunciei para dar o melhor para você, vai ter que me acompanhar e, sobretudo, me respeitar. Pode começar a arrumar as suas coisas. E sem gracinhas, porque dessa vez vou deixar a polícia agir.

Adriana bateu a porta do quarto e, no caminho da saída, sentindo-se a pior das mães, com aperto no peito, distraiu-se ao ouvir a voz enjoada de Marieta convidando-a para um café. Adriana olhou para trás e viu a sogra segurando a bandeja, xícara de café, bolachas, e teve vontade de virar tudo nela, mas saiu sem dizer nada.

Já em casa, triste, ligou a televisão para se distrair, libertar-se da angústia represada. Foi quando viu a reprise da reportagem do golpe do príncipe e ligou para Noélia. Noélia estava fora de si e lhe dissera barbaridades. Terminada a conversa, Adriana pegou a bolsa e resolveu sair. Precisava urgentemente encontrar sua mãe. Só Salete era capaz de entendê-la.

Quando Salete abriu a porta para receber a filha, ganhou um abraço apertado e logo pôde sentir que estava chorando. Adriana, se recuperando do momento de fragilidade, discorreu sobre os últimos acontecimentos, sem poupar a mãe do beijo com Hiago, de como se sentira envolvida, frágil. Que talvez tivesse recusado por anos um reencontro porque sabia que tinha com ela um vulcão adormecido, que entraria em atividade logo que Hiago estivesse na sua frente.

— Sempre soube que a história de vocês não tinha acabado — considerou Salete. — Vi a força que fazia contra a sua natureza para ocultar os sentimentos que nutria por Hiago. Como deve ter sofrido com esse conflito entre razão e emoção. Digo a frase no passado porque acredito que agora você tem maturidade, não é mais aquela menina inexperiente que, magoada, se agarrou a uma versão dos fatos que a colocava como vítima.

— Como não fui vítima? — Adriana perguntou à mãe, ainda um tanto contrafeita. — Sofri muito por causa dele, da Evelyn. Ela, então, era uma irmã, amiga.

— Eu sei, presenciei tudo. Mas precisa perceber que preferiu vestir o papel de vítima a ir até o fundo para saber dos fatos, o que realmente tinha acontecido. Foi uma escolha, e não tem nenhum mal nisso. O que importa — Salete sorriu para a filha —, agora, é ter consciência de que os fatos foram esclarecidos e você tem a chance de se livrar do peso do passado, dando novo rumo à sua vida. E quanto ao Luciano?

— Ele pediu a separação e vejo que não temos mais motivos para vivermos juntos. Quero pôr fim nesse relacionamento antes que nada sobre, nem mesmo a amizade. E devo confessar que o beijo com o Hiago foi um acontecimento. — Adriana riu ao dizer isso. — Ele vai embora do país. Mais uma vez foi construído um castelo de areia no meu caminho e o mar levou. Quer saber? Tudo isso serviu para eu me sentir viva, fortalecida, podendo seguir minha vida em paz. Cadê a Evelyn?

— Não te contei? — disse Salete. — Está viajando. Arrumou umas fotos, uns eventos. Não está recusando nada.

— Que bom.

— Tirou aquela suspeita da cabeça, de ela ter feito a denúncia? — quis saber Salete.

— Foi muita coincidência a denúncia acontecer logo depois de a Evelyn ter ido na casa da Marieta. Fica tranquila, também não estou convencida de que ela tenha feito isso. E tem mais, ela ficou genuinamente preocupada comigo quando estive presa. Vi verdade nela.

Salete respirou aliviada. Como desejava ver a filha assim, em paz com Hiago e Evelyn, em paz com o passado. Por fim, ela opinou:

— Quanto ao Jeferson, não acho que exagerou se fez o que disse, foi firme e ele precisa disso. Nessa idade, a garotada precisa ouvir "não", e os pais precisam colocar limites. Você é mãe, precisa se impor.

— Não consigo entender esse ódio que ele sente. Será que não tem um pouco de amor pela mãe que sempre fui? Já estou acreditando que é coisa de outra vida essa resistência em me perdoar, porque eu só quero o bem dele.

— Pode ser, vai saber — respondeu Salete. — Ainda bem que somos agraciados pelo véu do esquecimento, podendo agir de acordo com o livre-arbítrio, fazendo novas escolhas baseadas na nossa essência, e não por meio de culpas e medos.

— Não entendi. — Adriana estava um pouco confusa.

— Vou dar um exemplo. Vamos supor, apenas supor, que numa outra vida você tivesse abortado o Jeferson. Como você se comportaria?

— Eu jamais faria isso! — defendeu-se Adriana.

— Por isso que estamos no plano das ideias, suposições — ajuntou Salete. — Concorda que não seria nada agradável se você tivesse consciência de ter praticado o aborto? Numa outra oportunidade reencarnatória, imagine que você, arrependida, decidiu recebê-lo novamente como filho. Portanto, voltando como mãe e filho, agora seria o momento de praticar o amor e o perdão, selando a paz.

— Nossa, mãe, pode ter sido isso mesmo! — Adriana emocionou-se, percebendo que fora tocada por aquela explicação plausível.

— Adriana, isso é uma suposição, um exemplo, não estou dizendo que é isso que aconteceu. Não tenho esse dom, de acessar o passado e ter consciência do que ocorreu. Isso acontece depois do nosso desencarne. — Vendo a filha pensativa, Salete mudou de assunto. — De tudo isso, vou ser sincera: o que tem me preocupado é essa história de Noélia. Já sei o que vou fazer; não sei se vou conseguir algo, mas vou falar com ela.

— Isso seria maravilhoso, mãe! Ela gosta tanto de você, das suas orientações. Claro que é uma excelente ideia. Podemos ir visitá-la.

— Vou sozinha, prefiro. Depois, pelo que comentou da conversa que tiveram, ela deve ter se magoado. Fique tranquila. Vou até lá e darei notícias assim que possível. E farei a visita ainda hoje — finalizou Salete, decidida.

Adriana animou-se com a ideia, tanto que apressou a visita e se prontificou a acompanhar Salete até a portaria do prédio de Noélia.

— Vou deixá-la lá na portaria e vou embora. A senhora bem sabe que a minha vontade era subir e interditá-la, se fosse possível.

— Não se exalte — pediu Salete. — É momento de nos unirmos em oração, pedindo ajuda aos nossos amigos espirituais para nos intuir bons pensamentos. Vamos aproveitar o caminho até a casa dela e orar.

Adriana concordou. Ajudou a mãe a apagar as luzes e fechar as janelas da sala e da cozinha. Assim que Salete trancou o portão, as duas caminharam de braços dados até o ponto de ônibus. Na pressa, Salete esqueceu o celular, por isso perdeu a ligação insistente.

    Do outro lado da linha, a enfermeira, não sendo atendida, colocou o fone no aparelho, olhou mais uma vez o prontuário e confirmou o único telefone disponível para contato. Ela então fechou a pasta e levantou-se para outras tarefas do hospital que estavam à sua espera.

Capítulo 25

Para onde o amor me levar

    Logo na portaria, Salete soube que Noélia não estava. Decidida, preferiu esperar. Ela arrependeu-se de não ter aceitado a sugestão de Adriana, que queria esperá-la, assim poderiam percorrer o bairro, deixar o tempo passar e encontrar Noélia mais tarde, já em casa, para conversar.

    Salete adorava o bairro e, mesmo sozinha, não deixou de percorrer o entorno, pois achava o lugar um misto de simplicidade com suas ruas calmas, bem residencial, e de agitação, com o terminal de ônibus, metrô e lojistas a algumas quadras dali, do outro lado do local.

    Menos de uma hora depois, Salete desceu do elevador, no andar de Noélia, e apertou a campainha.

    — Quando o porteiro anunciou que era você, fiquei feliz e surpresa com a visita. — Foi o que disse Noélia ao abrir a porta e abraçar Salete. — Estava numa correria com cartório, banco. Que país burocrático e caro este em que vivemos!

Salete, ao ouvir cartório e banco, preocupou-se sobremaneira, mas apenas sorriu. E assim, amistosos, foram os primeiros minutos da visita. Noélia, divertida, espontânea como sempre, tratou de mais uma vez percorrer o apartamento com a visita, mostrar as novidades.

Salete acompanhou com gosto o roteiro da dona da casa, mas não deixou de notar algumas caixas arrumadas, armários vazios, falta de móveis. Ainda assim, se conteve, conduzindo a conversa de forma natural, sem atrito, mesmo percebendo que Noélia estava levando a sério tudo o que dissera a Adriana.

No entanto, Salete rompeu o silêncio quando ouviu de Noélia:

— O príncipe ficou mudo quando mostrei as caixas que já arrumei para levar na viagem. Tirei fotos e mandei. Acho que ficou em choque. Disse que não vou precisar de tudo isso no país dele. Homens, até parece. Ele não sabe a criatividade e necessidade de uma mulher com roupas e acessórios.

— Príncipe, viagem...? — Salete se fez de desentendida, pois tinha esperança de ouvir algo contrário ao que sabia.

— Duvido que a Adriana não contou essa novidade. — Noélia respirou fundo e contou em detalhes as decisões que havia tomado, eufórica, e acrescentou: — Ele é o homem da minha vida. É tão carinhoso, divertido, gentil, um príncipe. — Começou a rir. Consultou o celular e não tinha mensagem. — Viajo na semana que vem.

— Bom, poderia deixar as suas coisas no apartamento, ter um lugar caso decida voltar.

— Voltar? Não tem como, Salete, eu vendi o apartamento e preciso entregar logo, foi a condição do comprador. Você sabe, difícil encontrar alguém com dinheiro vivo. E eu estava precisando do dinheiro para mandar ao meu príncipe. As obras estão para lá de adiantadas, e faltava a placa, que eu, como noiva, tinha de pagar.

— Adriana comentou comigo, sim, mas não acreditei — Salete começou a falar perplexa, mas foi interrompida.

— Ela não está a favor, até tivemos uma briguinha boba. Normal que ela, como amiga, tenha um pouco de ciúme. Vou ter que deixá-la. — Noélia consultou o celular novamente e comentou, ignorando a fala de Salete: — O meu príncipe quase me enlouqueceu hoje por conta dessa venda, acredita? Passando mensagem atrás de mensagem. Ele estava com medo de o rapaz desistir da compra. Me disse que me quer muito ao lado dele, e logo. Não mais do que eu — ela disse sonhadora, vendo o visor do celular sem resposta. — Agora o príncipe não responde mais, deve estar em alguma reunião. Tenho que me acostumar, logo estarei casada com um homem importante, e tem dessas coisas mesmo.

— Poderia pegar o dinheiro da venda do seu apartamento e aplicar, viajar e depois pensar num compromisso mais sério — sugeriu Salete, embora não concordasse com a viagem e menos ainda com a venda do apartamento.

— Eu sei como sou com dinheiro na mão. Logo que recebi, já transferi para o meu príncipe. Não preciso mais me preocupar com a placa. E comprei a passagem. Semana que vem, vida nova. Desembarco e já vou para a inauguração do centro cultural que terá o meu nome. Ele comentou que o povo está eufórico com a minha chegada. Imagina eu!

Adriana estava certa: era preciso interditá-la, pensou Salete, escolhendo as palavras certas para trazer Noélia de volta à realidade.

— Fico admirada que você, uma mulher bonita, inteligente, graduada, com cargo importante no mercado...

— Amanhã peço demissão — Noélia a interrompeu rindo, tão fascinada com a possível nova vida, que não via aonde Salete queria chegar. — Vou pegar todos de surpresa. Nem vou ficar para a festinha de despedida que vão preparar para mim. É certo que vão querer fazer com bolo, bexigas, aqueles salgados que deixam a mão gordurosa... Já vejo até alguns puxa-sacos, interessados em manter contato para passar férias no palácio. Imagina o abuso!

— Minha filha, você está sendo vítima de um golpe — Salete disparou sem rodeios. Vendo-a séria, prosseguiu: — Como pôde acreditar num homem que nunca viu, que nunca tocou, somente pelo que falou? Ele fez uma lavagem cerebral em você, só pode...

— Eu que não posso acreditar que não concorda com a minha felicidade, Salete. Que não enxerga o bem que esse homem me faz. Nunca encontrei um com tanta generosidade. Para ter ideia, ele tem uma instituição e me orientou a fazer uma doação, apresentando-me como a noiva dele da América do Sul. Veja só o valor que me tem!

Salete levou a mão à boca, incrédula com o que ouvia de Noélia, a ponto de desconhecê-la e considerá-la tomada pela loucura. Por vários meios, Salete tentou chamá-la à realidade, o quanto esse tal príncipe era prejudicial à sua vida, trazendo, inclusive, perdas financeiras. Noélia, irredutível, fechava os olhos para o óbvio, para a verdade; preferia se refugiar na fantasia, na possível realização das promessas por ele feitas. Em algum momento, Salete a tocou com palavras e a fez silenciar. Noélia voltou a falar com lágrimas nos olhos:

— Não precisa falar mais nada, não, já percebi...

Salete, por uma fração de segundo, respirou aliviada, pensando ter conseguido resgatá-la daquele mundo de faz de conta.

— Que bom que percebeu! — Salete agradeceu.

— Percebi que agora você acabou de me dar uma prova da inveja que sente de mim, do meu amor. Agiu igual a Adriana. Claro, por que acharia que mãe e filha seriam diferentes? Quer saber? Você acha que todos os homens são como o seu genro. Sim, aquele incapaz e encostado do Luciano. No fundo, sabe que vou ter uma vida bem melhor do que essa frustrada da sua filha. — Noélia caminhou até a porta e a abriu, depois disse, secando as lágrimas e erguendo a cabeça, como se assim demonstrasse grande força: — Desculpe-me não oferecer nada;

Mais forte que o tempo

como percebeu, o que não vendi está embalado. A visita acabou.

Salete passou pela porta querendo abraçá-la, dar um último alerta, mas nada falou e não demorou a sentir a porta se fechar com força. Ali, sentiu-se impotente. Abriu a bolsa e foi quando notou a falta do celular. Procurou-o para falar com a filha.

✺

Já no apartamento, Noélia, depois de fechar a porta, voltou a rir, indiferente à conversa que tivera com Salete. Foi quando pegou o celular e ligou para o príncipe. Caixa postal, o que não era habitual, porque ele sempre atendia prontamente ou, quando não atendia, retornava. Nunca havia deixado de dar retorno com mais de meia hora de espera.

Aflita, Noélia disse baixinho:

— Ele sempre retorna rápido. Reunião a tarde toda, não é possível. Será que sofreu algum acidente? — Ela bateu na madeira. — Sequestro! Só pode ser isso, disse que estava aqui em São Paulo. Tudo anda tão perigoso. — Noélia olhou o aparelho, deslizou o dedo pelo visor; várias ligações suas sem retorno, a última feita por ele quando ela confirmara ter feito o depósito. — Sequestro, só pode ter sido isso. Vou esperar mais um pouco e, caso não tenha notícias, vou até a polícia.

✺

Adriana chegou à casa ansiosa por notícias do encontro de sua mãe e Noélia. Sabia que Salete não era de se meter na vida de ninguém, mas alegrou-se com a atitude de sua mãe, de procurar a amiga e tentar alertá-la dos perigos que se aproximavam.

Ela abriu a porta consultando o celular, sem novidade. Pensava em tomar um banho, preparar algo para comer e dormir. Antes, queria fazer a consulta de um imóvel para alugar, cotar preço de caminhão de mudança, ensaiava ainda conversar com Izildinha para estabelecerem uma data para ela entregar a casa, a menos que Luciano fosse ficar no imóvel, o que achava pouco provável, pois, se bem o conhecia, ao se ver sozinho recorreria à casa de Marieta.

— Como você demorou, onde estava? — A voz veio do quarto. Adriana caminhou até a porta e pôde ver Luciano vestido com jeans, camisa e sapatos, deitado na cama. Nem o sorriso dele a deixou confortável. Na verdade, pela primeira vez em anos juntos, sentiu-se invadida, diante de um estranho.

— Estava com a minha mãe. — A resposta de Adriana saiu sem entusiasmo. Ela voltou para a cozinha, começou a preparar algo.

Percebendo o distanciamento, Luciano levantou-se e aproximou-se dela. Procurou abraçá-la por trás, mas Adriana saiu e olhou feio para ele, diferente do sorriso estampado e distante da conversa ríspida que haviam tido.

— Precisamos conversar — propôs ele.

— Sim, precisamos. Sobre a nossa última conversa...

— Bobagem minha. Fui pego de surpresa. Infantil. Imagina que eu quero...

— Eu quero — ela o cortou. — Aceito me separar de você.

O sorriso dele desapareceu diante da convicção dela. Isso o deixou preocupado.

— Uma briguinha boba, como outras que tivemos, agora vai levar a sério?

— Pode ter sido para você, não para mim. Suas palavras foram violentas, me atingiram, sim. E também me fizeram refletir sobre o curso da minha vida.

— Te amo, Adriana. Você não pode estar falando sério.

— Será, ou está acostumado? Não posso viver com alguém que me ofende, duvida da minha lealdade, suspeita das minhas intenções, que me magoa, me faz chorar. Isso não é amor. Não quero mais insistir nisso.

— Perdeu, amigão! — comentou o espírito de Igor.

— Não vou perder. — Luciano parou e viu o rosto de Adriana surpreso. — Não vou deixar você sair assim da minha vida.

— Não vai me perder, podemos ser amigos.

— Amigos?! É minha mulher e continuará sendo, Adriana — ele falou, alterado.

O espírito de Igor comemorava a discórdia do casal, e conseguia influenciar os pensamentos de Luciano. Estava se divertindo com o resultado.

— Já sei o que está acontecendo. Claro, como fui idiota. Está caindo fora para se jogar nos braços do amante, do jogadorzinho. Não é isso? Vai, admite!

— Não, você propôs a separação, e eu aceito. O que vou fazer da minha vida sem você, não cabe a você decidir.

— Então é isso mesmo! Vou ser trocado...

A partir daí, Luciano foi grosseiro, com ataques verbais, ofensivos, desesperados, chegou a pegar os braços de Adriana, ela gritando para ele a soltar. A agitação foi tanta que Izildinha, de pijama, chegou a aparecer atrás do vidro da porta, com a imagem torcida. Luciano quase esmurrou a porta, gritando para que Izildinha fosse cuidar da vida dela. Ela afastou-se, assustada, ameaçando chamar a polícia. Nesse momento, Adriana, também assustada, conseguiu se afastar dele e ameaçou pegar uma cadeira, preparada para lançar nele se fosse preciso.

— Está querendo viver com ele porque tem dinheiro, pode oferecer mais do que eu? — Luciano tirou um papel do bolso e apontou para ela, que pela distância não conseguiu ler, mas o ouviu dizer: — Olha aqui, também tenho dinheiro. O extrato da minha conta no banco. Estava ansioso para mostrar a você, comemorar. Posso lhe dar o conforto que merece. Podemos comprar um apartamento! Não acreditou que eu poderia me dar bem, eu sei. Você e sua mãe sempre duvidaram de mim, da minha capacidade. Estou tendo muita sorte, faturando comissões altas. Estou me especializando na venda de casas de alto padrão.

— Só falta a cretina acreditar nisso — falou Igor, num tom irônico.

— Você vai acreditar em mim, não vai?

Adriana sentiu pena dele naquele momento, parecia ter uma voz infantil.

— Fico feliz que esteja se dando bem no seu trabalho.

Depois, como se tivesse perdido as forças, os argumentos para sustentar aquela briga inútil, Luciano começou a falar baixo, sem conseguir encarar Adriana.

— Desculpa, eu não deveria agir de forma violenta.

— Nosso casamento acabou — Adriana falou num tom sereno. E, certa da decisão, ao vê-lo mais calmo, cabeça baixa, confidenciou: — Foi bom, tivemos momentos maravilhosos, mas não é possível continuar. Quanto à casa, vou entregar, a menos que você queira permanecer nela.

— Vou para a casa da minha mãe. — Luciano caminhou em direção à porta e, na saída, emendou: — Não vou desistir de você.

Adriana sentiu-se aliviada ao vê-lo sair, estava sufocada, tensa. Minutos depois, foi tomada por uma preocupação. Desconhecia o lado agressivo do companheiro de anos, por isso largou o que estava fazendo, pegou a bolsa e saiu. Consultou o relógio já na calçada. Tinha esperança de encontrar um chaveiro aberto. Trocaria a fechadura da casa, mesmo que fosse para ela ficar pouco tempo para organizar sua mudança.

Facilmente achou uma placa com dizeres de "chaveiro vinte e quatro horas". Antes de chegar à portinha do estabelecimento para providenciar a troca da fechadura, Adriana avistou uma banca de jornal e parou, hipnotizada pela notícia de um dos jornais.

Era uma nota pequena, informando sobre uma dançarina famosa dos anos noventa ter dado entrada no hospital em estado grave. Quando leu, Adriana sentiu o coração disparar. Pediu o jornal, pagou sem se preocupar com o troco, tanto que o dono da banca saiu correndo atrás dela para entregá-lo. Adriana agradeceu, colocou o dinheiro na bolsa. Percorreu as notícias até achar a matéria. Não dizia mais do que havia lido. Não citava nomes, somente insinuações.

Para Adriana, aquela notícia, mesmo sem revelar nomes, era evidente: tratava-se de Evelyn.

༄

Salete chegou à casa de Adriana preocupada.

— Deveriam ter ido para casa ontem, minha filha, você e o Jeferson.

— Eu não quis preocupá-la com isso — tornou Adriana. — Vi o quanto estava abalada com a visita que fez para a Noélia. Estou com os meus problemas, mas não consigo parar de pensar em Evelyn. Como me sinto impotente, mãe — Adriana justificou, enquanto arrumava suas roupas. Em última ligação, além de saber de Noélia, filtrou a briga que tivera com Luciano, poupando Salete dos detalhes, a fim de não preocupá-la. Adriana também não contou da notícia do jornal. Pensou estar enganada. De repente podia ser uma coincidência, ela pensou. Não queria perturbar a mãe.

Salete foi incisiva:

— Na verdade, depois daquele episódio com a arma, você não deveria ter voltado para cá com o Jeferson, isso... — Ela parou de falar, considerando não ser o momento para levantar suposições.

Adriana completou:

— Isso pouparia o meu sofrimento, eu não teria sido presa. E teria tirado o Jeferson daqui antes das confusões em que ele se meteu. Sei disso, mãe. Não acha que pensei nisso por esses dias? Mas já foi, aconteceu. Vou me importar com o que acontecer de agora em diante. Vou embora e levar meu filho, tentar salvar o que ainda dá tempo.

— Sua coragem me alegra. Tenho certeza de que vai ser forte para recomeçar.

— Não sei se tem alguma coisa a ver, mas reencontrar Hiago e Evelyn depois de anos, de ouvi-los, isso me deu leveza. Ter perdoado a eles e a mim... Será que foi o que fiz que me liberou para seguir em frente com a minha vida?

— O perdão é um ótimo tônico que encoraja o espírito a seguir adiante, confiante de que Deus nunca deixará de ampará-lo.

— E a Evelyn, acaso deu notícias? — Adriana perguntou, com medo da falta de notícias, de que a matéria do jornal estivesse se referindo à prima, como suspeitara ao ler.

— Sua prima está bem. Ela me ligou ontem à noite. — Salete observou Adriana sorrir e ficou feliz. — Percebi que a voz estava um tanto fraca. Sempre falante, mas quando liga é breve. Esses shows e eventos a deixam muito cansada. Também, Evelyn não é mais uma mocinha.

As duas riram, mas Adriana ficou pensando na prima e sentiu que havia algo de errado.

— Depois me dá o número de telefone dela. Preciso falar com ela.

— Está sem. Perdeu ou quebrou, algo assim. Não, lembrei, ficou em uma das cidades em que trabalhou e estão providenciando o envio. É ela quem sempre liga.

— Sei. — Adriana achou muito estranho. — Peça para ela me ligar, mãe. Quero falar com ela.

— Não vai falar sobre as suspeitas da Marieta, por favor. Não quero que aborreça Evelyn com esse assunto, sem provas.

Adriana riu, fazendo entender que não era isso.

Izildinha apareceu na porta e entrou sem ser convidada. Como ela dizia, era a proprietária e tinha livre acesso.

— Soube pela sua mãe, Adriana, que vai nos deixar — ela disse após o cumprimento, depois de falar do tempo, mal de um vizinho... — Uma pena. Tantos anos na minha casa. Você é como da família, praticamente. Vou sentir falta das nossas conversas.

Adriana trocou olhares com a mãe, pois era notório que aquela relação de amizade não existia. Nesse meio-tempo,

Izildinha percorria a casa com olhares, fazendo sua vistoria. Adriana comentava sobre o acerto do mês, quais móveis deixaria para Luciano.

— Não vai encontrar casa igual a minha. Nesse preço, então!

— Então vai embora mesmo? — perguntou o espírito de Igor, bem perto de Adriana, rindo. — Fica mais um pouco. Com quem vou me divertir?

— O que me disse? — perguntou Salete, percorrendo a casa, procurando a voz masculina. Foi quando percebeu algo a mais no ambiente. Sempre tivera aquela sensação esquisita ao entrar na casa da filha. Eram raras as vezes que não sentia essa energia, mas agora, pela primeira vez, tinha ouvido mais nítido, não a frase completa, mas o bastante para compreender e se lembrar da voz que surgira na conversa recente que tivera com Adriana pelo telefone.

— Nada, mãe, por quê? — Adriana perguntou curiosa. — Está ouvindo vozes agora? — divertiu-se.

— Você me ouve? — Igor pareceu surpreso. Vendo ela sem jeito, disfarçando, insistiu: — Sim, está me ouvindo.

— Izildinha, fala do seu filho. Outro dia começou a falar, mas sempre somos interrompidas — Salete pediu, desconfiada da presença de Igor. Ali, enquanto Izildinha desenvolvia uma palestra sobre o filho, Salete fazia uma prece, pedindo proteção. Essa ação de Salete atraiu o espírito protetor de Igor, Felipe, que com sua luz aproximou-se, envolvendo-a e orientando-a. — Tem foto dele? Posso ver? Se isso não for causar algum incômodo — falou Salete, já conectada ao espírito de luz.

— De forma alguma. — Izildinha parecia emocionada com o pedido, com o interesse. Ela tocou no braço de Salete e, como se fossem amigas de longa data, convidou-a para irem à sua casa, no andar superior.

— O que você quer com a minha foto? — gritou Igor. Ele tentou perturbar o ambiente, mas Felipe estava perto, protegendo-as, e ele não conseguiu o seu intento.

Adriana estranhou a transformação de Salete, mas não comentou. Até pensou na possibilidade de a mãe ajudar Izildinha a se descolar daquela adoração pelo filho, fazê-la entender que Igor já não fazia mais parte deste mundo.

— Mãe — disse Adriana —, vou aproveitar e acelerar o Jeferson. Passei mensagem para arrumar as coisas dele, mas sabe como ele é. Acabou de me responder que está fazendo, mas no tempo dele.

Adriana seguiu para a casa de Marieta e Izildinha conduziu Salete para a sua casa. Quando abriu a porta, Izildinha refletiu sobre há quanto tempo não trazia alguém ali. Igor acompanhou as duas e entrou na frente. Felipe permaneceu na retaguarda, em oração.

Capítulo 26

As dores e os amores de uma mãe

Noélia teve uma noite conturbada, sem notícias do príncipe. Recorreu ao calmante e, ao acordar, a primeira coisa que fez foi se conectar à internet, procurar por respostas do seu noivo.

Deu o prazo de mais uma hora para recorrer à polícia. Caso não tivesse notícias, sairia em busca dele, onde quer que fosse. Passava de tudo pela sua cabeça. Por saber que seu amado estava em São Paulo, então, considerou as piores hipóteses.

Quando estava pronta para sair com destino à delegacia mais próxima de casa, com os olhos inchados de chorar, viu uma notificação no celular que fez o sorriso voltar para o seu rosto.

A conversa foi curta.

"Estava preocupada com você. O que aconteceu?"

Noélia estava tão ansiosa por resposta que foi lançando opções:

— "Não me esconde nada, por favor. Não sabe como estou. Me diz: foi assaltado? Já sei, foi sequestrado?"
"Como sabe? Na verdade não queria te preocupar. Consegui fugir, depois que peguei o celular."
"Está precisando de alguma coisa? Onde está? Posso ir para onde está, encontrar você. Não está sozinho, tem a mim."
"Não! Sabe como sou conhecido. Podem estar me seguindo e, se alguma coisa acontecer com você..."

Nessa altura, Noélia se desmanchava em lágrimas.

"Deve estar com fome, perdido. Sabe onde está?"

Silêncio.

"Não. Vou ficar bem, não se preocupa. Vou andando, pego carona..."
"De jeito nenhum."

Noélia abriu um sorrisinho, recuperando o seu humor ao dizer:

"Do dinheiro da venda do apartamento, sobrou um pouco, uma reserva, mas vou transferir para você".

Noélia ouviu dele um protesto falso. Ela fez a transferência e pediu a confirmação.

"Obrigado."

Ele escreveu isso, depois desconectou o aparelho, e essa foi a última vez que Noélia falou com o príncipe pelas redes sociais.

Adriana passou por Marieta, que estava ao telefone, e a cumprimentou rapidamente, já indo para o quarto de Jeferson. Enquanto isso, Marieta baixou o tom de voz e disse:

— Mandei a encomenda como combinamos. Sim, material fresco... não recebeu? Já não sei dizer. Não é comigo. — Ela fez uma pausa, tentou falar, mas a voz do outro lado estava alterada o bastante para calar a sua. Por fim, conseguiu dizer: — Que dívida? Já cumpri o trato. Mandar mais não vai ser possível porque...

A ligação foi desfeita. Marieta apena riu e guardou o celular no bolso, ignorando quando tocou novamente. Em seguida, seu rosto se transformou. Ela fingiu tristeza e forçou as lágrimas. Entrou no quarto de Jeferson e, voz dramática, insistiu:

— Como tem coragem, Adriana, de nos separar? Tirar o menino da casa onde passou uma vida! Quanta crueldade.

— Marieta, não piora as coisas, por favor. Já conversamos sobre isso. E o Jeferson não está impedido de vir visitá-la.

— Poderá dormir aqui? — Marieta perguntou numa voz infantil. Sem esperar resposta, já foi dizendo: — Essa casa vai ficar vazia sem você, Jeferson.

— Luciano vai voltar. Não ficará sozinha assim — Adriana argumentou, acelerando em acomodar as roupas e os sapatos do filho na bolsa.

Jeferson rompeu o silêncio e disse, enquanto arrumava suas coisas:

— Eu não queria ir. Gosto daqui, do bairro.

— Vai ter oportunidade de conhecer lugares diferentes, meu filho.

Marieta, inconformada em perder Jeferson, provocou:

— Você foi ingrata, menina. Foi recebida nessa casa de braços abertos. Nunca proibi meu filho de ficar com você, mesmo com filho pequeno, mais velha, pouca coisa, mas é.

Ele, moço, poderia ter escolhido uma moça mais jovem, ter filhos, mas não, quis ficar com a viúva. — Marieta riu e se corrigiu: — Viúva, não. A mulher do presidiário.

— Sabe por que não se incomodou? — desafiou Adriana. — Era um livramento para você jogar o filho irresponsável na casa ao lado. Sabe muito bem que eu o sustentei por todos esses anos, aguentei e engoli todos os desaforos.

A briga teria tomado outras proporções, trocariam ofensas, mas Luciano chegou na hora e silenciou as duas. Adriana olhou rapidamente para ele, parado na porta do quarto, rosto abatido, provavelmente tendo passado a noite sem dormir. Isso acontecia, ela sabia do resultado das insônias dele, ou ainda quando passava a noite jogando e, como estava constantemente desempregado, dormia ao longo do dia.

— Então você vai mesmo?

Adriana confirmou sem olhar para ele. Sentia-se num pesadelo, apressando a arrumação dos pertences do filho que, vagarosamente, parecia não ter pressa alguma, dobrando e desdobrando as camisetas. Tal gesto fez Adriana tomá-las das suas mãos e acomodá-las de qualquer jeito na bolsa.

Marieta retomou a conversa, quebrando o silêncio que havia se formado. Ela insistiu para que Adriana deixasse o menino com ela. Depois, a ex-sogra tratou de elogiar a nora, diferentemente do que fizera na ausência do filho.

Feitas as malas, Adriana saiu do quarto para a sala, agradecendo e sendo seguida por Jeferson, de cara fechada, sem vontade de ir embora.

Justamente nessa hora da despedida, ouviram carros estacionarem em frente à casa. Um deles destacou-se pela freada brusca. Marieta correu para ver pela janela, depois de afastar a cortina. Logo a sirene do carro começou a apitar.

— É a polícia! — Marieta gritou, assustada.

Luciano não esperou a mãe terminar; saiu para ver o que estava acontecendo e não demorou a retornar, acompanhado de dois policiais. Chegaram a tempo de ouvirem Marieta:

— Agora entendi, Adriana, a correria. Estão fugindo, não é isso? E mais uma vez usando minha casa.

— Mãe! Me ouve! — Luciano pediu, mas não conseguia interrompê-la.

— É, porque vocês dois têm passagem pela polícia. O que será...

Adriana ficou paralisada, assim como Jeferson, sem entenderem o que estava acontecendo, enquanto Marieta despejava sobre ambos uma série de acusações.

Um dos policiais, impaciente, aproximou-se, encarou os três e perguntou:

— Marieta Soar...

— Eu! — adiantou-se Marieta com a mão no peito.

— Queira nos acompanhar. — Ao perceber a resistência da mulher, o policial foi mais incisivo. Ele pegou as algemas e ordenou: — A senhora está presa, poderá...

Salete sentiu-se em um museu com peças dos anos noventa quando entrou no quarto que fora de Igor. Disfarçou a surpresa, mas, ao passar os olhos pelo cômodo, pôde ver walkman, fitas cassetes organizadas em ordem alfabética dentro de uma caixa de sapatos, rádio ao estilo dois em um, uma televisão com videocassete acoplado, algumas fitas de filmes, cartela de fichas telefônicas, e o que mais chamou a sua atenção: um pôster de Evelyn, enorme, que ocupava mais da metade de uma das paredes.

— Ele era fã da sua sobrinha. Até outro dia, quando ela esteve aqui, eu quis mostrar. — Izildinha passou os olhos sobre a escrivaninha e viu uma revista cuja capa retratava uma imagem com tanques de guerra. Era sobre a Guerra do Golfo. — Ele chegou tão feliz com essa revista, interessadíssimo na notícia da guerra. — Seus olhos se encheram de lágrimas e ela prosseguiu: — Pena que não conseguiu ler a revista. Se tivesse ficado em casa, me escutado, mas não...

— Chega, mãe! Chega, por favor! — gritou Igor, tampando os ouvidos.

Felipe, em silêncio, permanecia ao lado de Salete, que ouvia a agonia do rapaz. E Izildinha, fascinada, oscilando entre a forte emoção e a alegria, como sempre ficava ao falar do filho, prosseguia. Tanto era a sua euforia em referenciar o filho através de objetos que observou Salete com olhos fixos na máquina de escrever, e não deixou de comentar:

— Meu Igor era um ótimo datilógrafo. Conhecia todas as teclas e datilografava sem olhar para elas. — Izildinha orgulhou-se ao pegar as apostilas guardadas na primeira gaveta da cômoda. — Igor estava fazendo curso de inglês. Olha as apostilas! Era tão cuidadoso. Ah, fazia curso de informática, também. Olha só que material precioso, são apostilas do curso de MS-DOS, Word e Lotus 1-2-3. Fazia o curso na Lapa, na Rua Doze de Outubro... — Ela parou de falar, voz embargada. — Confesso que por anos não consegui passar por aquele trecho.

— Mãe, para de falar! — implorava Igor. — Como dói relembrar tudo isso.

Izildinha abriu gavetas, portas dos armários, revelando os pertences do filho, tudo intacto, como ele deixara antes de morrer. Eram roupas da moda daquela época, com cores vibrantes, xadrezes, flanelas, coturnos...

— Olha esse aqui. — Ela pegou o boné e o ergueu na direção de Salete. — Era o preferido do Igor. Usava virado para trás. Olha a enciclopédia *Barsa* que usava para pesquisas. — Apontou para uma estante com alguns livros. — Compramos em várias prestações, e como ele gostava!

E assim Izildinha prosseguia, como uma autêntica guia turística no quarto do filho. Um mergulho nos anos noventa. Falante, não deixava Salete se manifestar, sufocando-a com objetos, lembranças. Tudo isso deixava o espírito de Igor atormentado, sofrendo.

— Aqui estão as fotos dele, do meu Igor. Era tão bonito, e que bela voz!

Salete pegou as fotos e se emocionou. Passou o dedo delicadamente pelo rosto do jovem em uma delas. Ele estava sem camisa, encostado numa árvore. De todas as fotos, Izildinha contava detalhes, como se houvesse legendas. Salete, em silêncio, começou a fazer uma prece, pois ouvia o jovem em aflição.

Por fim, Igor calou-se e cerrou os olhos, triste.

Felipe rompeu o silêncio.

— Consegue perceber? Quanto mais tempo permanecer aqui, mais difícil será para sua mãe seguir adiante.

— Agora sou culpado por isso? — Igor questionou, agachado, encolhido no canto do cômodo, visivelmente sem energia.

— A sua presença a impede de se libertar com mais facilidade do passado. Izildinha sofre porque você sofre. Assim, tanto você quanto ela estacionaram na dor — esclareceu o espírito iluminado.

Felipe estava conectado aos pensamentos de Salete e a influenciou, de modo que ela repetiu a frase dele:

— Você estacionou na dor, minha querida.

— Não, Salete! Eu não estou estacionada na dor — rebateu Izildinha.

— Sim — ela continuou, firme —, você está apegada aos objetos, e manter o quarto de Igor intacto é como o reter aqui. Tenha certeza de que não o faz feliz vendo o seu sofrimento, apegada aos pertences que só serviram para ele enquanto esteve encarnado na Terra. Isso tudo não tem mais valor algum para ele. O espírito, assim que deixa o corpo físico, sente-se leve e pronto para prosseguir a sua jornada em outra dimensão, e os pertences materiais que mantinha na Terra não lhe têm utilidade.

— Então não posso ter lembranças do meu Igor? — Izildinha perguntou com um tom de tristeza na voz.

— Pode, e deve! Lembrar-se dos nossos entes queridos, dos amores que partiram, é compreensível e aceitável. Todas as pessoas que amamos e desencarnaram merecem ter um lugarzinho no coração. Com o passar do tempo, a dor da perda se transforma em saudade. E, não se esqueça, nós só sentimos saudades daqueles que amamos.

— Isso tudo aqui me conforta, faz eu me lembrar dele. Ninguém sabe da dor que tem me acompanhado desde que ele saiu da minha vida. Podem até fazer ideia, mas a dor é individual, singular. Sinto muito a falta do meu filho — concluiu, chorosa.

Salete apertou delicadamente a mão dela. Compreendia que Izildinha sofrera muito com a morte de Igor. Afinal, que mãe não sofreria? Ela sorriu e considerou:

— Estou vendo como está, Izildinha. Sofre cada vez que entra no quarto, que se atém a um objeto. Acha mesmo que manter tudo isso, sabendo que não tem mais serventia alguma para o Igor, está fazendo bem para o espírito dele, ou para você? Não seria egoísmo preservar tudo como se isso fosse trazê-lo de volta? Nunca pensou que um pai ou uma mãe esteja precisando de roupas, objetos, livros para dar ao filho? Que muita gente não tem condição de comprar nada? Por que não reflete sobre isso? Doar as coisas do seu filho não vai apagá-lo da sua memória, do seu coração. Muito pelo contrário. Agindo assim, fará bem para você, para quem precisa e, principalmente, para o seu filho. Tenho a certeza de que ele adoraria que suas coisas fossem para as mãos de quem realmente precisa.

— Você tem razão, Salete. Sabe, o meu Igor sempre foi generoso — disse Izildinha, emocionada. — Lembro-me como se fosse hoje, eu estava na cozinha e ele apareceu, pequeno, tinha uns sete anos, arrastando um saco de brinquedos. Disse que era para doar. Eu quis saber o porquê daquilo. E ele respondeu que tinha muitos brinquedos e que outras crianças não tinham nada. Era um menino que se preocupava com os outros.

Felipe se voltou para Igor, que assistia a tudo em silêncio.

— Faz anos que está preso neste cenário que não mais lhe serve. Vai continuar assim por mais quantos anos, se alimentando energeticamente dos encarnados, intoxicando o seu perispírito com pensamentos e sentimentos ruins? Acredita que atrapalhar a vida de Adriana, Luciano, Noélia ou Evelyn vai lhe trazer aquela vida de volta? Você sabe que não. É uma grande ilusão desejar que as coisas caminhem de um jeito quando já aconteceram de outro. É preciso encarar a verdade. Além do mais, todos eles estão reencarnados e tentando melhorar, cada um à sua maneira, enfrentando toda a sorte de desafios que só a vida na Terra tem condições de proporcionar. E você continua aqui, preso aos rancores do passado, atrapalhando a sua mãe.

— Como posso atrapalhar alguém que amo? — indagou Igor, já em lágrimas.

— Izildinha poderia estar num outro estágio do processo de luto, mas a sua presença a impede de prosseguir. Imagine que, quanto mais perto dela estiver, mais dor vai lhe causar.

— Não quero que ela sofra.

— Diante de tudo o que tem feito nos últimos anos, me diga: fez algo de bom para si mesmo? — Igor fez que não com a cabeça. — Está deixando de crescer, mudar, ressignificar sua existência. Prefere continuar preso ou se dar a chance de recomeçar?

— Só falta dizer que por conta desse comportamento, das minhas escolhas, voltarei uma lagartixa. Vou regredir, é isso?

— Não. — Felipe riu. — Não tenho nada contra as lagartixas, mas o espírito nunca regride, apenas estaciona. Ele fica parado, deixando de crescer, ampliar a consciência.

— O que me sugere? — Igor aparentava certo interesse nas palavras de Felipe.

— Você tem a oportunidade de fazer a diferença deixando o planeta e pensar no seu equilíbrio emocional, no seu bem-estar.

Felipe estendeu a mão. Igor levantou-se e fez que sim com a cabeça.

— Você tem razão. Estou um pouco cansado de viver aqui. Antes, deixa eu abraçar minha mãe. Quero que ela saiba que estarei sempre ao seu lado, não importa a distância ou os mundos que nos separam.

Enquanto os espíritos tinham aquela conversa, Salete transmitia paciente e amorosamente os ensinamentos espíritas, e, aos poucos, Izildinha assimilava e compreendia aquelas palavras como se estivesse recebendo um bálsamo de tranquilidade e paz.

— Não sei se vou conseguir me desfazer de tudo isso — comentou Izildinha, abraçando o próprio corpo, emocionada. — Parece que estou abrindo mão do meu Igor. Que estou deixando-o ir embora.

— Se isso for bom para ele, não é melhor deixá-lo ir? Se o quer bem, melhor deixá-lo livre, para se sentir assim também.

Izildinha, chorando, balançou a cabeça, concordando.

— Vai ser muito difícil, Salete. Muito. Você me ajuda?

— Claro, vou estar com você! Pode contar comigo.

— Quero entender um pouco mais sobre o espiritismo. Aceitar que a vida continua depois da morte me traz conforto e a esperança de que, um dia, vou reencontrar o meu Igor.

— Isso mesmo. — Salete percebeu que Felipe convencera Igor a partir com ele para um posto de tratamento no astral. Ela sorriu e pediu: — Izildinha, vamos fazer uma prece para o Igor?

Izildinha se emocionou e concordou. Elas fecharam os olhos, deram-se as mãos e Salete fez uma linda prece. A oração ajudou Felipe a movimentar a energia do ambiente. Uma luz calmante abraçou o cômodo e Izildinha sentiu paz. Virou-se para Salete e disse:

— Creio que o melhor a fazer será doar os móveis, as roupas... — Os olhos de Izildinha percorreram todo o quarto. Ela olhou para o boné e para o porta-retrato com uma linda foto de Igor. Pegou os dois objetos e os levou ao peito. Em seguida, beijou a foto. — Vou ficar com a foto e com o boné.

Nesse momento, Salete abraçou Izildinha, depois beijou levemente seu rosto. Izildinha sentiu uma brisa suave envolvendo seu corpo, um perfume que a fez fechar os olhos. Foi quando ouviu de Salete:

— Estarei sempre ao seu lado, não importa a distância.

Izildinha abriu os olhos, ainda mais emocionada.

— O que foi que disse, Salete?

Desfeito o abraço, Salete, retomando a consciência, respondeu:

— Eu disse que precisaremos de caixas, sacos plásticos, sacolas. Vou ajudá-la a separar tudo.

— Conhece algum lugar para onde eu possa enviar as coisas do meu filho?

— Sim — tornou Salete, com um sorriso. — O centro espírita que frequento faz doações de móveis e roupas a famílias carentes da região.

Pela primeira vez em anos, Izildinha sorriu com o coração aliviado e a certeza de ter sentido Igor abraçando-a. Levaria pela vida aquela sensação, não com sofrimento, mas como uma feliz lembrança desse abençoado reencontro.

Antes de partir, Igor aproximou-se de Salete e murmurou em seu ouvido:

— Muito obrigado.

Salete ouviu, sorriu e, animada, começou a ajudar Izildinha a desfazer aquele quarto.

Izildinha, animada, falava:

— Eu queria tanto um espaço para montar meu cantinho de costura! Agora vou trazer a máquina lá da sala e...

Enquanto Izildinha contava a Salete os planos para redecorar aquele cômodo, Igor e Felipe, mãos dadas, caminhavam em direção a um pórtico de luz que se formara no canto do quarto.

Foi noticiado na televisão, nos jornais, e a matéria, que ganhou destaque por alguns dias, dizia:

... desmantelada uma rede de criminosos que vinha alimentando o mercado internacional de pornografia infantil com fotos e vídeos de meninos menores de idade. A operação, batizada de Meninos, resultou em dez mandados de prisão nesta manhã. Entre os criminosos, a Polícia Civil prendeu Marieta Soares B. Silva, de 54 anos, dona de casa, que comercializava fotos de um menor de idade, enteado do seu filho, que residia com ela. Também foram presos na operação...

— Por que isso, mãe, por quê? Juro que não encontrei respostas para o absurdo que fez — disse Luciano, voz alterada, na visita que fez para Marieta na cadeia.

Entre lágrimas, as palavras saíam um tanto difíceis. Marieta tentava se explicar de forma desesperada:

— Foi tudo tão inocente. Começou naquele curso de informática que fiz. Lá conheci o Lauro, tão esperto, inteligente, ligeiro com a máquina; logo me aproximei para aprender com ele.

— Sei, eu o vi uma ou duas vezes em casa. Então, desde aquela época... Mãe, não posso acreditar nisso.

— O Lauro viu o Jeferson, elogiou, disse que era bonito, que poderia apresentá-lo a uma agência. Que eu tirasse fotos dele dormindo.

— E aceitou, não viu nada estranho nesse pedido? — quis saber Luciano, chocado.

— Ele me adiantou um dinheiro — tentou justificar Marieta. — Não vi nada de mais em tirar as fotos... Depois pediu...

— Então era disso que vinha o dinheiro para sustentar o seu vício, a compulsão de comprar as bolsas?

— Não sabia que um pedido tão bobo, inocente, pudesse resultar nessa desgraça, meu filho. Acredite em mim — Marieta implorava, chorando, rosto sofrido; parecia ter envelhecido anos em poucas horas. — O Lauro se aproveitou da minha fraqueza, da minha necessidade de ter dinheiro. Ele me dava um bom adiantamento em troca do material, pressionando, exigindo, depois começou a me chantagear.

— Por isso foi cedendo. Não podia se deixar levar, tinha que...

Houve um momento de silêncio. Em seguida, constrangida, Marieta revelou, quase num sussurro:

— Fui eu...

— Foi o quê? Qual a novidade agora? — exasperou-se Luciano.

— Quem ligou para a polícia e fez a denúncia dos balões do Jeferson lá em casa. Ele estava na Salete, e o Lauro me cobrando. O menino não voltava para casa, daí eu pensei em dar um susto. Não sabia que ia dar no que deu. Achava um assunto tão bobo. Só queria que o Jeferson voltasse para casa.

— Mãe, quanto mais fala, só piora! Por isso acusou a Evelyn, achou mais fácil jogar a culpa em cima da prima da Adriana. Foi ardilosa. Então sabia o que o Jeferson estava fazendo. — Luciano balançou a cabeça entristecido ao ver Marieta confirmando. Olhando para a mãe, ele a desconheceu. Cada revelação era uma decepção. — Ele sabia disso, mãe? — ele gritou, ao repetir a pergunta: — O Jeferson sabia, participava desse esquema pavoroso?

— Não! Isso, não. Eu colocava calmante no leite, no suco... — Marieta confessou o método num murmúrio, envergonhada, com as mãos cobrindo o rosto.

— Chega! Isso é muito para a minha cabeça. — Luciano fez uma pausa, depois caminhou para a saída, ignorando os gritos de Marieta chamando por ele. — Meu pai teve praticamente todos os defeitos do mundo. Ele foi violento, agressivo, um fraco. Mas ele tinha razão sobre uma única coisa que me disse pouco antes de morrer. Você sempre fez tudo por dinheiro. Nunca se importou com nada ou ninguém. Nunca teve limites para se dar bem, mesmo que tivesse de machucar ou magoar as pessoas. Eu achei que meu pai estivesse mentindo. Pena que ele não mentiu...

Luciano saiu sem olhar para trás, deixando a mãe desesperada e recolhida pela agente penitenciária.

Foi o último encontro dos dois.

Adriana chorou muito quando soube de tudo nos detalhes. Abraçou e beijou o filho, sentindo-se culpada por ele ter passado por aquela situação constrangedora.

Embora Jeferson aparentasse estar bem, sem qualquer abalo, orientado pela assistência social que acompanhou o caso, Adriana buscou ajuda de uma psicóloga para dar suporte ao filho.

Salete é quem foi pega de surpresa ao sair da casa de Izildinha, vendo Marieta aos prantos, entrando no carro de polícia. Assim que tomou conhecimento do ocorrido, agilizou a mudança da filha e do neto para sua casa.

Hiago revelou-se um pai companheiro, amigo, muito presente. Tratou de visitar o filho todos os dias, o que muito agradava Adriana. Ela, que não imaginava morar na casa da mãe, pois considerava essa atitude como se estivesse dando um passo para trás, agora sentia-se feliz por viver com Salete e receber as visitas de Hiago. A volta para a casa da mãe, o reencontro com Hiago, tudo aquilo fazia Adriana relembrar o passado, mas agora com um sabor melhor, sem o peso da dor que a acompanhara por anos.

Foi em meio às mudanças que a aproximação de Hiago e Adriana aconteceu. Salete foi a primeira a perceber que ele não vinha somente visitar o filho, na ânsia de recuperar o tempo, mas também dava claros sinais de que desejava reconquistar Adriana.

E Adriana, por outro lado, só teve certeza de que Hiago estava interessado nela quando foi levá-lo até o portão. Logo depois do beijo de despedida, ouviu dele, apaixonado:

— Sei que vai repetir que quer ter a sua casa, que acabou de sair de um casamento, que precisamos ir com calma. — Hiago parou de falar e acompanhou o sorriso divertido de Adriana. Em seguida, ele colocou a mão no bolso e tirou um envelope, colocando-o nas mãos dela. — Estou começando uma nova vida e ela só será perfeita se você e o Jeferson estiverem comigo.

Ela quis dizer algo, mas ele saiu na frente:

— Nosso Jeferson já demonstrou claros sinais de que está bem. Soube que quer voltar a estudar. Percebo que está crescendo, se esforça para ser um filho melhor. A psicóloga o tem ajudado muito em todos os aspectos. Nos últimos dias, tenho notado que ele está mais próximo. Eu me alegro em constatar como a terapia faz bem.

Adriana, pega de surpresa com o convite, ainda tentou falar algo, mas foi de novo interrompida:

— Gostaria que pensasse a respeito e considerasse o meu convite, o meu pedido. Creio que poderei aguardar uns dias pela resposta, afinal, o que são alguns dias perto dos anos que fiquei longe de vocês? — Hiago disse, dando um beijo rápido nos lábios de Adriana. Antes de sair, pediu: — Não responde agora, tenho medo do que vai me dizer.

Mais tarde, Adriana compartilhou com Salete a conversa que tivera com Hiago no portão e ouviu dela, divertida:

— Está parecendo uma adolescente. Estou gostando de vê-la assim, disposta a viver, reviver um amor.

— Confesso que, pelo coração, diria sim, mas sinto-me ainda tão insegura! — revelou Adriana. — Tenho medo de que em algum momento esse sentimento bom desapareça e eu volte a me lembrar do que aconteceu, e de novo me sinta abandonada.

— Pensei que tudo isso fizesse parte do passado e não estivesse mais preenchendo o seu presente — Salete comentou, surpresa.

— Acho que é bobagem — Adriana reconsiderou, encabulada, e mudou de assunto: — E como foi com a Izildinha? Queria ter ido com você ajudar, mas não queria voltar para lá.

— Correu tudo bem — Salete a acalmou. — Claro que Izildinha teve momentos de oscilação, mas está bem. Ela não gostou de transformar o quarto de Igor no cantinho de costura. A casa ainda a faz se lembrar do filho. Dia desses, me contou os planos dela. Izildinha está decidida a alugar tudo e mudar-se para o interior, para a casa de uma irmã, também viúva. Havia recebido esse convite e o aceitou. Parece que ela está pronta para seguir a vida com um pouco mais de paz no coração.

O telefone tocou bem na hora e Salete correu para atender. Adriana sabia que era Evelyn. Por vezes, no curto tempo em que estava morando na casa da mãe, Adriana tentou falar com a prima, mas sentiu resistência e resolveu não insistir. Por saber que era Evelyn ao telefone, Adriana acreditou que ela estivesse bem e até havia se esquecido da notícia que lera no jornal tempos atrás.

— Minha filha, Evelyn quer falar com você.

Adriana se pegou correndo para atender o telefone, como na época em que eram adolescentes, moravam juntas e tinham algo para confidenciar.

— Adriana, que bom te ouvir — disse Evelyn, com a voz distante, cansada. — Preciso falar com você, mas estava esperando estar em condição. — Ela fez uma pausa tão longa que por um momento Adriana acreditou que a ligação tivesse

Mais forte que o tempo 351

caído. — Ouço a voz da tia ao longe, deve estar na cozinha. — Evelyn calou-se e, depois da confirmação de Adriana, prosseguiu: — Você sempre foi bem melhor que eu para guardar segredos, os meus, principalmente.

— O que aconteceu? Está me deixando preocupada — Adriana murmurou para não ser ouvida por Salete.

— Não estou na Bahia fazendo shows, como falei para a tia. — Evelyn sorriu. — Estou em São Paulo. Anota o endereço e vem me ver. E venha sozinha, por favor. Promete?

Adriana concordou e desligou o telefone, deixando Evelyn segura de que guardaria o segredo. Mas, ao colocar o celular sobre o móvel, Adriana ficou preocupada, com o pensamento distante.

O que será que Evelyn tem para me... Seu pensamento foi interrompido pelos gritos de Salete, vindos da cozinha:

— Adriana, corre aqui, minha filha. — Ao ver Adriana, Salete apontou para a televisão: — Olha ali, não é a Noélia na televisão?

Capítulo 27

Coisas da vida

Anos antes.
O pai de Marlon ficou viúvo muito cedo. Marlon tinha quatro anos quando o pai, desnorteado, entregou-o para a mãe dele, já idosa, cuidar do neto e saiu pelo mundo, sem voltar. Foi nesse cenário que Marlon, o gerente do supermercado, o certinho e responsável, foi criado por uma avó amorosa e, ao mesmo tempo, triste pelo abandono do filho, e também sob o olhar vigilante de Guida, a única filha solteira, a mais velha dos três irmãos.

— Olha como anda, menino! E esse quadril, não precisa balançar. Essa voz, engrossa! — disparava a tia, e ainda fazia questão de compará-lo aos primos quando apareciam nos fins de semana. — Mira nos seus primos, olha que maravilha. Homens!

— Eles nem ligam para você. Ficam imitando e rindo nas suas costas — Marlon a provocava.

— São homens, não se importam com essas bobagens. Já você... E sai da minha frente. Olha isso, como se veste mal, todo desalinhado, não combina nada com nada — resmungava Guida.

Nem tinha como; Marlon era uma criança franzina e usava as roupas doadas dos primos mais velhos.

Não o bastante, a tia ainda fazia comentários na frente de Marlon para a avó do menino. Aquela senhora tão carinhosa, que gostava de agasalhar os netos sob seus braços, rebatia:

— Não tem o que fazer, não? Deixa o menino. Sabe o que faltou na sua vida? Ter os próprios filhos! Deixa de ser amarga. E, antes de ser seu sobrinho, Marlon é meu neto.

— Nem o pai quis... — saía a tia, resmungando.

Quando aquela avó amorosa, protetora, o deixou numa tarde chuvosa de inverno para habitar uma das moradas do Senhor, o menino viu como opção viver com o outro tio, os primos, em outro bairro. Em meio à tristeza da perda da avó, Marlon sentiu-se aliviado por se livrar de Guida.

Só que a tia, amarga, fez com que o lampejo de felicidade do sobrinho se esvaísse, e Marlon ouviu tudo. Ela chamou a cunhada num canto e, em poucas palavras, acabou com o sonho do menino.

— Vai querer ele na sua casa, viver com sua família? — Guida baixava a voz e continuava com o veneno: — Não acho boa ideia.

— Eles se dão tão bem.

— Por isso mesmo, pode influenciar meus sobrinhos. Eu não gostaria. Se fosse na minha casa, não deixaria.

Pronto, ali foram desfeitos todos os planos. O tio de Marlon, depois de uma briga com a esposa, em que ela saiu vitoriosa, conversou com ele. Marlon estava pronto, segurando a mala, e não disse uma palavra diante do tio emocionado, tentando justificar o injustificável. O tio podia ser o chefe da família, mas a esposa era quem ditava as ordens. Marlon, como se tivesse entendido a conversa, abraçou o tio. Em seguida, pegou a mala e voltou para o seu quartinho minúsculo e improvisado, perto da cozinha.

Aquele cômodo pequenininho foi o abrigo que o mantinha longe da implicância e das maldades da tia. Pensou em fugir, mas a sua coragem só chegava até a esquina. Ali, naquele cômodo, permitiu-se viajar com os livros que pegava na biblioteca da escola, ouvir músicas e estudar. Torcia para os anos passarem depressa. E os anos passaram.

O tempo o tornou um moço bonito, reservado, contido também, pois fazia de tudo para não entrar em atrito com a tia. Quando começou a trabalhar, pensou em sair de casa, mas, quando viu a tia agora idosa, doente, dependente de remédios, o seu coração generoso e sem ressentimentos decidiu ficar e cuidar dela.

Numa das internações da tia Guida, no corredor do hospital, ouviu da outra tia, aquela que era esposa do seu tio que o rejeitara:

— Ainda bem que está cuidando da Guida. Meus filhos estão ocupadíssimos. — Marlon sabia que não era verdade, os primos eram avessos à família, nem para os pais ligavam. Mas o que ela disse depois era verdade: — A amargura da Guida foi-se construindo aos poucos. Foi uma moça bonita, cheia de vida, apaixonada. Já estava noiva, mas o seu pai, Marlon, que sumiu no mundo, não gostava do rapaz e obrigou a irmã a desfazer o noivado. Colocou o noivo para correr. Ele até foi, mas voltou para buscá-la, e Guida, com medo do seu pai, Marlon — a tia realçava o nome dele —, decidiu romper de vez o noivado e... bem, deixou a vida passar.

— Por que está me contando isso, tia?

— Porque a Guida transferiu o ódio que sentia do seu pai para você. Esse foi o motivo pelo qual ela sempre o tratou tão mal.

— Licença, por favor — pediu Marlon, levantando-se e indo até o banheiro. Lá, sozinho, refletiu sobre tudo o que ouvira e sentiu dó da tia Guida.

Saber que o seu pai havia destruído a felicidade da tia Guida fez Marlon se sensibilizar e ampará-la. Mesmo com todos os episódios tristes que colecionava nas suas lembranças, tratava-a bem, ignorando um ou outro comentário, como: "Você é muito bonzinho. Vão montar em você. Bobo e tímido, só perde oportunidades na vida...".

Acontece que sua carência de ter uma família fazia Marlon abraçar a que tinha, tanto que no trabalho dizia morar com a mãe; para os mais íntimos, contava que Guida era uma pobre tia adoentada, e para muito poucos ele abria o coração, contando sua verdadeira história.

No campo do trabalho, Marlon revelou-se um ótimo profissional, dedicado, a ponto de ser convidado para gerenciar um mercado. Aceitou o desafio e levou a sério os comentários do dono:

— Sei que fará um bom trabalho. Cuide do meu mercado como se fosse seu.

E Marlon seguia à risca o pedido do proprietário. Adotara o mercado como se fosse seu. Fazia questão de, quando pronto, passar no quarto da tia para mostrar como estava bem-vestido, perfumado, contrariando os comentários que ela fazia e que tanto o tinham marcado. No entanto, em sua defesa, para não demonstrar a bondade tão realçada pela tia Guida como se fosse um defeito, no trabalho ele vestia o personagem e se apresentava com a mesma frieza e arrogância de Guida.

Não só isso, mas também agia de maneira prática, sem muita conversa com os funcionários. No íntimo, guardava os comentários da tia sobre sua bondade, e então demonstrava sua versão mais ríspida. Talvez, por uma questão de reprimir tantos comentários maledicentes ao longo da vida, Marlon despejava antipatia e acreditava que, agindo assim, os funcionários o temeriam.

A sua vida amorosa era uma mistura entre fria e morna. Reprimia-se. E, quando tinha oportunidade de sair, encontrar alguém, o fazia às escondidas. Vivia seus poucos amores na sombra. Foi assim que, num bate-papo, conheceu alguém e pensou ser ela a mulher que faltava na sua vida.

Marlon estava de carro e permitiu-se ir ao shopping para o encontro, depois para um hotel, até despertar no meio da noite na cama, enrolado no lençol e sozinho. Procurou pelas roupas, a chave do carro, nada. Sentiu-se com dor de cabeça, mas ansioso em entender o que estava acontecendo.

O dono do local, visivelmente aborrecido e sob ameaça, gritou que não ficaria no prejuízo e ligou para a polícia, que não demorou a chegar. O policial já era amigo do dono do local por conta de outras ocorrências e, em meio à confusão, Marlon não teve vantagem: entrou no carro de polícia enrolado com o lençol. Não lhe deram chance de explicar que ele era vítima.

Na delegacia, humilhado, alvo dos olhares ali presentes, teve direito a uma ligação e o fez para Noélia, que chegou na delegacia uma hora depois, com roupas e dinheiro para tirá-lo do local.

A conta não foi baixa; além das horas no quarto, foram computadas as despesas do frigobar, e mais as toalhas e o cinzeiro furtados.

— Como saíram com o seu carro e não viram nada? — perguntou Noélia na porta do banheiro, esperando Marlon se trocar.

— Aproveitou o portão aberto para o carro que estava saindo e fugiu. Fui vítima de uma bebida batizada, mas o policial comprou a versão do dono do hotel. O delegado me ouviu, finalmente — Marlon falava com a voz abafada, que vinha da cabine onde tentava se vestir com as roupas emprestadas da amiga. — Essa calça não entra, Noélia. Trouxe uma de quando tinha quinze anos?

Noélia estava de vestido e não pensou duas vezes antes de tirá-lo e o jogar pelo vão da porta, pedindo de volta a calça e a camiseta que estavam com Marlon. Ele reclamou, mas fez a troca e, pouco depois, saiu da cabine de vestido.

— Se rir, vou demitir você do meu mercado.

— Não antes de quitar a sua dívida comigo — Noélia emendou, divertida. — Ficou bem de vestido.

Começaram a rir.

— Vamos sair daqui, e logo — Marlon sugeriu depois de ver o relógio no pulso de Noélia marcando três horas da madrugada.

— E sua tia, o que vai contar a ela?

— Que fui assaltado e ponto. — Ele olhou o rosto de reprovação de Noélia e completou: — Esse é o preço que pago por ser quem não sou. — Pausa. — Não tenho família para contar nessas horas. Obrigado.

Noélia o abraçou e beijou seu rosto.

De volta ao presente, alguns anos depois desse acontecido, Marlon estava no mercado, na sua mesa, recordando tudo isso, enquanto Adriana estava na sua frente, em defesa de Noélia, contando todos os detalhes do que vinha acontecendo.

— Adriana, quando vi você entrando, achei que viria pedir pelo seu emprego. Como disse, o seu caso está em comitê na nossa diretoria. — Marlon a encarou. Adriana estava com um ar preocupado, mas ele continuou: — Confesso que fiquei surpreso por vir compartilhar comigo sobre a Noélia. Ela tem uma grande amiga!

— Estou aflita em saber como ela está. Não tem atendido às minhas ligações. Fui até o apartamento dela, mas tem um novo morador. Tenho certeza de que ela caiu em um golpe, perdeu o apartamento e vai saber mais o quê.

— Ela pediu férias e eu dei. Não faço ideia de onde está — Marlon disse, ajustando a gravata no peito, levantando o colarinho, dando a entender com o gesto que a conversa findava.

— Tenho comigo que sabe onde ela está — replicou Adriana, levantando-se também. — Ela foi vítima de um golpe e deve estar sofrendo muito. Se sabe onde ela está, ajude a nossa amiga.

Assim que saiu, Marlon ficou em silêncio, olhando Adriana desaparecer. Depois pegou o telefone, discou e não demorou para ser atendido.

— Noélia, sou eu. Por favor, venha me ver, porque sei que não está ocupada. Estarei naquele café em que nos encontramos da última vez; esteja lá em meia hora.

A televisão, sintonizada em vários lares, comércios, mostrava a imagem de Noélia abatida, mais magra e sem o sorriso costumeiro. Sentada numa poltrona aconchegante e iluminada por uma luz amarela suave, ela dava o seu depoimento.

— Era o amor da minha vida, pelo menos ele me fez acreditar nisso. Ele não tirou só as economias de uma vida, também meu apartamento e... — Ela conteve a emoção, fazendo uma pausa. — Eu perdi meus amigos, porque esse homem fez com que eu desacreditasse deles, me manipulando para me afastar daqueles que eu amava e tinham amor por mim, pois me alertavam a cada passo em falso que eu dava. No entanto, eu caí na lábia dele, me deixei ser conduzida, ser enganada.

Noélia explodiu em lágrimas, e a repórter, esperando que ela se acalmasse, começou a fazer o resumo de vida de cada uma das vítimas de golpes, suas perdas, as estatísticas, os números de casos pelo país. Por fim, a repórter constatou:

— Vem crescendo o número de mulheres vítimas desse tipo de golpe em aplicativos de namoro. De um lado, mulheres solteiras, com boas condições financeiras, que buscam amor, e, do outro lado da tela do celular, uma quadrilha especializada em criar tipos atraentes, como atores, jogadores de futebol e até príncipes, como foi o caso de Noélia, que acabou de nos dar o seu triste depoimento. Ela nem chegou a conhecer pessoalmente o golpista. Um dos bandidos se passou por príncipe, convidando-a para viajar até o seu país e viver ao seu lado como uma das suas esposas. As redes sociais e os aplicativos de namoro têm se tornado a porta de acesso para esses oportunistas e...

Marlon estava encostado num canto do estúdio, atrás das câmeras, assistindo à matéria, dando força para Noélia. Dias antes, ele havia se encontrado com a amiga, logo depois que Adriana o procurara. No café, onde havia combinado de se encontrarem, Marlon chocou-se com a aparência e a tristeza de Noélia, que até então estava sempre bem-disposta e alegre, e era divertida. Poucos minutos de conversa foram o bastante para ele constatar que ela não estava bem. Cansada, muito abatida, Noélia desabou:

— Eu menti, Marlon. Não fui ver tia nenhuma. Pedi os dias de licença porque não estou bem. — Ela começou a chorar e confirmar a ele tudo o que Adriana havia comentado no escritório.

— E por que não me procurou? Ou mesmo a Adriana?

— Vergonha! — Noélia foi sincera. — Também não queria envolver você.

— Eu não pensei nisso quando, desesperado, te liguei de madrugada para me tirar da delegacia.

Noélia deu um sorriso forçado, misturado com lágrimas.

— Não quis incomodar. Eu disse coisas horríveis para a Adriana, que ela não merecia ouvir, tampouco Salete. Queriam me alertar, me proteger, mas eu estava anestesiada, hipnotizada ou sei lá qual palavra poderia utilizar para justificar a minha total falta de sanidade. Esse homem me tirou tudo, Marlon, até a vontade de viver.

Marlon abraçou Noélia e a sentiu frágil. Depois de ele muito insistir, ela o levou onde estava morando. Um lugar precário, resumido a dois cômodos: um quarto e um banheiro. Marlon soube, quando ela se abriu, que era com o resto do dinheiro que sobrara que ela pagava pelo espaço. Marlon nem quis saber. Sob protestos de Noélia, envergonhada, ele a tirou do lugar e a instalou em um hotel. Foram horas de conversa para ele a convencer de prestar queixa na delegacia.

— Nem sei se vale a pena. As fotos que tenho não são dele. Só tenho as mensagens. Depois, tenho muita vergonha.

— Tem os contatos, celular, deve haver um meio de rastrear. E pensa numa coisa legal.

— Como pensar em algo legal? — ela retrucou.

— Ora, Noélia, com coragem e franqueza, poderá alertar outras pessoas. Imagine quantas mulheres e homens não sofrem com esses golpistas! Se você falar abertamente sobre o que lhe aconteceu, poderá evitar que outras pessoas se tornem vítimas desses criminosos. Tenho certeza de que se sentirá melhor externando essa dor represada, que cobre o seu sorriso. Vamos fazer barulho!

O jeito divertido de Marlon arrancou dela um esboço de um sorriso.

No dia seguinte, Marlon acompanhou Noélia até a delegacia. Quando chegaram, havia uma jornalista cobrindo um caso de violência doméstica. Não demorou para tomar conhecimento do caso de Noélia e convidá-la para ser entrevistada e relatar a sua dor.

Marlon, agora no estúdio, assistia emocionado a amiga, pois sua coragem era inspiradora. A repórter, sensível, oferecera a Noélia a possibilidade de cobrirem seu rosto, caso ela não quisesse se expor. Ela não quis, explicando que vítima tinha rosto e precisava aparecer para dar credibilidade.

O celular de Marlon tocou e ele se afastou para atender, pedindo desculpas à equipe de gravação por não ter desligado o aparelho, conforme haviam lhe recomendado. Era Adriana, eufórica, falando sobre a entrevista com Noélia. Ele informou saber, e que estava com ela.

— Você sabia dela e eu sentia isso! — confirmou Adriana. — Que bom que ela te ouviu. Gosto demais dela. Quero muito vê-la, mas entendo se ela não quiser me ver. Cuida bem dela.

Marlon finalizou a ligação, colocou o aparelho no modo silencioso e o guardou no bolso. Noélia aproximou-se.

— Deve estar cansada. Vamos para casa. Deixo você no hotel — propôs Marlon.

— Antes, tenho que fazer uma coisa. Vem comigo? — pediu Noélia.

Foi Jeferson quem abriu o portão e foi logo dizendo:

— A minha avó vai querer um autógrafo. Famosona na televisão — disse o rapaz, de forma divertida, ao ser abraçado por Noélia.

Logo Adriana apareceu na porta e ficou parada, emocionada, vendo a amiga se desfazer do abraço do menino e se aproximar. Tiveram um abraço longo, com lágrimas, pedidos de desculpas.

— Como estou feliz em ver você — comemorou Adriana. — Muito!

— Não mais que eu. — Noélia tornou a abraçá-la. — Desculpa por tudo.

— Bobagem, estávamos nervosas.

Noélia disfarçou ao secar as lágrimas e disse:

— O Marlon me trouxe. Queria descer, mas lembrou-se do trabalho e voltou correndo para o mercado. Disse daquele jeito dele: "Vou ver como está o meu mercado".

As duas riram. Salete chegou nessa hora e, surpresa, juntou-se a elas; mais uma vez, a emoção foi forte.

— Vamos entrar. Fiz um bolo e o Jeferson quase comeu tudo — Salete disse e se dirigiu a Jeferson: — Vai, meu neto, não vai se atrasar na sua consulta. Daqui a pouco seu pai liga aqui. — Quando viu o menino se distanciar, depois de abraçar e beijar Noélia, Salete olhou para Adriana e considerou: — Jeferson mudou bastante!

— É verdade, mãe — confirmou Adriana.

— Noélia, vamos entrar, temos muito para conversar — convidou Salete.

Instalaram-se na cozinha, e o papo aconteceu descontraído, leve, tanto que fez Noélia se sentir bem. Como fazia tempo que ela não experimentava uma sensação de conforto, mesmo falando da sua triste experiência.

— O vício em aplicativos de namoro me levou a isso — ela lamentou-se e quis saber, curiosa: — Salete, acha que fui vítima de algum espírito obsessor?

— Pode ser, mãe? — interferiu Adriana. — A senhora sempre diz que os espíritos obsessores estão a nossa volta, ouvindo, participando de tudo, tentando encontrar uma brecha em meio a pensamentos negativos para se ligar na gente.

— Sim, estão sempre à espreita, mas a responsabilidade de permitir que eles se aproximem ou não é nossa. Claro que temos que nos policiar para não nos deixarmos ser influenciados por esses espíritos perturbados, doentes. Se sabemos que eles se conectam a nós, encarnados, por conta de sentimentos ruins que alimentamos acerca de nós e dos outros, é preciso estarmos alertas e vigiar constantemente os nossos pensamentos. Para isso, é imprescindível nos sintonizarmos com o bem, observarmos nosso comportamento, nossas atitudes, percebermos sobre quais sentimentos estamos pautando nossas vidas.

— Eu só queria alguém para dividir a vida. Olha só onde fui parar. Tem razão, Salete, eu deveria ter sido mais atenta, ter sido mais seletiva — Noélia disse, sincera.

— Isso tudo vai passar e vai encontrar alguém especial, sim, por que não? — comentou Adriana.

— Nem sei se quero. Agora não.

— Noélia, veja a vida daqui para frente. Não fique represada e em círculos no que passou. Já foi, não temos mais como voltar e modificar o passado. Agora, no presente, sim, podemos fazer escolhas melhores, cuidar da autoestima. Quando você se valoriza e se aceita como é, acaba naturalmente sendo mais seletiva diante de suas escolhas afetivas — Salete falou e mudou de assunto: — Adriana já te contou a novidade? Hiago voltou a balançar o coração dela.

Noélia começou a especular e Adriana, com brilho no olhar, atualizou a amiga. Salete permaneceu em silêncio, alegre, sentindo a paz vibrando entre elas.

— A gente tem conversado, se dado bem — confessou Adriana. — E, depois de tudo, essa aproximação tem feito um bem enorme para o Jeferson. Eu até autorizei o menino a viajar com o pai. Hiago conseguiu um emprego de técnico. Vai ser bom para eles ficarem juntos.

— Não quero nem ver a despedida — comentou Salete, rindo.

— Está indo com a promessa de ligar todos os dias. Vamos nos ver daqui a três meses.

— Essa recomendação é só para o Jeferson ou se estende para o Hiago Cezar? — brincou Noélia.

As três riram e Adriana complementou:

— Somos bons amigos. Eles embarcarão na semana que vem e já estou com saudades. Do meu filho, dona Noélia — ressaltou Adriana. — Nunca me separei do Jeferson por tanto tempo.

— E a Evelyn? Pensei que fosse encontrá-la aqui.

Salete, sorridente, adiantou-se em dar notícias da sobrinha, que estava em viagem, trabalhando. E não deixou de ressaltar a felicidade da reaproximação entre Evelyn e Adriana, e a esperança de vê-las se relacionando como antes, como irmãs, unidas.

Adriana silenciou, pensou na ligação que tivera com a prima, na promessa de vê-la, o que estava prestes a fazer se Noélia não tivesse chegado. Ela decidiu que iria visitar a prima logo depois da visita de Noélia. Adriana sentia um aperto no peito, uma sensação estranha, como se estivesse pressentindo o que estava por vir.

Se dependesse de Adriana e Salete, Noélia ficaria por ali, mas recusou o convite alegando que tinha alguns assuntos para resolver ainda sobre a denúncia. Agora que havia acessado a imprensa, o caso vinha tomando outras proporções, e sentiu isso pelo número de ligações e mensagens que passou a receber. Só não tomou conhecimento de todas porque desligou o aparelho quando chegou à casa de Salete.

Salete despediu-se de Noélia e a fez prometer voltar logo. Adriana acompanhou a amiga até o portão, conversaram mais um pouco, se emocionaram. Noélia saiu acenando e Adriana ficou ali parada, até vê-la desaparecer na esquina. Não demorou e Adriana, ainda no portão, foi surpreendida por mais uma visita que não esperava: a de Luciano.

O homem que desceu do carro não era o mesmo de antes, o marido que tinha sido casado com Adriana havia anos, pelo menos na aparência. Saltou de um carro vermelho, que facilmente, até para uma pessoa leiga, era possível ver que era zero-quilômetro. Luciano estava elegantemente vestido, óculos escuros, perfumado e, pelo pouco conhecimento, percebia-se que se tratava de perfume importado.

— Por pouco você veria a Noélia. Acabou de sair daqui.

— Eu vi. Estava esperando ela sair.

— Soube o que aconteceu com ela?

— Sim, por cima — Luciano disse com um sorriso esboçado, que logo desapareceu com o olhar furioso de Adriana, que conhecia muito bem. — Desculpa, é que nunca simpatizei com ela...

— O que não justifica o seu gesto — ela disse, interrompendo. — Sinceramente, não sei o que veio fazer aqui.

— Como sempre, é direta. Tenho uma chance?

— Chance? Do quê? Pensei que tivesse sido clara. Não tenho mais nada para lhe dizer. Acabou.

— Estou bem, olha para mim, agora que a vida deu oportunidade de eu ter dinheiro. — Luciano olhou para o carro, abriu os braços, como se assim exibisse o corpo bem-vestido. — Estou bem, mas o amor da minha vida... Agora tenho dinheiro. Não era isso que queria, motivo pelo qual tanto me perturbou quando estávamos casados?

— Perturbou, não. Queria o que qualquer mulher queria do companheiro, e dividir a vida envolve, sim, dinheiro, e queria que fosse presente.

— Eu sei, desculpa, me expressei mal.

— Queria, sim, que você se acertasse num emprego, que ajudasse em casa. Não foram fáceis esses anos, levando tudo nas costas, mas eu entendi que você não teve oportunidade como a que tem hoje. Que bom que descobriu algo que o faz feliz, e agora tem dinheiro. Fico muito feliz por você, mas eu não te amo mais e sabe disso. Luciano, eu jamais ficaria com você por dinheiro ou pena. Foi bom o nosso casamento? Sim, vivemos momentos mágicos, mesmo com dificuldades, você esteve presente em momentos delicados da minha vida, agradeço muito. E são esses bons momentos que quero guardar, levar comigo pela vida...

Luciano não a esperou terminar, aproximou-se dela e a abraçou forte. Não foi demorado, mas intenso, e dele ouviu:

— Seja feliz.

Ele nada mais disse, saiu andando de costas, rindo, como se assim pudesse registrar a imagem de Adriana pela última vez. Ela o observou se distanciar com o mesmo sorriso que a encantou, quando o conhecera atrás do balcão do açougue. Sentiu que era uma despedida, cumprindo um reencontro combinado. Ao vê-lo partir no carro vermelho, depois de uma buzinada rápida, sentiu-se livre.

Na cozinha, ao lado da mãe, ajudando a lavar as louças, contou sobre o reencontro no portão com Luciano.

— E foi isso, mãe. Não consegui nem convidá-lo para entrar.

— Pode ser que ele precisou desse encontro para entender que acabou. Agora, não sabia que corretagem de imóvel dava tanto dinheiro em tão pouco tempo. Ele deve ser um bom vendedor, que teve a sorte de sempre encontrar clientes interessados.

— Também pensei nisso. Engraçado como é a vida, mãe. Com o declínio da Noélia, envolvida com o tal príncipe, perdendo dinheiro, apartamento, aconteceu a ascensão do Luciano. Foi ele quem pagou minha fiança, depois com dinheiro para apartamento... Mistérios da vida.

— Ou não... — respondeu Salete, com o olhar perdido, depois despertou com outro assunto. — Estava de saída quando a Noélia chegou. Ainda vai sair, minha filha? Será que chegará a tempo de jantar comigo? Estou mal-acostumada com você em casa. Sei que pensa em ter sua casa, com seu filho, mas, enquanto está por aqui, quero aproveitar cada momento.

Capítulo 28

Norteados pelo amor

Adriana sentiu o coração acelerar a cada passo desde o portão, passando pela recepção, até chegar ao quarto de hospital onde estava Evelyn. Parou diante da porta fechada, respirou fundo, pediu forças numa prece rápida e mal--elaborada diante da sua ansiedade, até que, finalmente, bateu na porta e, sem esperar resposta, tocou a maçaneta e abriu.

— Achei que teria alta e não viria me ver — Evelyn disse sorridente, sentada numa poltrona perto da janela. Estava com um turbante colorido e óculos escuros.

— Meu Deus, vejo que está bem. O que aconteceu? Por que está aqui? — indagou Adriana, aproximando-se, tocando a prima como se assim tivesse a certeza de que Evelyn estava bem. — Eu até pensei que tivesse sofrido um acidente, estivesse imobilizada.

— De nós duas você sempre foi a mais dramática. Um aneurisma, menina — Evelyn falou como se estivesse contando algo trivial, como quando eram garotas e confidenciavam alguma descoberta da escola, de um menino de que gostavam. — Descobri em Portugal, depois de uma dor de cabeça absurda, vômitos, desmaios. Uma loucura. Minha vida virou de ponta-cabeça; algo semelhante só experimentei naqueles nossos passeios ao Playcenter. Pena que esse parque de diversões não existe mais. Sonhava em fazer lá a minha festa de cinquenta anos.

— Aneurisma cerebral? — questionou Adriana, séria, ignorando o ar descontraído da prima. — Dilatação das paredes das veias, das artérias. Li sobre isso. — Adriana parou ao ver a prima confirmar.

— O médico que me deu o diagnóstico constatou que esse aneurisma estava relacionado aos meus hábitos nada saudáveis, às bebidas alcoólicas que eu tomava como água, ao excesso de cigarros, hipertensa e sem nenhum controle. Eu nem sabia que estava levando comigo uma bomba-relógio — Evelyn disse divertida. — Noutra ocasião, agora eu acenderia um cigarro.

— E passou por tudo isso sozinha? Minha mãe não perdoaria se...

— Quis poupar a tia Salete — cortou Evelyn. — O médico do outro lado do Atlântico me condenou. Fiz as malas e voltei correndo. Viria a nado, se fosse preciso, apenas para rever minha família, principalmente você. — Evelyn fez uma pausa. — Os ares do Brasil, as preces da tia, a emoção de ver vocês duas, o Jeferson, reencontrar o Hiago e ressignificar o passado, enfim, não sei dizer o milagre nem o santo, mas passei por um médico aqui, abro um parêntese: ele é novinho, um gato, eu o adorei. — Ela riu divertida, como se a gravidade do seu estado de saúde não tivesse importância. — O médico me deu esperanças, a oportunidade de eu fazer uma cirurgia. Colocaram um pequeno tubo na artéria para fortalecer as paredes, algo assim.

— E como não avisou, Evelyn? Sempre impulsiva!

— Um amigo meu ajudou nisso, veio comigo, assinou a autorização, tem me feito companhia.

— Não é sozinha. Tem família. Minha mãe ficará brava quando souber dessa novidade. Eu também poderia ficar com você, passar os dias no hospital.

— Sempre brava e mandona — reparou Evelyn. — Se soubessem do risco, da gravidade, ficariam ainda mais nervosas do que eu. Para que preocupá-las com isso? — Ela olhou Adriana, tensa, e comentou: — Estou bem, só espero que não me faça passar nervoso.

— Desculpa, desculpa. — Adriana ajoelhou-se perto da prima. — Não quero que nada de ruim aconteça com você.

Evelyn ficou em silêncio e, questão de segundos, Adriana pôde ver as lágrimas descendo por trás dos óculos escuros da prima. Por fim, Evelyn desabafou:

— Pensei que iria morrer. Tive muito medo.

Adriana cobriu com suas mãos as da prima, que estavam sobre o colo, e apertou forte.

— Não está sozinha — disse Adriana, emocionada.

— Não vai acontecer nada. Não se impressione — Evelyn falou num tom engraçado, recuperando o seu bom humor, rindo entre lágrimas diante da emoção de Adriana. — Sabe que aconteceu algo estranho esses dias, não sei precisar se foi na cirurgia, se depois, na recuperação. Foi um sonho, se é que pode ser chamado assim, porque foi tão real! — Evelyn suspirou. — Era um rapaz jovem, lindo, com voz de locutor. Se eu fechar os olhos posso vê-lo e ouvir sua voz ainda bem nítida. Ele parecia tão próximo, conhecido mesmo. Ele pegou minhas mãos e, sorrindo, disse que não iríamos nos reencontrar ainda, que eu teria mais alguns anos de vida na Terra. Beijou minhas mãos, emocionado, e sumiu.

— Interessante — observou Adriana. — Precisa contar esse sonho para a minha mãe.

— Esse rapaz acertou na previsão, porque o procedimento foi um sucesso. Outra boa notícia: amanhã vou receber alta. Enquanto isso, você vai contar para a tia e prepará-la.

— Ela ficará furiosa com você — advertiu Adriana, mais uma vez.

Evelyn apenas riu. Depois, séria, tocou num assunto do passado, delicado, mas necessário:

— Precisamos voltar ao passado, à época em que saí do Brasil.

— Esquece isso, Evelyn. Já não tem importância. Precisa se recuperar, sair daqui.

— Não vou adiar, não dessa vez — Evelyn falou de maneira firme e seguiu objetiva: — Eu lhe deixei uma carta dizendo que partiria com Hiago e que nos amávamos.

— Não gostaria de reviver isso, por favor.

— Em parte não menti, eu o amava, mas ele, não. — Evelyn respirou fundo e insistiu: — Em paralelo a isso, uma loucura minha, pedi para o Hiago me encontrar no aeroporto, com a passagem nas mãos. Achava que iria conseguir comprar o amor dele com promessas vazias, rasas. Fiz as propostas, tentei de todo jeito seduzi-lo. — Evelyn fez uma pausa, pois estava com a voz embargada. — Também não é fácil para mim, Adriana, pode ter certeza, mas foi um mal-entendido que prometi a ele não desfazer; eu considerei na minha cabeça de jovem e inconsequente que você não daria importância.

— Eu estava grávida quando foram embora, quando decidiram seguir suas vidas. Eu nem sabia que Hiago estava envolvido com drogas, que vocês estavam tendo um caso. Dupla decepção, perdi o homem que amava e a minha melhor amiga.

— Tudo um grande mal-entendido. Depois de anos, preciso lhe revelar algo. É muito importante.

— Não tem o que revelar, Evelyn. Vocês estavam se gostando e resolveram viver juntos. Não contavam com que o Hiago, no embarque, seria pego com drogas e logo estaria preso. Só não entendi por que não seguiram depois. O sentimento que os unia não foi forte o bastante para superar esse acontecimento?

— Não era dele a mala com drogas. Não era! — gritou Evelyn.

— Não entendi. Eu li a matéria que saiu no dia seguinte no jornal, do jogador de futebol detido no aeroporto com uma bolsa cheia de drogas, isso no portão de embarque.

— Sim, estávamos no portão de embarque. Eu já havia esgotado todo o repertório para convencê-lo do meu amor por ele. — Evelyn estava emocionada para continuar e um silêncio se formou, logo sendo por ela rompido ao ver Adriana chorando. — Eu sei que não é fácil reviver tudo isso, mas é necessário. Ele disse que amava você e o filho que esperavam.

Adriana deu um grito, aos prantos, abraçou o próprio corpo e encostou na parede. Evelyn continuou:

— Hiago me entregou a passagem, beijou o meu rosto como despedida e, ao sair, eu vi os policiais vindo na nossa direção. Rapidamente, contei para ele das drogas na minha bolsa. Ele viu nos meus olhos o desespero. Eu havia, por aqueles dias, encontrado uma pessoa que oferecera uma grana bastante alta para cutucar a minha vaidade. Imagina, chegar na Europa e a carteira lotada de dinheiro. Fui ambiciosa, porque estava começando a ganhar um bom dinheiro com o grupo. Não pensei nas consequências daquele ato tresloucado. De forma instintiva, não sei dizer ao certo, Hiago pegou a bolsa da minha mão e pediu para eu me afastar. Ele se colocou na minha frente para me defender. Eu vi, Adriana. Foi a última imagem que guardei dele quando segui a fila, a cena dos policiais abrindo a bolsa e jogando o conteúdo no chão. Ao constatarem que aquilo era droga, eles o algemaram e o levaram. Em nenhum momento o Hiago olhou na minha direção. Acredito que tia Salete diria que a atitude de Hiago estivesse relacionada a algo de outra vida, como se fosse uma dívida de gratidão. De repente, vai que eu já tenha feito isso por ele e, inconscientemente, ele retribuiu com o gesto, não teria outra explicação.

— Por que ele não contou a verdade? Ele tinha a mim e ao filho que estava por vir. Motivos suficientes para não ir para a cadeia.

— Adriana, veja como o Hiago foi um cavalheiro até o fim. Ele tem dessas, de nos proteger; lembra-se de como nos defendia na escola? Era isso que eu gostava nele, que me encantou e que procurei nos homens com os quais me envolvi, mas não encontrei. Além do mais, tinha a minha carta, que depunha contra ele. Você estava furiosa, parou de falar comigo, ignorou os pedidos dele para lhe explicar o que tinha acontecido, não quis ouvi-lo.

Silêncio.

— Eu errei também — admitiu Adriana —, já que o amava. Ao menos, poderia ter dado a ele a oportunidade de se explicar.

— Paguei advogados caros, usei praticamente todo o dinheiro da herança, que tinha saído por aqueles dias, mas não tivemos sucesso. O clube que havia contratado o Hiago perdeu muito dinheiro com a repercussão negativa do caso. Tudo deu errado! Condenado, desesperado, Hiago acabou se envolvendo num plano de fuga que só complicou a sua saída da penitenciária. Houve também uma morte na cadeia que colocaram na conta dele, mesmo inocente. Porque tenho certeza de que Hiago não mata nem inseto. Foi injustiça sobre injustiça.

— Não li as cartas dele, não procurei saber como ele estava... eu estava possessa.

— Entendo você, prima — concordou Evelyn. — Talvez eu agisse da mesma forma que você. E o Hiago pediu que eu jurasse jamais revelar a verdade sobre a prisão dele, que deveria levar esse segredo para o túmulo. Ele estava naquela situação pavorosa, mas preocupou-se comigo, com a minha carreira. Considerou que eu ganharia dinheiro para ajudar no processo de inocentá-lo, porque, quanto a ele, a carreira no futebol estava morta. Implorou que eu ajudasse você e o filho, que não os desamparasse.

— Por que, meu Deus, está contando tudo isso? Para aliviar a sua culpa, para se sentir melhor?

— Para você viver esse amor, Adriana. O peso de carregar o passado a impede de viver livremente. Não percebe? Sei que o Hiago ainda gosta de você. Vi como ele te olha e como você olha para ele. — Evelyn levantou-se lentamente, encostou-se na janela, deixou os olhos passearem pela vida além dos muros do hospital e declarou: — Pode ficar brava, ficar mais algumas décadas sem falar comigo, se é que vou resistir a elas... — Ela forçou um sorriso e, emocionada, prosseguiu: — Mas se entregue a esse amor, meu bem. É o que eu faria se tivesse alguém lá fora querendo me amar.

Adriana prendeu os cabelos no alto da cabeça, respirou fundo. Havia silêncio entre elas quando ela se aproximou da prima e sorriu. As duas se abraçaram, selando a paz. Afinal, o perdão desata nós e permite caminharmos livres pela vida.

Evelyn, represando as lágrimas, foi quem desfez o abraço, com recomendações:

— Agora vai e conta tudo para a tia. Diz que não posso passar nervoso, isso vai me poupar de receber umas broncas. — Ela riu alto e, depois, mais séria, confessou: — Como perdemos tempo nos distanciando!

— Vivi tantas coisas que queria muito compartilhar com você! — tornou Adriana, emotiva. — Vamos recuperar tudo isso.

— Vamos, sim. Agora vai, a visita já acabou e a enfermeira é difícil; se fosse a do turno da noite seria melhor, mas essa é brava! Também você já me fez acabar com a cota diária de emoções permitidas pelo médico.

Adriana já estava na porta quando voltou e tornou a abraçar a prima. Evelyn beijou o seu rosto.

Evelyn, ao se ver sozinha, desabou em lágrimas, e sorriu também, sentindo-se aliviada. A verdade é libertadora.

Quando saiu do hospital, Adriana pegou o celular para ver a hora e se surpreendeu com o número de ligações perdidas. Eram de Salete, de Jeferson e de Hiago também. Conseguiu falar primeiramente com Salete.

— Adriana, minha filha, sei que estava no hospital, visitando sua amiga. Ela está bem?

— Sim, mãe, depois te conto tudo. — Adriana preferiu contar em casa, com calma; sabia que seria questionada sobre detalhes que desconhecia, mas pessoalmente seria melhor. — Vi suas ligações, aconteceu alguma coisa?

— O Hiago esteve aqui. Tiveram que adiantar o voo dele. Veio buscar o Jeferson.

— Como assim, adiantaram? A viagem não seria somente no fim de semana?

— Então, por isso liguei. Eles queriam se despedir de você.

Ansiosa, Adriana encerrou a ligação com a mãe, tentou falar nos celulares de Hiago e Jeferson, mas deu caixa postal. Lembrou-se da visita que fizera a Evelyn, das suas palavras. Consultou novamente o celular.

Adriana tinha três horas para mudar sua vida.

Noélia saiu da casa de Salete renovada, feliz pela reconciliação com as amigas. Os últimos dias estavam sendo difíceis, e, sem a amizade leal delas, seriam ainda mais. De volta, preferiu não se refugiar no quarto de hotel, como tinha feito nos últimos dias; sentiu vontade de mudar a rotina, por isso optou por ir até um bar que costumava frequentar.

O lugar funcionava como restaurante, mas depois das dezessete horas transformava-se no cenário perfeito para *happy hour*, atraindo pessoas divertidas para baterem um papo, falarem do dia a dia, do trabalho, reunirem-se com amigos. No caso dela, sozinha, acomodou-se numa cadeira próxima do bar e logo pediu um suco.

Ficou ali, alheia ao falatório que começava a circular. Olhou para o celular, pensou em instalar o aplicativo de namoro, mas recusou. Em outra ocasião, acessaria para ver quem, como ela, estava ao redor em busca de amor. Consultou seus e-mails, recados na caixa postal. Observou a grande repercussão da sua entrevista. E também deparou com vários relatos de pessoas que, como ela, tinham sido vítimas daquele tipo de golpe.

A princípio, Noélia se questionou sobre como os criminosos haviam tido acesso a ela, mas relevou, pois deixou-se seduzir pelas histórias de outras vítimas. Era o caso, por exemplo, da aposentada que dera para o então farsante que se passava por ator todas as suas economias, que reservara para uma boa velhice. Outro caso era de uma mulher que vendera a casa onde vivia confortavelmente com a mãe e precisou morar de favor na casa de uma tia, tendo repassado todo o dinheiro da venda para um suposto grande amor. Mais um caso, de uma mulher infeliz no casamento de dez anos: ela pegara todo o dinheiro que tinha na conta conjunta com o marido e o entregara para o golpista, pois ansiava sair da rotina infeliz que nublava os seus dias.

— Senhora, com licença — interpelou o garçom, se aproximando da mesa de Noélia, tirando-a da concentração —, essa bebida é cortesia daquele homem à sua esquerda — apontou —, próximo ao pilar.

Noélia não se deu ao trabalho de virar o rosto para ver de onde vinha a oferta, apenas recusou o drinque. Pediu para devolver.

Em seguida, ela voltou para a leitura dos relatos. Seus olhos se concentraram em mais relatos, um mais intenso que o outro. Avaliou, enquanto analisava todo aquele material, a possibilidade de firmar uma parceria, de desenvolver um aplicativo, um site, algo que pudesse acolher e apoiar as pessoas que passavam por aquele constrangimento e perdas, dar suporte psicológico a elas com a ajuda de profissionais voluntários, que poderia se estender para os familiares atingidos, enfim, oferecer auxílio às vítimas, munindo-as de informações para sua segurança. Noélia percebeu o sorriso voltando ao seu rosto enquanto amadurecia a possibilidade de concretizar cada uma das ideias. Sabia que não seria fácil, encontraria muita resistência, mas seguiria adiante com seu intento, porque também fora vítima e tivera o curso de sua trajetória abalado.

— Não acreditei quando devolveu a bebida! — exclamou o homem, já se sentando na mesa de Noélia, que olhou séria para ele. — Prefere suco. Teria oferecido se tivesse visto, mas, à distância, fica difícil.

— Obrigada, mas não estou interessada. Daqui a pouco também já vou embora — ela falou, voltando a atenção para a tela do celular, mas voltou a olhar para ele quando ouviu:

— Erro meu. Comecei errado — o homem disse levantando-se e dando dois passos até o balcão. Noélia ficou observando aquele homem bem-vestido, terno impecável, e percebeu uma leve dificuldade no andar dele; isso a cativou. Ele voltou sorridente e, sem se sentir encabulado pela resistência dela, se apresentou: — Com licença. Sou o Neto, ou melhor, Álvaro Neto, muito prazer.

— Sou Noélia — ela devolveu, já querendo sorrir do jeito desinibido e atraente do homem.

— Permite que me sente com você? — Ela assentiu e ele se sentou.

A conversa foi longa, recheada de gargalhadas, revelações de suas vidas, havendo mais cautela por parte de Noélia, por conta dos acontecimentos, mas conseguiu ainda falar um pouco e também se divertir ao ouvir Álvaro com suas histórias sobre a faculdade, viagens, os assuntos corriqueiros do trânsito. Com um jeito cativante de conversar, Álvaro foi capaz de afastar os pensamentos de Noélia dos tristes acontecimentos.

Houve uma interrupção, quando Álvaro atendeu o celular, depois de pedir licença para Noélia, que não deixou de ouvir, pois ele permaneceu ali sentado. Finalizada a ligação, ouviu dela:

— Detetive particular?
— Não. Pareço? — ele perguntou, sério, extraindo um largo sorriso de Noélia. Depois riu ao revelar: — Sou delegado. Peço desculpas por ter que atender, mas é um caso importante que pedi para me avisarem. Prenderam um sujeito que está sob a nossa mira há algum tempo. Ele se passava por corretor de imóveis para a sociedade, tentando com isso justificar o dinheiro que vinha ganhando. Na verdade, fazia contatos por meio da rede social, seduzia e tirava dinheiro das vítimas. Também se passava por celebridade, fazendeiro, empresário. Uma delas chegou a se encontrar com ele e tirou foto, o que nos facilitou a identificação. — Álvaro parou de falar, pois estava muito empolgado com aquela captura. — Desculpe-me, nem deveria participá-la disso.
— Golpista, sei bem o que é isso — Noélia resmungou e até cogitou contar sua experiência, mas ficou temerosa de um possível julgamento da parte dele.
— Estou eufórico porque tenho certeza de que há outros casos ligados a esse suspeito. Pode não estar relacionado a todos, até porque tem vários pilantras no ramo. Conseguimos apreender o celular dele e, pode ter certeza, as conversas, as ligações, tudo será rastreado. Também temos os depoimentos das vítimas, que auxiliarão, e muito, para que não haja dúvidas de que pegamos o cara certo.

Noélia já não o ouvia, apenas apreciava Álvaro, sua paixão pelo ofício, sua alegria. Era um homem apaixonante, mas a todo momento ela fazia um exercício para voltar ao chão firme, para a realidade, sem fantasias ou expectativas. Analisou suas mãos; pelo menos ele não usava aliança. Ainda que os relatos remetessem ao caso do qual ela fora vítima, Noélia já considerava o assunto encerrado.

— O sujeito andava para cima e para baixo ostentando um carro zero, vermelho. — Álvaro parou de falar e comentou: — Estou sendo chato, daqui a pouco você vai mudar de mesa e voltar para o seu suco, sozinha. — Ele ameaçou se levantar, brincando.

— Não! Estou gostando muito de te conhecer — disse ela de forma descontraída, pousando a mão sobre a dele. Percebeu Álvaro em silêncio, com olhos estudando o seu rosto, então ela foi puxar a mão que ainda estava sobre a dele, mas ele a segurou.

— Também estou gostando muito de te conhecer, Noélia.

Álvaro desfez o gesto, da sua mão segurando a de Noélia, pegou o celular e o colocou sobre a mesa. Em seguida, puxou a cadeira para mais perto da dela. Passou o dedo indicador pelo visor do aparelho rapidamente, até achar um aplicativo de relacionamento instalado.

— Está vendo esse aplicativo? — Álvaro clicou para o desinstalar. — Não preciso mais dele. — Ele olhou nos olhos dela e, sinceramente, confessou: — Não sabe como te procurei por esses anos.

— Não mais que eu — respondeu ela, com uma sinceridade genuína.

Assim iniciou-se o reencontro de Álvaro e Noélia, norteados pelo amor.

Epílogo

Hiago entrou no aeroporto ao lado do filho sentindo-se parcialmente feliz, pois queria, e muito, que Adriana estivesse com eles.

— Sua mãe ficará uma fera quando souber que estamos embarcando sem nos despedirmos dela. Também fui pego pela surpresa da antecipação da viagem. Capaz de Adriana acionar a polícia — comentou, de forma divertida.

— Vai se colocar na frente do avião. Não conhece ela...

— Como o seu celular descarregou, vamos falar com ela pelo meu. Estou muito feliz em tê-lo do meu lado, meu filho — Hiago disse emocionado, abraçando Jeferson, que retribuiu, encostando a cabeça no peito dele, carinhoso. — Vou agilizar as burocracias, despachar as malas. Espero que tenha pegado suas coisas direito.

— Minha vó fez a mala, *tá ligado*?

— Vai pegar uns lanches para a gente, o que acha? — Hiago pegou dinheiro e entregou para o filho. — Marca bem onde estou, para não se perder.

— Tá achando que sou criancinha? — brincou Jeferson, tomando distância.

Hiago ficou olhando o filho; tinha todo o seu jeito de andar, seu físico, não tinha como não ser um pedaço seu, mesmo sem terem convivido. Tinha certeza de que essa viagem os tornaria ainda mais amigos, recuperando o tempo que tinham vivido distantes.

Ele refletia sobre isso quando o seu celular tocou. Atendeu prontamente, até porque viu o nome de Adriana no visor, e já foi se justificando:

— Tentamos falar com você, mas deu caixa postal. Salete falou que você estava no hospital visitando uma amiga. Deveria estar sem sinal.

— Está tudo bem. Eu entendi — Adriana disse, rindo.

— Estava preocupado de você ficar brava. Foi um acerto do clube em que vou trabalhar. Eles decidiram antecipar a minha chegada. Por um lado foi bom, porque despedir-se de quem gostamos não é tarefa fácil.

— Não mesmo, Hiago. Mais difícil ainda é quando descobrimos que o amor, principalmente o adormecido, desperta e ganha vida, sendo capaz de nos movimentar, fazer loucuras.

— Nossa, Adriana, é você mesmo?

Os dois riram.

Depois, sério, Hiago falou:

— Queria que estivesse aqui.

— Aqui?

— Sim, ao nosso lado — Hiago disse, virando-se para trás e sendo surpreendido por Adriana a poucos passos, rindo. Estava linda, com um vestido justo ao corpo, e era possível ver o brilho dos brincos entre os cabelos soltos.

Hiago correu na sua direção e parou na frente dela, rindo. Naquele momento, os dois se assemelhavam àquele casal de adolescentes na porta da escola, descobrindo o amor, jovens, felizes. Foi Adriana quem teve a iniciativa de beijá-lo. Os lábios se encontraram, assim como os corpos, num abraço longo. Por segundos o mundo, o tempo de embarque, tudo perdeu importância.

— Você vai com a gente? — perguntou Hiago, ansioso.

— Gostaria, mas em cima da hora acho pouco provável.

— Pode ir no próximo voo, ou eu vou e você embarca com o Jeferson nesse avião e me esperam. Não sei se é possível. Ou tento cancelar esse voo e vamos os três juntos. — Hiago estava confuso, emocionado.

— Calma, podemos ver isso juntos! — ela ponderou.

— Sim, juntos! — repetiu ele, rindo. — Te amo, Adriana.

— Nunca deixei de te amar, Hiago. Hoje, eu sei disso.

Jeferson chegou e não disfarçou a surpresa ao ver a mãe.

— Sabia que ela ia melar a nossa viagem. Já tinha dado autorização e...

— Calma, rapaz! — interrompeu Hiago. — A sua mãe vai com a gente. — Ele contou a novidade ao filho abraçando e beijando Adriana.

— *Pow*, vocês dois juntos... — Jeferson tentava disfarçar a emoção que sentia, mas seus olhos começaram a lacrimejar.

Hiago e Adriana abraçaram-se a Jeferson, indiferentes à agitação natural do aeroporto. Os três, abraçados, estavam novamente unidos pelo amor, pois ele, o amor, é capaz de promover reencontros que alimentam e unem as almas.

O AMOR É PARA OS FORTES

MARCELO CEZAR
ROMANCE PELO ESPÍRITO MARCO AURÉLIO

Romance | 16x23 cm | 352 páginas

Muitos de nós, perdidos nas ilusões afetivas e sedentos de intimidade, buscamos a relação amorosa perfeita. Este romance nos ensina a não ter a ideia da relação perfeita, mas da relação possível. É na relação possível que a alma vive as experiências mais sublimes, decifra os mistérios do coração e entende que o amor é destinado tão somente aos fortes de espírito.

Entre em contato com nossos consultores e confira as condições
Catanduva-SP 17 3531.4444 | boanova@boanova.net | www.boanova.net

Levamos o livro espírita cada vez mais longe!

Av. Porto Ferreira, 1031 | Parque Iracema
CEP 15809-020 | Catanduva-SP

www.**lumeneditorial**.com.br
www.**boanova**.net

atendimento@lumeneditorial.com.br
boanova@boanova.net

17 3531.4444

17 99257.5523

Siga-nos em nossas redes sociais.

@boanovaed

boanovaeditora

CURTA, COMENTE, COMPARTILHE E SALVE.
utilize #boanovaeditora

Acesse nossa loja

Fale pelo whatsapp